啓示された人類のゆくえ[II]

本山博

宗教心理出版

❖著者が年頭のご神言を書き留めたノート
（一九九四年一二月三一日記）

三.

1995元元旦
No. 1
Date

1) 今年は政治、経済共に民主主義と社会主義の ~~共存~~ 統合のモサクが進み 或る種の安定の道を進むであろう 日本も世界も.

2) 但し今後 十年間に ~~個~~ 民主主義は個人主義が社会主義よりも台頭して アジアの仏教国でも 個人主義、豊かな生活を求める が台頭して 人々は(に) 宗教離れが一段と生じるであろう.

3) 10年後に ~~個~~ 個人主義は資本主義の台頭により、次第に、各国家の権威が低下し、大陸単位の経済域が生じ 経済マサツが増加する

4) イスラム~~教~~主義が台頭して ~~主義~~ 資本主義個人主義と相争うことになる

発表しない

5) 大陸経済圏と、イスラム主義とのマサツが 今迄の資本主義と社会共産主義の冷戦にとって代り、世界に争いをつくる原因となる

6) 10年後に ~~[illegible]~~ 世界は才ボの戦争になる ~~[illegible]~~ かもしれない。

7) 日本は これからの10年 世界と共に アジアと共存できる道を開いて行くことが大切。

8) 世界~~各~~国の人間個人としては、人間を身心霊のホリスティックな考えで人間を理解し、人類の一員としての自覚をもつこと。霊界 他霊と共生~~すことを~~していることを自覚すること（心霊的成長）が最も大切である。

9) 天変地異は、人間が物質的生活の豊かさを求めて、個人も国家も人類全体が自然を壊し、自然と共存することを忘れている限り、ずっと続くであろう。

10) 10年後 大きな 政治・経済・宗教的 争いの後 世界は才ボの 新しい世界 宗教・文化 勃興することになる。

序文

（『啓示された人類のゆくえ』〔Ⅰ〕序文より[註1]）

世に多くの予言があり、それらはいつ天変地変が起きるとか、戦争が起きるとかの類が多く、人びとは半ば興味をもち、半ば恐れをもってみるように思われます。しかし、この本に収録されている予言は、今から二千～三千年の内に人類や地球社会がどのように進化発展していくかをお示しになった宇宙創造神のご経綸と、この世に神の国が実現することは、自らの感情を克服、制御できない現在の人類には不可能で、智慧と愛に満ち、自己執着から自由であり、霊的に高度に成長した霊のこの世への出現によってのみ可能であること等を示したものです。

今から約六十年前の昭和七年二月六日に、母（著者の法母、本山キヌエ師）に宇宙創造の神が玉光大神という御神名でお降りになり、『これより五年の後、天が逆さになるような戦争が起きるから、世界を救うために降臨した』というご神言をお与えになりました。それ以来、宇宙創造神のご神言のままに、世界のお祈り、国、民族のお祈り、個人のお祈りを、信者一同と共に行なってきました。

この約六十年間のご神言と、世界の国ぐにや日本の動きを照らし合わせてみると、人間の社会、地球、宇宙が、神のご経綸のままに動いているのを深く実感するのです。

世の人びとに、人間も社会も、国も自然も、宇宙も、すべて宇宙創造神の愛と智慧と大いなる力によって進化発展しつつあるのだということを知って戴き、大いなる安心と希望をもって毎日の生活で超作をして戴きたいという深い強い願いをもって、毎年の元旦にご啓示戴いたご神言、神の予言の内、記録に残っている一九七四年（昭和四十九年）から今年一九九三年までのものを、この一冊の本に収録してみました。

宇宙創造神の、人類とその社会を進化発展させるご意志とご経綸は、次のように拝察されます。

一、ホリスティック（holistic）な人間観の確立とその実現

ホリスティックな人間とは何でしょうか。

五十年に及ぶ母と私の二代の長い信仰と宗教体験、心霊相談、人間の医学、心理学

的研究をとおして思うことは、人間は身体（肉体、霊体）・心・霊よりなり、そのいずれも個別性（個人性）と普遍性（社会性）をもった全体的存在、多重次元的存在であるということです。この人間の全体的存在性を充足させることのできない社会や人間の生き方は、人間を窒息させ、殺すことになるので、決して存続することはできません。

近いところでは、ソ連邦の共産主義の崩壊は誰も知るところですが、共産主義では、人間を身体的肉体面と社会性のみでとらえます。個人性も、心も、魂をも忘れている。それらを抑圧するいびつな社会組織やイデオロギーの下では、人間はその全存在性を充足させることはできない。崩壊するのは必然の運命と言えるでしょう。

では、アメリカはどうか。建国の精神は、個人の自由、権利、義務を尊重し、人民による人民のための政治、社会性を強調し、その根底に深いプロテスタントの信仰が脈打っていました。

今のアメリカの人びとは、個人の権利、自由と、資本主義社会での金、財産の獲得に夢中になっていて、プロテスタントの信仰、神への帰依、厳しい社会性、道徳性は忘れられつつあります。今のアメリカは、人間の存在の全体性を充足させることができない方向に向かいつつある。そして、衰退の兆しをみせています。

アメリカに、建国の精神に立ちかえってもらいたい、さらに、人類にとって初めての経験である地球社会実現のための基礎となる上述のホリスティックな人間観を理解して、世界の指導的国家となるよう進化発展してもらいたいと思います。

二、霊界と顕界の調和と共存

魂の世界の在ることは、科学的にはまだ証明されていません。しかし、超心理学的研究や超能力の量子生物物理学的研究をとおして、霊界の存在が、間接的に、しかし客観的に証明されつつあります。

私は四十〜五十年に及ぶ心霊相談を行なってきましたが、霊界の霊たちの苦しみ、民族の魂の苦しみが、いかにこの世の人びと、民族、社会に大きな悪影響を及ぼすかを数限りなくみて、その苦しみ、悪いカルマが成就し、救われ、より自由な、智慧と愛に満ちた霊的存在に成長できるように創造神に祈り、創造神の愛とお力によって、多くの霊、民族のカルマを解いて戴きました。そしてそれらのカルマが解けると、日本や韓国、中国、ソ連等に、社会組織の改革改善、人びとの生活の向上が得られてきたのをみて、創造神の予言とご経綸の確かなことを体験してきました。今後も、霊界と顕界の調和と共存のお祈りをずっと続けていきたいと思っています。

三、自然との調和

自動車の運転や発電のために多くの石油が使われて大気中の炭酸ガスその他が増え続け、森林の破壊により酸素発生量が減少する等、現代の科学文明は人間の住む自然環境を破壊し、地球環境の保全が叫ばれています。しかし、それはあくまでも人間優先の、人間のための自然保護運動であり、ヨーロッパ的、キリスト教的自然観に基づく生態学的自然保護論にすぎません。

ここで人類は、人間と自然とは共に宇宙創造神——宇宙的大自然の生命力の顕現であり、魂の次元では同胞であるという東洋的自然観に基づいて、自然を尊敬し、慈しむ心で自然と接し、自然保護に進むべきであると思われます。

四、地球社会の実現

地球上の人類は、経済的には既に地球社会を実現しつつありますが、ついで、政治、文化、宗教の上で地球社会を組織化することが重要です。そこでは、各民族の民族性を認めつつ、各民族の人びとが、同時に地球社会の人類、同胞であるという自覚をもち、科学、宗教、政治、経済、文化が、独自な知識、智慧と愛と自由に基づいて相互に協調し、作用し合った社会組織をつくり、運営していくことが肝要であります。

五、神の国の実現

地球社会の実現と人類の繁栄は、各民族が、それぞれの文化、政治、宗教の独自性を認めつつ地球人類としての自覚をもち、各個人、各民族の個別性の主張を保ちつつ地球社会の人類としての社会性を充足させれば、地球社会は実現できるでしょう。

しかし神の国の実現については、単なる地球社会の人類にとどまらないで、地球の霊界との共存を保ちつつ、宇宙創造の神の宇宙創造のご経綸に沿って、自己執着、感情がコントロールでき、普遍的真理を愛し、それを実現する人間のみが、神の国をこの世で実現しうる。それには、各人、各霊の、自己に執着することによって生じる因果関係の法則の支配するカルマの世界を超えた、聖なる人間によってのみ達成しうるし、それは可能であると、示唆されています。

この予言書は、従来の予言書のように、難渋な文章で、人間社会の未来の出来事、それも異常な出来事を説くのではなく、近くはこの六十～三百年の人類の歩む道、遠くは二千～三千年先の人類社会のあり方、人類の霊的成長の様を神様が明らかにお示しになったものであります。

註釈として、毎年の元旦に戴いたご啓示の内容が実際にこの世でどのように実現したかを付け加えてありますので、読者の皆さんには、創造神の予言、ご啓示の確かさ、神のご経綸のままにこの世、宇宙が動いていることが実感されるでありましょう。

この書を読まれた後、創造神の大きな愛、智慧、お力を感じとり、大安心をして神に自らの生命を任せ、日々の仕事、生活で超作（すべての行為に全力を尽し、結果は神にお任せしてとらわれない行為）を行ずることができれば、必ず霊的成長と智慧、愛の力を得られるでありましょう。

最後に、この本の編集と註釈は、本山カヲル、藤枝陽子、下山明子さんたちの懸命な努力によって最善になされたこと、また浦郷（佐久間）正子さんが常にワープロを黙々としかも正確に何回も打ち直してくれたことを記して、感謝の意を表したいと思います。

一九九三年一月八日

本山　博

註1 『啓示された人類のゆくえ』〔Ⅰ〕の初版は一九九三年二月発行、その序文は九三年一月の執筆である。著者は二〇一五年九月一九日に亡くなり、〔Ⅱ〕の序文の執筆はなかったので、〔Ⅰ〕の序文をそのままこの〔Ⅱ〕に転載した。

註2 〔Ⅰ〕発行（一九九三）の時から数えると約六十年前。

目次

二〇〇五年（平成十七年）

一九九四年（平成六年）

神様に全託して生きる

――今年のご神言と抱負――

昨日（一九九三年十二月三十一日）、神様にお伺いをして、今年はどういうふうになるかというお神言《ことば》を戴いたのを、皆さんにお話ししたいと思います。

自分が気になることとか、お伺いしなければいけないこと、気がついたことをお伺いしてみました。また、神様の方からお神言のあったことを含めて、お神言を十ほど戴きましたので、お話ししましょう。

自然現象について

まず、気になっていたのは、去年は異常気象が続いて、中国でもかなり凶作だった[1]みたいですね。こういう状態が続いたら、世界中で食べる物がなくなってしまうわけですね。それがどういうふうになるかということ、これはまず、人間が生きていく上で一番切実な問題だと思うのでお伺いしたのですが、あまりいいお神言がなかったのです。

『地球の異常気象というのは、あと二、三年続くだろう』

というお神言ですから、やはり皆ぜいたくをしないように心掛けて下さい。あり余った物を捨ててしまうような生活がいつまでも続くわけがないと思います。

世界の政治・経済について

それから、

『大きな地震が近いかもしれない[2]』

というお神言です。ですから、皆、タンスが倒れたりいろいろな物が落ちないように用意をしておいたらいいかもしれないですね。

それから、世界のことについては、自然現象の他に、人間社会の政治とか経済ということでは、

『今年は、地球社会を実現する上での国連と各国家の役割り分担が、この四、五年の間にだんだん明確になっていく第一の年である』

というお神言で、これは大事だと思うのですね。

ここ数年来、国の主権とか絶対の独立性とか言ったところで、それだけではもう国民の生活そのものが成り立たないから、どの国も相互依存で動くようになってきて、それで国連が一つの大きな力を発揮するようになってきたけれども、去年はいろいろな意味で失敗もあったし、成功もした[3]ように思います。

そういう、世界の全体を統御していく国連の機能が、今の段階ではどういうところで留まったらいいのか、どうしたら一番効率よく動けるか、また、各国はそれぞれどういうふうに動いたらいいか（アメリカの武力が主になったソマリア等では、その活動は結局失敗だったように思われます）という調整が、この四、五年の間にだんだんできて、地球社会ができる時の国連とか国の役割りというのが一段と決まるだろうと思うのです。

次に、

『アメリカやロシアの経済は一段と悪くなる[4]』

というお神言でしたが、これははなはだよろしくないことですね。世界経済に及ぼす影響が大きいですからね。

『しかし五年か十年のうちに世界経済は新しい技術革命、つまりエネルギー技術革命の下でまた栄えるようになる[5]』というお神言ですけれども、五年ないし十年ぐらいは今の状態がやはり続くようですね。

昔は木を燃やしてエネルギーを得ていたわけですね。それから、石炭を燃やして蒸気で物を動かして、それで三百年ぐらい前に産業革命と言われるようにいろいろ産業が進んだわけですが、その次は油を使うようになって一段といろんなものが、飛行機が飛んだり、電力を得たりするようになったわけですけれども、将来また違うエネルギー革命が起きて、物理的な次元には違いないけれども、エネルギー順位の非常に高いエネルギーを使えるようになったら[6]、また、社会組織とか政治組織とかが大きく変わってくるというお神言です。それはもう間もなく、十年か二十年のうちに起きるのでしょう。そうするとまた、今の政治や経済の組織が非常に変わるだろうと思います。

それからもう一つは発展途上国の問題ですね。

――今から六十年前（昭和七年・一九三二）に神様がご降臨になった時[7]に、

『今から五年したら世界戦争が起きる。そして、戦争が済んだ後で三つの極に分かれて、バランスがとれている間は平和が続く』

というご神言がありました。冷戦の時代がちょうどその状態だったように思うのですが、その冷戦の時代が今済んで、いろんなふうに紛争が起きているわけですね。

そして、二、三年前にもお神言がありましたように、今冷戦が済んで、三つの極、つまり資本主義の国ぐにと共産主義の国ぐに、それから発展途上国という非常に遅れた国ぐにとの間には格差が非常にあったわけですが、今は、アジアを見てみても、先進国から資本がどんどん入ってきて、産業や経済が発展しつつあります。

一方、北米・カナダ・メキシコとか、ヨーロッパでは十何カ国が一つになって作ったEC（欧州諸共同体）のように、いくつかの国が経済ブロックをつくって互いに協力しあう一方では、他に対して閉鎖的になっているような面もあるけれども、同時に、世界中が一つの経済として自由に貿易ができるように、国家による保護主義とかいうものがないようにしようとする、二つの方向で今動いているわけですけれども、

『発展途上国、特にアジアとか南米の国ぐにが、先進国からの資本が導入されて、次第に先進国になり、世界の経済的平等化が進むが、アフリカが一番遅れて問題が多い』

というふうなお神言がありました。

日本の政治・経済をめぐって

それから、

『日本の経済は三、四年は停滞するけれども、現状を維持する』

ということです。今の状態はやはり皆恵まれた生活だと思うのですね。まだあまり心配しなくてもいいように思うのです。

日本の政治のことは、

『政治革命が行なわれて、その下で一度か二度選挙が行なわれて、社会主義をある程度取り入れた新しい保守政治が行なわれるようになる』(8)

というお神言でした。

日頃私がよく話すように、人間というのは個人性と社会性との両面をもっているわけです。しかし今の資本主義というのは個人主義の面が非常に強くて、もう一つの社会性の面を忘れている。

今、中国では社会主義の国の中に資本主義を取り入れることを実験的に行なっているようですね。資本主義と社会主義との両方が統合された時にどういう政治になるか、世界でいろんなふうに試行錯誤しながら新しい秩序を見出していくのが何年か続いた後、人間のもっている社会性と個人性との両面を満足させるような組織が少しずってきていくと思うのです。

これは非常に大事なことだと思うのですよ。もうこれからは、資本主義だけの国、社会主義だけの国というのは成り立たないと思うのです。そういう意味では、社会主義の国が、中国は残ったけれども、ソ連は崩れてしまった。その中国は、残ったけれども、資本主義を入れないとやっていけなくなったわけです。

それから、日本やアメリカも今の資本主義だけではやっていけない。それだけでは、次第に衰えていくだろうと思います。社会主義というものをとり入れていく努力をしないと、やはり遅れてしまうように思うのです。

それは、人間が個人性と社会性というものの両面をもっている存在だから、その両方を満足させないような政治や経済や組織は成り立たないと思うのですね。そしてその背後に、霊性の開発というのが非常に大事だと思うのです。社会主義の国では、霊性を忘れてしまったから滅んでいった。今の資本主義の国アメリカも、どこかで霊性というものをだんだん忘れて、物だけに、給料が高いとか豊かな生活というものだけに落ち込んでいるからだんだんに衰えていっているわけです。やはり霊性というものが非常に大事だと思います。いつもいつも繰り返して言うことですが、人間の基本になっているものは魂なのであって、身体でもないし、身体とだけ結びついた心でもないわけだから、魂が成長できるような組織あるいは社会でないとこれからは成り立たない、国も成り立たないと思います。

環境汚染・地球社会・民族紛争について

その次は、

『十年ないし二十年のうちに人口が増加し、環境汚染がさらに進み、食糧とか水とか空気が問題になるが、新しいエネルギー革命が起きて、地球社会は次第に実現の方向に向かう』

というお神言です。ですから、今から十年か二十年のうちに死ぬ人はそれが見られないわけだけれども、三十代、四十代、あるいは五十代の若い（五十代が若いというと私がだいぶ年寄りというわけですな）、そういう人たちは、豊かな地球社会を見られるようになるかもしれませんね。

だけど、やはり問題は、霊的な成長が非常に大事だと思うのです。そういうものを抜きにした社会はこれからは考えられないだろうと思うのですよ。

次は、

『宗教に基づく民族紛争は（今あっちこっちで起きていますが）続くが、激しくはならない』

ということです。

こういう争いをいつまでも続けていたのでは互いに食べていけなくなりますね。世界中の人が、民族の個人主義を主張する人たちの面倒を見なくなってしまったらやっていけなくなるから、自然にそういう争いはおさまるようになるでしょう。

いつも守ってくださる神様

最後に、これは私がいつも非常に感じていることですけれども、神様は、地球上のあらゆる人間が、平等で豊かな生活ができるように、健康な生活ができるように、霊性の向上した生活を達成できるように、常に地球そのもの、あるいは人間や自然を支えてくださっています。ですから、神様、あるいは宇宙の絶対者に全託の生活をしていれば、あらゆる国のあらゆる人びとが豊かで平等な地球社会、あるいは霊性の向上とか健康な生活というのは必ず実現するというふうに、お神言を伺いながら改めて感じたわけです。

生死を超えて悠々と

以上のようなことが今年のお神言でした。去年の元旦には、皆さんにお話ししたように、

『今年は天変地変とか気候の異常とか、政治的経済的なさまざまな軋轢や紛争が起こる』

というお神言がありましたけれども、本当に去年は世界中でいろんなことが起きたように思います。[9] 地震もあちこちでありましたし。

それで思うのは、昭和二十年八月に第二次大戦が終わったわけですけれども、その前年の春、私は予備学生として特攻隊になる学校に入ったわけです。その前年、第二次世界大戦で世界中が非常に大きな混乱と争いのさ中にあった時に、私は一年の内に三回も耳の大手術を受けました。その時自分が思ったのは、小さい時から母が神様のところに召されて、[10] 後に残った自分はいろんな意味で非常に苦労したが、そのあげくの果てにこんな手術をして、どうして自分はこんなに辛い目にばかりあうのかと思ったのです。

それから数カ月して特攻隊に入ったのですが、手術の時に二リットルとか三リットルぐらいの血が出たけれども、全然輸血もしないし食糧だって十分にないから貧血の

状態のまま特攻隊に入ったわけですから、普通の人に比べると非常に身体が弱っていて、肺炎になったり下痢をしたりというのが続いていました。そういう時に、本当に死ぬとか生きるとかということを超えたように思います。毎日周りで人が死んでいくし、自分もいつ死ぬか分からない。三回目の手術をしてまだ二カ月も経っていない時でしたから貧血がひどい。そういう時にやはり、自分が生きるということと死ぬということを両方同時に受け入れていたように思うのです。

死を受け入れて生きる

死ぬということを受け入れながら生きるということは、やはりそうすることによって、死ぬとか生きるとかということを超えた世界に行けるように思いますね。普通の生活をしている時には、生きることだけに夢中で、死ぬことを非常に恐れるように思うのですが、死ぬことを受け入れて生きると、生きるとか死ぬとかということを超えたところで生きていけるように思うのですね。そういう時にはじめて洞穴の中で（毎日空襲が激しくて、山の中に四キロメートルも掘ったトンネルの中でないと久里浜の辺では生活できなかったわけです）、夜中にお祈りをしていたら神様と一つになれました[11]。

地球と共に病む

この時の体験が大きな支えになって今日まで生きてきたわけですが、去年の初めに、ああ、これは世界中が病んでいる、神様のおつくりになった地球とそれをとり巻く自然が病んでいるから、こんな時には、ひょっとすると自分も病気になるかもしれないなと、うちの子どもたちや何人かの者にはそういう話をしていたのです[12]。

十九歳で特攻隊に入っていた時に神様と一つになれた、それがその後行をして、さらに自分が達したところについてだんだん自覚ができて、そういうところでずっとこの五十年近くを住んできました。

しかしこの二、三年の間、——お蔭で去年、仮認可の後一年余りでアメリカ・カリフォルニアの州政府の方からＣＩＨＳ大学院の正式認可が下りました[13]が、それまでの二年か三年の間は非常に忙しくて、お金の面でも、教授たちの人選をする面でも、また、講座を作ったり、設備を作ったり校舎を作ったりする面でもいろいろ大変で、生きることの中に死ぬことを繰り込んだ生活、悠々とした生活をしていたはずなのですが、いつの間にやら現実の生きることだけにもぐり込んでいたような気もするのですね。

それが、仕事としては成功はしたかもしれないけれども、一つのおちた状態を作っていたのかもしれない。

そういうのも一つの原因かもしれないと思うのですが、ともかく「今年（一九九三年）は病気になるな」と思ったら、やはり病気になってしまった[14]。しかし今年は、そういう悪いところを切り落としてしまったら、またあと二十年か何十年か皆のために生きられるようになるだろうと思います。

皆さんの中に入って

今年は、もしできたら、こんなふうに思うのです。

今までは、このお宮が出来たり学会が出来たりした[15]けれども、やはり自分の勉強、新しい研究をするというか、発見をするというか、真理を知りたいということが優先していて、皆さんにやさしい話をして、皆の心が開けるようにする努力が少し足りなかったような気がします。ですから今年は、むずかしい実験や計算などは、幸いに教授とか大学院の院生の人たちがだんだん育ってきて、いろいろ研究を頼んでもできるようになりましたから（そういう意味では大学を創ってよかったなと思うのです）、そういう人たちに頼んで、あとは世界中の人々（世界中からいろんな手紙がきます）の中でも、殊にまず日本の中の信者の皆さんに神様の教えをもっと分かって貰うようにしたいと思います。

そのために今年は、まず病気が治ったら、(16)神様の教えが皆に浸透するように、たとえ小さな村や、あるいは小さな町であっても、信者さんが集まれる所を回って皆さんに話をしたいと考えています。今までは研究とか学問とかということに明け暮れていたように思うのですが、神様の教えが少しでも皆に浸透していくように、そして、もう十年以上も前から私が話していることが、今頃になって実現してきているが、世界がどうしてそういうふうに動いてきたか、神様のどういう思し召しでこの世の中が動いたり出来ているかというのを皆によく分かってもらって、そして、人間というのはいったい何か、どう生きたらいいかというのを、いろいろ話してみたいと思います。

CIHS正式認可と癌告知

今年はそういう意味で新しい仕事をしなきゃと思うと、またたんだん元気が出てきました。やはり自分の中に、初期であっても、癌があって、悪化すればいつ死ぬかも分からないというのは、気持ちとしては特攻隊に行っていた時に、いつ死ぬか分からないという、死を受け入れて生きていた、それと非常に似たような感じですね。ですから、生きるとか死ぬとかということを超えたところでまた悠々と生きていきたいなと思います。

そういうふうに今までやってきたはずなのですが、この三、四年は大学を創ったり何かで、その中に巻き込まれたつもりはなかったのだけれども、やはり結構巻き込まれていたのですね。それを神様にガン！とやってもらったので、癌ができたのかもしれない。それでまた、目が覚めたのかもしれない。

だから、今年はそういう意味で、だんだんに皆さんの方へ入っていって、皆さんと一緒に話をするような機会をできるだけ多く作りたいと思います。

去年の十一月二十四日には、ＣＩＨＳの正式の認可が下りるという内定の知らせがあったとのファクスが朝アメリカから入って、その日の夕方、初期の癌がみつかったというファクスが入りました。これからは、癌を治して、皆のためにまた一生懸命働きたい[17]と思います。

皆さんも生きていることだけに執着をしないで、誰でもいつ死ぬか分からないのだから、死ぬということもよく受け入れて、その上で悠々と生きるようにしてください。死ぬことを受け入れると、あまり細かいことにくよくよしなくてすむようになります。

神様に全部お任せして生きる

行をして、特攻隊の十九歳の時から数えるともう五十年も前にちゃんとそう・・なっていたはずなのだけれども、やはりいろんなことをしているとそれにおち込む。これもやはり、この世の中で生きている時の一つのカルマのようなものですね。でも、少しでもそれを乗り越えて、神様に全部をお任せして生きていけるということが信仰の一番基本になるように思いますから、皆さんにもぜひそうして戴きたいと思います。

では、今日はこれだけにしましょう。ご苦労様でした。

（「ＩＡＲＰ機関誌「ＩＡＲＰマンスリー」第二三〇号）

註

（１）去年は異常気象が続いて、中国でもかなり凶作だった

一九九三年、日本では、九二年十二月より二月まで記録的な大暖冬で、三カ月間を通し、気温は平年を大きく上回った。日本海側の降雪量も平均を大きく下回った。しかし九三年三月以降は冬型の気圧配置になり、六～八月は記録的な冷夏となり、平均気温が平年より二～三度下回り、農作物は深刻な打撃を受け、コメも戦後最大の不作で、日本は翌年にかけ深刻なコメ不足に見舞われ（九三年米騒動）、政府はアメリカ、タイ、中国からのコメ輸入を決定した。

中国では九三年、九四年には、それまでのコメの生産高の増加と価格低下からコメ生産量が減少したが、特に凶作との記録は確認できなかった。

なお、九四年、日本では台風の上陸数が多く、九州、西日本に豪雨による大きな土砂災害をもたらした。

(2)『大きな地震が近いかもしれない』

アメリカでは、一九九四年一月十七日、マグニチュード（M）6・7のロサンゼルス・ノースリッジ地震（震源が極めて浅いため被害が大きく、死者五十七人、負傷者約五千四百人）、日本では大きな地震としては、十月四日、北海道東方沖地震（M8・2）、十二月二十八日、三陸はるか沖地震（M7・5、死者三人、行方不明者二十八人）が発生した。

なお、翌九五年一月十七日には、淡路島北部沖を震源とするM7・3の地震が発生、阪神地方に甚大な被害をもたらした（阪神淡路大震災）。

(3)(国連は) 去年はいろいろな意味で失敗もあったし、成功もした

（失敗例）

・ユーゴスラビアから独立したボスニア・ヘルツェゴビナで一九九二年に起こった内戦は九五年まで続くことになる。

・四月八日、カンボジアで選挙監視活動中に、国連ボランティア（UNV）の中田厚仁氏が射殺される。
・五月四日、カンボジア北西部バンテイメンチェイ州アンピル村駐在の国連カンボジア暫定統治機構（UNTAC）日本人文民警察官五人が、オランダ部隊の護衛を受け、車両六台編成で国道六九一号を移動中襲われ、岡山県警の警部補が殉職、四人が重軽傷を負った。

（成功例）

・イスラエルとパレスチナ解放機構（PLO）、パレスチナ暫定自治に調印（九月）。
国連の直接的な介入はない。

（4）『アメリカやロシアの経済は一段と悪くなる』

アメリカに関しては、「一九九五年」の註（6）を参照してください。ロシアに関しては、九一年十二月二十五日、ソビエト連邦崩壊により、ロシア共和国が連邦から離脱しロシア連邦として成立、エリツィンが初代大統領に就任した。エリツィン政権下では市場経済の導入が進められたが、急激な移行によってロシア経済は混乱し、長期的な低迷を招いた。

（5）（五年か十年のうちに）エネルギー技術革命の下でまた栄えるようになる

「二〇〇一年」の註（10）を参照してください。

(6)物理的な次元には違いないけれども、エネルギー順位の非常に高いエネルギーを使えるようになったら

「二〇〇一年」の註（10）を参照してください。

(7)今から六十年前に神様がご降臨になった時

玉光神社教祖本山キヌヱ師（豊玉照妙光之神）に玉光大神が初めて降臨されたのは、昭和七年（一九三二）二月六日、香川県小豆島双子浦（小豆郡土庄町）においてであった。詳しくは本山キヌヱ『玉光神社教祖自叙傳』（宗教心理出版　一九七五）第一章、『玉光神社七十年の歩み』（玉光神社　二〇〇二）等を参照してください。

(8)(日本の政治については)『政治革命が行なわれて、その下で一度か二度選挙が行なわれて、社会主義をある程度取り入れた新しい保守政治が行なわれるようになる』

一九九四年四月八日、非自民・非共産の連立内閣、細川内閣が総辞職、四月二十八日に、少数連立与党（新生、公明、社会）の羽田内閣が成立したが六月二十三日総辞職。六月三十日、自民、社会、新党さきがけの三党の村山内閣が発足。十二月には海部、小澤が中心の新進党が結成された。選挙法については、中選挙区を小選挙区に変更し、比例代表制を導入する改革案が出されたが、年内成立には至らなかった。

(9)去年の元旦には、皆さんにお話ししたように、『今年は天変地変とか気候の異常とか、政治的経済的なさまざまな軋轢や紛争が起こる』というお神言がありましたけれ

ども、本当に去年は世界中でいろんなことが起きたように思います

本山博『啓示された人類のゆくえ』〔I〕（宗教心理出版　一九九三）三〇二〜三一二頁を参照してください。

一九九三年の世界での大きな出来事としては、一月十七日、米英によるイラクのミサイル基地と推測された工場の爆破、二月二十六日にはアル・カーイダ、イスラム集団によるとされているニューヨーク世界貿易センター爆破事件、七月二十三日にはリオデジャネイロのカンデラリア教会虐殺事件、五月八日カンボジアにおける日本人文民警察官襲撃、十月のソマリア内戦、ロシア十月政変（モスクワ騒乱事件）等、多事であった。

この年（九三年）日本は異常気象に苦しみ、冷害や大きな台風とそれに伴う記録的大雨による洪水で、南九州を初め西日本各地は大きな被害を被った。一月十五日の釧路沖地震（M７・５）、二月七日能登半島地震（M６・６）、七月十二日北海道南西沖地震（M７・８）などの大きな地震が発生した。

(10) 小さい時から母が神様のところに召されて

著者の母、余島シズエ師（浄光照清光之神）がご神言により夫、高崎勝次氏と離婚し（一九三六・九、著者十歳）、当時既に上京し布教していた本山キヌエ師のもとで、玉光教会の神審者としてお仕えしたことを言う。なお両親の不和と離婚、父の再婚、耳の病気と手術をはじめ父の実家での生活、特攻隊（海軍予備学生）時代については、本山博『随筆集　思いつくままに——ある科学者・宗教者・神秘家の記録』①②（宗教

心理出版　二〇一三）の諸編に著者自ら語っているのを参照してください。

(11) 夜中にお祈りをしていたら神様と一つになれました

「はじめて洞穴の中で神様と一つになれた」体験の前後については、本山博『神秘体験の種々相Ⅱ――純粋精神・神との出会い』（宗教心理出版　一九九九）一四三～一四五頁に詳しい。

「或る日のこと、爆撃がひどくて横浜が一晩で焼けた時がありました。凄い空襲で、爆弾が落ちると二十メートル直径ぐらいの穴が開いて何も彼も吹き飛んでしまう。爆風がひどいから、壕の中にいても、本当にバーンと吹き飛ばされてしまう。それで、鉄道の大きな長いレールがあるでしょう、ああいうのをワイヤーで吊るして、十人ぐらいで先を尖らせて山の岩を掘ってトンネルを作る作業をした。その時に、一週間程前に亡くなった義弟が成仏するように壕のトンネルの中で一生懸命にお祈りをしていたら、急に周り中が光ったというか、自分の身体も多分光ったのですね、その時に本当に神様とつながりができたように思うのです。」

(12) 去年の初め……そういう話をしていたのです

一九九三年の元旦祭後の講話（『啓示された人類のゆくえ』〔Ⅰ〕三〇一～三一一頁）の終了直後、著者は家族とごく少数の職員に、「今年は家族のうちの誰か、多分自分が、命に関わるような病に罹るであろう」と告げていた。

(13)CIHS大学院の正式認可が下りました

CIHS(California Institute for Human Science)は、著者が国内外の著名な研究者、有志の人びとに呼びかけて、「身・心・魂としてのホリスティックな人間観を科学的に、体験的に研究し、明らかにして、未来の平和な、しかも愛と智慧と信頼に支えられた人類社会を築くための基礎的研究をする」ことを目的として、アメリカ・カリフォルニア州エンシニタス市に設立した大学院大学。一九九二年七月、カリフォルニア州政府CPPVEより正式の大学院大学として仮認可を受け、仮校舎で開校式を行ない、九三年十二月、本認可を受けた。九四年八月、CIHS本校舎建設のため、エンシニタス市ガーデンヴューに土地を求め、九五年五月、新校舎建設に着手、九六年一月に本校舎が完成した。

なお、CIHSはアメリカ合衆国カリフォルニア州で正式認可された大学院大学であり、CIHSの定められた課程を習得した場合、カリフォルニア州政府で法的に認可された博士・修士の学位を取得することができる。

CIHSの設立目的、講座、諸活動について詳しくはCIHSホームページ(www.cihs.edu/)を参照してください。

(14)やはり病気になってしまった

一九九三年十一月二十四日、胃に癌細胞が検出されたとの知らせを受け、同年十二月十四日に東京都内の慶應大学病院に入院、手術前の諸検査の後十二月二十五日に一時帰宅したことをいう。

(15) このお宮が出来たり学会が出来たり

「お宮が出来た」とは、三鷹市井の頭玉光神社本殿の建設（一九五三～五四年十二月）、香川県小豆郡北山の玉光神社本宮の土地買収・本殿・拝殿・社務所その他の建設（五八～五九年十二月）、井の頭玉光神社境内地の地主大神社殿建設（五八年）を指す。神社建設のための土地選定買収、各種許可取得、設計、工務社決定、工事監督一切を著者が行なった。

「学会」とは、著者が国の内外の研究者、有志の人びとに呼びかけて七二年に発足し、会長を務めた国際宗教・超心理学会（IARP）を指す。

玉光神社、IARPについてはそれぞれホームページ（玉光神社：www.tamamitsujinja.or.jp、IARP：www.iarp.or.jp）を参照してください。

(16) 病気が治ったら

一九九三年十一月の癌告知を受け、同年十二月十四日都内の慶應大学病院に検査入院、十二月二十五日より一時帰宅の後、九三年十二月三十一日、九四年の日本と世界についてのお祈りとご神占、九四年一月一日、元旦祭斎行と教話、同一月九日再入院、一月十二日に胃の三分の二の摘出手術を受け、二月六日に退院した。

(17) また一生懸命働きたい

この言葉のとおり、著者は一九九四年四月以降を極めて多忙に過ごした。その大略を記してみると、

四月八日　井の頭玉光神社春大祭斎主
　　　　　次男一博を権宮司に任命
六月　　　・ＩＡＲＰ東京支部講演（「心と身体をつなぐ気」）
七月　　　・ＩＡＲＰ中部支部講演（「神様と人間の関係――信仰の本質」）
　　　　　・ＩＡＲＰ札幌支部講演（「魂と心、気」）
八月　　　・ハワイ経由でカリフォルニア・エンシニタスへ出発
　　　　　・ＣＩＨＳで講義とワークショップ（十月上旬まで）
　　　　　・ＣＩＨＳ本校舎建設用地決定・買収、校舎設計
十月　　　・アメリカ、カリフォルニア・サンノゼで行なわれた「第三回クンダリニーリサーチネットワーク世界学術大会」で基調講演（「クンダリニー覚醒と人体における微細エネルギーシステム」）。
　　　　　・帰国
　　　　　・玉光神社小豆島本宮前夜祭・祝宴（二十二日）、大祭斎主、講話（二十三日）
　　　　　・ＩＡＲＰ高松支部講演（二十五日「健康から悟りまで」）
　　　　　・兵庫県加東市、五峰山光明寺花蔵院お浄め（二十七日）
　　　　　・兵庫県篠山市での講演（「篠山の土地の成り立ちと将来の展望」）とお浄め（二十八日）、神戸経由にて帰京。
十一月　　・小田原市において公開記念講演会「神様は実在するか」）
十二月　　・著書『場所的個としての覚者――人類進化の目標』（宗教心理出版　一九

九五・一）出版記念講演会（「場所的個に至る宗教体験の過程」）
・モトヤマ―ベントフ奨学基金交換教授として王極盛中国科学院心理学研究所教授を宗教心理学研究所に迎え研究交換。
五月、六月、七月、十一月、十二月
玉光神社月例祭、感謝祭（八日、二十三日）斎主、講話。

主なニュース

「主なニュース」の典拠は、新聞等の記事および読売年鑑を中心にし、その他必要な資料を用いた。文中、とくにことわらない場合は、『年鑑』とは読売年鑑を指す。説明文は、出典の文章をそのまま引用しては煩雑にすぎると思われる部分については、出典の内容・字句をふまえて編者が要約したものである。

〈国際情勢〉
東西冷戦構造後の新秩序構築へ向けて、国際協調の動きが進展する一方、地域紛争が激化するという、明暗二つの流れが続いた。国際協調では例えば、アジア太平洋経済協力会議（ＡＰＥＣ）で環太平洋の域内貿易の自由化を目指し、欧州連合（ＥＵ）も十五カ国拡大が確定し、イスラエル・ヨルダン間の平和条約、北アイルランド紛争で初めて和平に向けての着実な一歩を踏み出した。その一方、ボスニア・

ヘルツェゴビナ内戦等に見られる民族・宗教・歴史等に根ざす地域紛争の危険は依然大きい。

〈国　外〉

・旧ユーゴ紛争、北大西洋条約機構（NATO）初の武力行使　（二月二十八日）
NATOの米軍機がセルビア人勢力の軍用機を撃墜。

・ルワンダ内戦で二百万人が難民に　（四月～）
ルワンダで多数派フツ族の大統領暗殺を機に内戦、大虐殺と多数の難民がザイール・タンザニア等に難民として流出。

・南アで全人種参加選挙、マンデラ大統領誕生　（五月十日）

・中東和平貢献の三氏にノーベル平和賞　（十月十四日）
イスラエルのラビン首相、ペレス外相、パレスチナ解放機構（PLO）のアラファト議長の三氏に決定。

・米中間選挙で民主党惨敗　（十一月八日選挙）
共和党が四十年ぶりに上下両院で過半数を制した。

〈国　内〉

・毒ガス「サリン」で七人が死亡　（六月二十七日、松本サリン事件）
松本市の住宅街で有毒ガス発生、住民多数が中毒症状、七人が死亡した。

・首相が三人、大揺れ政局　（四～六月）
細川首相は四月八日に退陣を表明。細川連立内閣は発足後八カ月で消滅した。後継の羽田内閣も六月二十三日、総辞職。同二十九日、国会で自民、社会、さきがけが擁立した村山社会党委員長が首相に指名された。
・各地で記録的猛暑、水不足が深刻化　（九月）
・大江健三郎氏にノーベル文学賞　（十月十三日）

一九九五年（平成七年）

今年、そしてこれからの十年
――物質偏重と個人主義への神様のお戒め――

それでは、いつものように、神様に、今年はどういう年かということを伺いましたので、お伝えしましょう。いいお神言《ことば》と悪いお神言とがありましたが、悪い方はだいぶ先のことだけれども、そういうことのないようにお祈りしたいと思うのですけれどもね。

皆さんの個人的ないろいろなこと、家庭のこととか、仕事のこと、個人のカルマのこととかというのも、だんだん今年はいい方に向くと思うのです、いろいろな意味でね。

物質的豊かさを追い求める個人主義の台頭と宗教離れ

それではお神言を書き留めておきましたので、読んでみます。

まず第一に、

『今年は、政治、経済ともに、民主主義と社会主義の統合の模索が進んで、ある程度安定の道を進むであろう[1]』

ということです。それは日本だけではなくて、世界もね。たとえば中国では、社会主義と民主主義をどういうふうにするかというので大いに模索をしているわけですが[2]、かなり安定、——日本もそうですね。ヨーロッパでは既にそういうのが何年か前から始まっているわけですからね。

次のところは、

『ただし、今後十年間に、民主主義的な個人主義が社会主義よりも台頭して、アジアの仏教国でも物質的な豊かな生活を求める個人主義が台頭し、人びとの宗教離れがだんだんに生じるだろう[3]』

というお神言です。これはあまりよろしくないですね。

大陸単位の経済域成立と経済摩擦の増大、及びこれからの日本

それから、

『十年後に、個人主義的資本主義の台頭により、次第に各国家の権威が低下をして、大陸単位の経済域が生じて、経済摩擦がだんだんに増加していく[4]』

ということです。

次に、

『日本はこれからの十年、世界と一緒に、——アメリカも含めてですが——、アジアと共存できる道を開いてゆくことが大切で、そういうふうにしないと、アメリカ一辺倒だけではこれからはやっていけないだろう[5]』

ということです。

アメリカは十年か二十年ぐらい前から、労働賃金がだんだん増えて個人個人の生活は非常に豊かになったけれども、物を作る時に、労働賃金が高くて企業としてはそれでやっていけない。ですから、世界のいろいろな賃金の安い所に工場を移して、それで安く出来た物を自分たちは買い入れる。そして、自分たちはドルが世界の経済が基本になっているから、ドルをどんどん出せば物が買えるので、自分たちの国の中では物を生産しないでよそに安い物を生産させて買った、それで結局アメリカはいろいろ

な国に対して借金国になってしまった。(6) 自分で作らないでドルだけ出すからそうなってしまったわけですが、そういう状態がある意味で日本でもここ四、五年のうちに起こるかもしれない。ですから日本がこれからどうしたらいいかというのを皆で探していかないと、アメリカは資源がいっぱいあるからいいですが、日本は何も無い国ですから、そうなると大変なことになる。そこをどうしなければいけないかというのを、これから皆で考えなきゃいけない。

人類の一員としての自覚と霊的成長を

そのためにはやはり、

『世界各国の個人が、人間は身体と心と霊の全体で成り立っているし、そういうふうに人間を理解して、アメリカ人、日本人というのではなくて、人類の一員としての自覚をもつことが大事で、そして、霊界とか神様の世界と共生、一緒に住んでいるのだということを自覚して、霊的成長をすることが大切である。これからの人類社会にとって、これから百年、二百年の間、それがますます重要になるだろう』

というお神言です。

十年後の大きな世界的争いの後に

次に、たとえばアメリカも、独立戦争の後にピューリタニズムのような、宗教的な運動が非常に勃興した。第二次大戦後、ベトナム戦争などの後も宗教的な模索のようなものが、特にここ十年ぐらい起きているわけですが、いつの場合でも、物の生活が豊かになり、争いがあり、しかし人間の心が満たされなかった時に宗教的な自覚が勃興している。それと同じように、これから世界的には十年ほど物の豊かな生活を求めていって、その次には、先ほど話しましたような大きな争いが十年後ぐらいに起きた後では、(7)今度は世界宗教のようなものがいろいろな国に出来てくる。いろいろな国に、今までの仏教とかキリスト教とかイスラムというふうなものを統合するような世界宗教への動きが出てくる、というお神言です。早くそういうふうになりたいと思いますね。そうすれば、戦争をしなくてすむようになると思うのですけれどもね。

自然を尊敬し共生しない限り天変地変は続く

それから、天変地変のことを伺ったのですが、

『人間が物質的な生活の豊かさを求めて、個人も国家も、人類社会全体が自然を愛したり自然と共生することを忘れているかぎりは、ずっと天変地変は続くであろう(8)』

というお神言ですから、あまりこれはよろしくないですね。

現在言われているエコロジーのような考え方は人間優先の考えですけれども、やはり人間と自然とは同じ魂をもっている同胞なのだというところで自然と共存し、松の木は酸素を出してくれているというような考え方以上に、あの松の木もやはり魂をもっているのだから有り難いというか、尊敬をする、そういう念ができてこないと、天変地異というのは止まらないだろうということですね。[9]

人間とは何かを問い直す時期

そして、
『十年後、大きな世界的な規模の政治とか経済、宗教間の争いの後、新しい世界宗教が勃興することになる』[10]
というのが最後のお神言でした。
これからの十年間というのは、ある意味では、人間が、人間というのは一体何かということをもう一度問いなおす、そして物の豊かさだけでは決して人間は生きていけないのだということ、経済や政治だけでは人間は生きてはいけないのだ、もっと霊の世界もあるし、神様の世界もあって、そういう世界と人間の現実の世界との三つはいつも一緒に動いているのだという自覚ができるための大切な時期だと思います。そして一人ひとりが人類の一員だということ、アメリカ人でもあるけれども人類の一員、日本人であるけれども人類の一員である、ヨーロッパ人であるけれども人類の一員であるというふうな自覚ができないと、人類というのは生き残れないだろう、――そういうふうにはお神言はないけれども、そういうふうに思うのですね。

でも、今年はともかく、政治や経済の面で、社会主義と民主主義、個人主義の間の融和への模索ができて、ある程度の方向づけがわかる、そういう年だというお神言ですから、まあ、悪くないと思うのですね。皆さんのいろいろな生活も、今、失業とか、あるいはやりくりで大きな企業でも大変ですが、それはこの一年ぐらいの間、来年ぐらいにはだんだんよくなる、ということです。

近いところはいいのだけれども、遠いところはよろしくないですね。

神様がご降臨になって、『今から五年したら天が逆さになる戦争がある、それを救うために降《くだ》った』というお神言があったのが昭和七年でしたけれども、昭和十二年に日中戦争が起こって、昭和二十年まで大方十二、三年、争いが世界中に起きたわけですね。

今年は大戦が終わってちょうど五十年、その間にもあっちこっちで民族紛争はありましたけれども、この五十年間ぐらい、世界中でそんなに大きな争いがなかった時代というのは珍しいのではないかと思います、今までの歴史を見て。

今からあと十年間、物の生活の豊かなことだけを求めて個人主義になり過ぎると、結局はまた争いが起きるようになると思いますね。

それでは、今日はこれだけにしましょう。

暖衣飽食のお戒め

でも、まあ、今年はめでたいから、有り難いですね。去年は『地震がある』というお神言があって、本当に世界中で大きな地震が沢山ありましたが[11]、日本でもあっちこっちいっぱい地震がありました。政治や経済で大きな変動が起きるというお神言で、内閣も何度かかわるというお神言でしたが[12]、一年のうちに内閣が三回もかわるというのは、今までの歴史の中でも珍しかったように思います。それでも、皆、ともかく安穏に暮らしているように思う。そこが、物が豊かになっているからですね。それはやはり皆が勤勉だったからだと思うのです。

しかし、地球上の資源というのは限りがありますからね。これからは、アジアの国もアフリカの国も南米の国も皆、今の日本人やアメリカ人が享受しているような豊かな生活をしようとする時になったら、多分資源が足りないと思うのです。やはり皆が今の生活よりも二割か三割かエネルギーを使うことをやめて、あまり贅沢に食べ放題に食べて、残ったものはネコや犬にやるのはいいけれども、こういう生活はやはり続かないと思うのです。こういうことが続いていたら、結局は人間は食べる物がなくなる、空気が悪くなる、異常気象が起きて、住めなくなると思うのですね。やはり日本人もアメリカ人も、暖衣飽食というのをやめて、もう少し質素に倹約をしないとだめだと思うのです。

皆で揃って世界平和のお祈りを

いったんこういういい生活に慣れると、倹約をしたりいろいろ食べることをやめたりするのは大変だと思うのですね。でも、そうしないと多分、人間は生きのびられないだろうと思います。そういう神様のお戒めが、十年後に大きな争いが起きたらいけないというお戒めのお神言として今日くださったのだと思うのですが、戦争になったらまた大変ですね。そういうふうにならないように、皆でお祈りしましょう。

本当に、皆でお祈りするというのは、大きなお力をそこに戴けるのですよ。あの百済祭《くだら》(13)のことを思い出してみても、五年間のお祈りの後で韓国がこんなに栄えてきたし、それからイスラエルとパレスチナの人たちが二千年来の民族の争いが超えられますようにと、もうここ十年ぐらいお祈りしているけれども、とうとう去年は和解のための調印ができるようになりましたね。(14)

ですから、お祈りは、我々一人ひとりの力は非常に小さいけれども、皆でお祈りをしたら、世界の動きを変えることができると思うのです、神様のお力が加わってね。ぜひ、合同で、皆でお祈りをしたいと思います。

またちょっと話が延びたけれども、それではこれで本当にお終いにしましょう。

（ＩＡＲＰ機関誌「ＩＡＲＰマンスリー」第二四一号）

註

（1）『今年は、政治、経済ともに、民主主義と社会主義の統合の模索が進んで、ある程度安定の道を進むであろう』

中国やベトナムなどの社会主義国で市場経済システムが導入された。ベトナムはこの年の七月東南アジア諸国連合（ＡＳＥＡＮ）に加入し、八月には米国との国交を正常化させた。中国に関しては註（２）を参照してください。

（2）たとえば中国では、社会主義と民主主義をどういうふうにするかというので大いに模索をしている

一九九三年三月に国家主席に就任し鄧小平の後を受けて中国の最高指導者となった江沢民は、「社会主義市場経済」の導入を決定、事実上自由主義経済に舵を切った。二〇〇一年十一月には中国の世界貿易機関（ＷＴＯ）への加盟を実現するなど、経済開放の加速と国際経済のグローバリゼーション化の動きへの適応を図り、各国から外資を誘致して「世界の工場」とまで呼ばれる世界最大の製造大国へと中国を変貌させる基礎を築いた。九〇年から〇四年にかけて平均約一〇％近くの経済成長率を記録して中国の高度経済成長が進展し、中国を実質的に資本主義国化させていった（国家資本主義）。

（3）人びとの宗教離れがだんだんに生じるだろう

日本では一九九五年三月二十日午前八時ごろ、帝都高速度交通営団（現東京地下鉄）の丸の内線、日比谷線、千代田線車内で、化学兵器として使用される神経ガス、サリンが散布され、乗客・乗員等十三人が死亡、約六千三百人が重軽傷を負うという同時多発テロ事件（地下鉄サリン事件）が発生した。この事件は九四年の松本サリン事件に続き、大都市で一般市民に対して化学兵器が使用された史上初のテロ事件として、全世界に衝撃を与えた。事件から二日後、事件への関与が判明したオウム真理教教団幹部等が逮捕され、幹部の一人の自供がきっかけとなり事件の全容が明らかになったことから、五月十六日、事件首謀者として麻原彰晃代表等四十人近くが逮捕され、そ

の後オウム真理教は宗教法人認可取消し、解散命令の処分を受けた。この事件を契機として、日本の各新興宗教教団では、その後も会員離れが相次いだ。

オウム事件と前後して、新宗教団体の不祥事件がアメリカ他で続発し、新宗教への不信、反感が世界的に拡がった。

太陽寺院は、ニューエイジの神秘主義と環境保護を主張するカルト教団で、九四年十月にスイスとカナダで集団自殺したとされ、五十三人（うち子ども十六人）が遺体で発見された。教祖を含め信者は高学歴で社会的地位のある裕福な白人が多かったため、全世界に衝撃を与えた。九五年十二月二十三日にはフランスのヴェルコールで信者十六人（うち子ども三人）が焼死体で発見された。九七年三月二十四日にもカナダ・ケベックで信者五人が死体で発見されている。

ヘヴンズ・ゲートの集団自殺事件では、アメリカ合衆国カルフォルニア州サンディエゴを拠点に活動したHeaven's Gateという、UFOを信仰する宗教団体が、九七年のヘール・ポップ彗星出現の際に集団自殺を行ない、消滅した。

（4）大陸単位の経済域が生じて、経済摩擦がだんだんに増加していく

一九九五年一月一日、オーストリア、フィンランド、スウェーデンが欧州連合（EU）に加盟。七月二十九日、ベトナムがASEANに正式加盟した。

（5）アメリカ一辺倒だけではこれからはやっていけないだろう

日本の輸出相手国は、二〇〇八年までの五十年余りはアメリカが断然一位であった

が、この年にアメリカで金融危機が起こり、アメリカをはじめ世界中の景気が急激に悪くなり需要が落ち込んだ。しかし、中国経済は、中国政府の様々な経済対策により景気の落ち込みが少なく、引き続き高い経済成長を遂げたことから、〇九年から日本の最大輸出相手国になった。また、韓国、台湾、香港、タイなどのアジア諸国では、半導体などを使用した製品を組み立てる産業が興隆し、国の成長に伴うインフラ設備のための原料も必要としたことから、これらの国ぐにへの輸出が大きく増えることになった。

(6)結局アメリカはいろいろな国に対して借金国になってしまった

アメリカの経常収支の推移をみると、一九九一年（+2.90）、九二年（−51.61）、九三年（−84.82）、九四年（−121.61）（単位一〇億USドル）。以降はずっと赤字続き（出典：国際通貨基金（IMF）：World Economic Outlook Databases 二〇一七年四月版）。

(7)先ほど話しましたような大きな争いが十年後ぐらいに起きた後では

「先ほど話しました」とは、一九九五年のご神言一番目の、「今後十年間に」、二番目の「十年後に」を指す。なお、「十年後ぐらいの大きな争い」について、著者はこの後繰り返し言及し、毎朝、世界平和を祈り続けた。

(8) ずっと天変地変は続くであろう

この年だけについても、一九九五年一月一七日、淡路島北部沖明石海峡を震源とするマグニチュード（Ｍ）７・２の激震が発生（阪神淡路大震災）、神戸市を初め近畿圏の広域に甚大な被害を与えた（この章の「主なニュース＜国内＞」を参照してください）。

その他、この年に日本におけるＭ７以上の地震としては、岩手沖地震一月七日（Ｍ７・２）、択捉島南東沖でＭ７・３の地震が発生している。

九五年五月二十八日は、ロシア、サハリン州北部ネフチェゴルスク付近を震源として、Ｍ７・６の直下型大地震が発生、死者は二千人を超え、最大の被害を出したネフチェゴルスクは壊滅状態となり、その後再建されなかった。

世界では、この他Ｍ７以上の地震はアフリカ・トンガ四月七日（Ｍ８・６）、七月三十日チリ・アントファガスタ州（Ｍ８）、十月九日メキシコ（Ｍ８・０）などがあった。

(9) 人間と自然とは同じ魂をもっている同胞なのだ

宗教法人玉光神社の重要な教えの一つ。

『玉光神社十五条の御神訓』にも、

・神は　愛と智慧をもってすべてを生かし　進化させ賜う（第二条）
・すべてのものは　神の愛によりて生き　物の力にて壊れる（第六条）
・神の愛をもて　人と自然を愛せよ（第八条）

・人　自然　霊と霊界との調和において　人の世は成り立つ（第十二条）
・人や自然　霊を愛する者は　自ずから成り立つ（第十三条）
・人や自然を害する者は　亡びる（第十四条）
と示されている。

本山博『愛と超作——神様の真似をして生きる』（宗教心理出版　一九九六）「自然を同胞として愛する」（二一三頁）、同『啓示された人類のゆくえ』〔Ⅰ〕「自然の内の神性を尊ぶように」（三〇九頁）等を参照してください。

(10)『十年後、大きな世界的な規模の政治とか経済、宗教間の争いの後』
註（7）に示された内容をここで明らかにしている言葉。

(11)去年は『地震がある』というお神言があって、本当に世界中で大きな地震が沢山ありました
「一九九四年」の註（2）を参照してください。

(12)政治や経済で大きな変動が起きるというお神言で、内閣も何度かかわるというお神言でした
「一九九四年」の註（8）を参照してください。

(13) 百済祭

三鷹市井の頭の玉光神社で、一九八四年から八八年までの五年間にわたって斎行された「牟礼—百済祭」（三月十七日）のこと。「牟礼—百済祭」及びこの五年間の日韓関係の進展については、玉光神社月刊機関紙「光の便り」第三号、あるいは本山博『啓示された人類のゆくえ』〔I〕一九三頁に詳しいので参照してください。

(14) 調印ができるようになりました

この章の終わりの、「主なニュース〈国際情勢〉及び〈国外〉」を参照してください。

主なニュース

〈国際情勢〉

新たな世界秩序へ向けての努力と萌芽を示す好ましい進展が見られた。ボスニア包括和平合意、北朝鮮の核兵器開発の阻止とエネルギー不足救済を目指す朝鮮半島エネルギー開発機構（ＫＥＤＯ）の正式調印、イスラエルとパレスチナ解放機構（ＰＬＯ）によるパレスチナ暫定自治拡大合意等が見られた。世界貿易機関（ＷＴＯ）が発足して自由貿易体制へ向かい、ベトナムの東南アジア諸国連合（ＡＳＥＡＮ）加盟等、地域的な協力の動きが強まってきた。

〈国　外〉
・米連邦政府ビル爆破テロで百六十八人死亡　（四月十九日）
オクラホマシティーの連邦政府ビルが車に仕掛けた爆弾で爆破され、死者百六十八人、負傷者四百人の米史上最悪の爆弾テロとなった。
・サハリンで大地震　（五月二十八日）
サハリン州北部で直下型大地震発生、死者二千人を超えた。
・アウン・サン・スー・チーさん六年ぶり解放　（七月十日）
・仏、核実験を強行　（九月五日実施〜）
仏領ポリネシア・ムルロア環礁で、十二月までに計五回強行し国際的非難が高まった。
・イスラエルのラビン首相暗殺　（十一月四日）
ユダヤ教過激派イスラエル人に銃撃され死亡。暗殺はパレスチナ自治を巡りイスラエル社会・国際社会に衝撃を与えた。
・ボスニア包括和平合意　（十二月十四日）
包括和平合意協定調印式がパリで行われ、紛争三カ国の首脳が協定文書に署名。
〈国　内〉
・阪神大震災死者六千三百八人　（一月十七日）
淡路島近くを震源地とするマグニチュード7・2の激震が発生、神戸市を中心に兵庫県と大阪府で六千三百八人が死亡した。
・地下鉄サリン事件十一人死亡、オウム事件発生　（三月二十日）

45 1995（平成7年）

東京の地下鉄にサリンがまかれ、十一人死亡、約五千人が重軽傷を負った。五月十六日麻原彰晃代表らを逮捕。十二月には教団の解散命令が確定した。

・景気低迷で空前の就職難、失業率上昇

円高や阪神大震災などの影響から景気は足踏みを続け、企業倒産が続発。一方、女子大生は「超氷河期」と言われる就職難に泣いた。

一九九六年（平成八年）

心のコントロールが必要な時代へ
――自制力、無執着、真の自由、智慧、愛――

地球そのものを大切に

今日、神様によくお願いをしたのは、政治が混乱しているとか、あるいは社会不安が起きていろいろなテロが増えたとか、新聞を見てもテレビ・ラジオを聞いても、人間のことばかり言っていますね。けれども、肝心の地球そのものがだんだんまずくなって人間が住めなくなったらどうにもならないのに、本当に人間というのは自分のことばかりしか考えないのだなと、ラジオを聞いたりテレビを見ながら思うのです。

去年は一年間で、中国とかアジアとかアフリカで、世界の人口が年間七千万増加という予想に反して、一億も増えているのだそうです。[1] 結局、日本の総人口と同じぐらいの人口が世界で増えているわけですね。そして、食べる物はもう頭打ちで、これ以上は増えなくて少しずつ減りつつあるし[2]、魚とか海産物、コンブとかワカメなどの類のものも減少しつつあり、世界中で水も足りない[3]。今セブン―イレブンとかそういう所へ行くといろいろな国の水が来ていますが、あの水そのものもだんだん減っているのだそうです。

　宇宙が神様の一つの身体だとすると、地球もその中のへそぐらいに当たるのかもしれない。神様がその上に人間をつくり出されて、人間を支えて、人間がその中で生きているわけですが、その地球そのものが少しずつ身体が弱ってきたのでは、その上を這い回っているアリのような人間も生きていけなくなると思うのです。水が足りなくなる、食べる物はない。

　人間の数はどんどん増えて、今人口が五十八億ぐらいですが、今から二十年も経って百二十億〜百三十億になったら、今でさえも足りないのに、食べていけるかなと思います。第二次大戦後は皆食べる物がなくて困ったでしょう、ああいうふうに世界中がなったらどうなるかなと思うのです。

　今、目先のことばかり考えて、目先の政治だの経済だのばかり考えても、地球そのものがおかしくなって食べられなくなったらいったいどうなるだろうと考えるのです。そういうことにならないように、やはりある程度の規制ができないと、生んだらいいというわけにもいかないように思うのです。

自分を自制できるような心と組織を

今から四千〜五千年前、あるいは一万年ぐらい前の日本列島では、人口はせいぜい四十万〜五十万ぐらい、百万はいなかったわけですね。なにも農業とか何かをしなくてもアイヌの人達——それがわれわれの先祖ですが——は食べる物には困らなかったようですね。今一億二千〜一億三千万の人口があるということですから、百万としても、百二十倍になっているわけです。

地球というのは小さな星だから、それが満杯にならないうちに世界中で人口増加の規制をしないと、人口がどんどん増えてきて、そして今の日本人やアメリカ人がしているような贅沢な生活をアジアの人も中国の人もアフリカの人も皆するようになり、エネルギーをいっぱい使ったら、日本人やアメリカ人は一人について途上国の人達の使っているエネルギーの一万倍も二万倍も使っているわけだから、当然足りなくなってしまいますね。

そしたらどうなるかというのを考えないで、目先の、やれ政治だの何だのと、そんなことばかり言っているけれども、やはり二〇〇四年頃はそういうふうな一つの転機で、争いが起きるのではないか。ずーっと以前にそういうご神言があったように思う⑷のですが、そういうふうに争いにならないように、地球上を自分達の勝手にするのではなくて、自分達で自分達を自制ができるような組織を作らないといけない。あと十年もしないうちにそういうことが必要になるのではないかと思うのです。

人間は、神様から戴いた智恵と行動力、植物のように出来たら死ぬまでずーっとそこにおるわけではなくて、動きまわれるような行動力と智恵を神様が授けてくださっているのだから、解決できると思うのですが、今のままでは無理ですね。

皆が自分で自分をコントロールできるような人間の心と、社会の組織が必要だなと思うのです。そういうことをお祈りしたのです。

今までは、やれ、皆のカルマがとけるように、日本や皆が栄えるようにとお祈りをしていたのですが、そんなことばかり言っていても、肝心な地球そのものがだめになって、地球の上で人間が住めなくなったのではどうにもならないですからね。

政治・経済では明るい年

では、昨日神様にお伺いしたことをお話ししましょう。毎年思うのですが、もうこんな予言のようなことをしたくないと思うのですが、でも、しないと、なんとなく皆が落ち着かないみたいだから、神様にお伺いをして、お教え戴いたことだけお話しします。

さっき言ったように、目先の政治のこと、経済のことばかり言っても仕方がない、しかし、まず焦眉の急としては、今年はいったいどうなるかということがやはり気になりますからね。その時、ネコの社会だのサルの社会だのということは、全然考えない、海の水がどうなるかなんて全然考えないで、皆、政治や経済のことばかり考えるでしょう。直接自分達が食べることに関わりがありますからね。

そこで、そういう政治や経済は、

『今年は明るい年になるであろう』

ということです。

去年も、阪神大震災とか、いろいろなことがありましたが、国民全体の食べる物がそんなに減ったわけでもないから、直接関係のなかった人は、まるでそれがどこか遠い国の、自分に関係ない出来ごとだったみたいにどこかで思っているところがあるかと思うのですが、それだけ結局は皆恵まれているのですね、社会の基盤が十分に出来ていてね。

ただ、それがいつまでも続くかどうかは分からないのですが、しかし、『今年は政治や経済で日本は明るい年になるであろう』というお神言でした。

中規模の地震、火山活動。宇宙的規模での大きな変化はない

二番目は地震のことですが、

『地震は、活動期に入っているから、東北、北海道、関東、九州で中規模の地震とか火山活動が発生するけれども、被害は甚大ではない(5)』

というお神言でした。

去年八月にアメリカから帰った時に、伊豆の方の地震がどうも起きそうだから、東海大地震が起きないように、地震のエネルギーが小出しになるようにと一生懸命にお祈りをしたのですが、かなり群発の地震が何千回も起きましたが(6)、あれはあれでだいたいおさまったようですね。

「宇宙的な規模ではいったいどうなるのでしょうか」

と伺いましたら、

『地球を取り巻く宇宙的な規模では大きな変化はない』

というお神言です。新しい星がどこかでは出来ているのでしょうけれども、地球に直接は関係がないようです。

地球社会への移行期

四番目は、

『十年ないし二十年間に、地球規模で人口増加、食糧減で、食糧制限の必要から、地球社会組織の形成が加速されるようになるだろう』

というお神言ですから、今から十年ないし二十年、二十一世紀の五年ないし十五年ぐらいの間にそういう地球社会組織というものの形成が加速されるようになるということですね。やはり地球規模、世界的な規模で人口増加とか食糧の問題をコントロールするような組織ができないといけない。そういう組織が戦争によらないで出来るように、よく見ていきたいと思うのです。

五番目は、これは国家と地球社会ということの問題で、

『人間に地球人類としての自覚が達成されるまでは、経済とか政治の上で国家が力を振るうであろうが、ここ二十年が一つの移行期である』

というお神言です。今のところはまだ国家というのが力を振るっているけれども、二十年ぐらいの間にはだんだん、国家だけではどうにもならない、そういうのがもっと現実になってきて、地球社会への移行がこの二十年ぐらいの間に徐々に起きる、ということです。

社会主義と個人主義的資本主義との統合の進展と、三大経済圏の成立

六番目は、

『社会主義と個人主義的資本主義との政治上での統合が、各国、各地域でもっと進展するようになる』

というお神言です。

これは、どこの国でも今そうなっていますね。中国も社会主義が資本主義を入れるし、それから日本はそういうふうにしないとやっていけないし、今いろいろな所でだんだんそういうふうな動きができている。これがやはり、具体的な、全体としての人間を生かしていく上で非常に大事だと思うのです。

人間は個人性と社会性の両面をもっているわけですから、経済の上でも政治の上でも、社会主義と個人主義的な資本主義が統合され、それがさらに進展をするだろう、というお神言です。

それから、

『アジア地域での経済発展と個人生活の物質的向上がもたらされて、だんだんに世界は、アメリカ・カナダグループとアジア地域とヨーロッパという三大経済圏が向こう十年ないし十五年で世界経済をリードするようになる』

ということです。ということは、アフリカとか南アメリカというのは遅れることになるのでしょうか。この三つが主たる経済圏になるようです。すんなり出来ればいいのですが。戦争とかそういうものなしにできるように思いますから、そういう点は心配ないのでしょう。

情報がものを動かす力となる

次に、十年ほど前の元旦にお神言があったように、現在情報社会が発展し、情報が実際にものを動かす力になってきました。コンピューターにプログラムを組んで情報を入れておいたら、その通りにものが動くようになってきたわけですね。それはちょうど、この世が霊の世界の内のアストラルの世界の[7]、情報即力の様相に次第に似てくるようになる、ということなのです。

今年改めて、

『情報社会がさらに発展し、情報が実際にものを動かす力となり、この世がアストラルの世界の、情報即力の様相に次第に似てくる[8]』

それはそれでいいのですが、情報即ものを動かす力というふうになってきたら、今でさえもコンピューターで他人のお金を何十億も盗むような、それから、一生懸命やった研究の内容をインターネットでうまいこと盗むような泥棒が非常にはやっていますね。

情報が盛んになればなるほど、そして情報即ものを動かす力になってくればくるほど、泥棒がまた増えるわけです。どこまでいっても人間というのは四分六なのですね。悪いことが四でいいことが六。石川五右衛門が「浜の真砂が尽きても泥棒は尽きない」と言ったというけれども、本当にそうだなと思いますね。

そういうことにならないように規制ができないと百鬼夜行のようになって、情報がそのまま力になるようになったら、簡単に原子爆弾だって使うことになるかもしれない。

情報化時代の心のもち方——自制力、無執着、真の自由、智慧、愛

そこで大事なのはやはり、

『心の自制力、自分自身を自制をする力。それから無執着。自分にとらわれない、ものにとらわれない、真の自由。智慧、愛が、ますます必要な社会にこれからなるようになる』

というお神言でした。

大事なのは、人間の心である。本当の愛、智慧がないような心が増えれば増えるほど、ものを自由に使う、情報でものを使う力が増えれば増えるほど、魔の力がはびこるのと同じになる。

原子爆弾が出来て、それが怖いものですから冷戦、核抑制というふうになってきているわけですが、原子爆弾以上に上のことは危険をはらんでいる。あらゆるものが情報即力で動かされるようになり、この世がちょうどアストラルの世界に似てくると、アストラルの世界では魔境というか、魔の力が非常に強い[9]のですから、自分のためだけにそういう力を使おうという、そういう魔の世界にこの世がならないとも限らないですね、今の情報が力になってきたら。

そういう時こそ、人間が自分をコントロールする、自分のためだけに何かをするということを皆がだんだんやめる、国家も自分の国だけが栄えるということだけを願って何かをするということをやめないと、とんでもないことになると思うのです、科学が進めば進むほどね。

原子爆弾を使うか、それとも、やめて、平和利用するかは人間の心が決めるのだけれども、人間の良心というか、あるいは神様のような智慧と愛というものが、人間の心にさらに今から必要になってくるように思います。

最後の、
『心の自制力、無執着、真の自由、智慧、愛がますます必要な社会となる』
ということ、それが今年のお神言でした。
では、今日は、これで終りにしましょう。

（IARP機関誌「IARPマンスリー」第二五二号）

註

（1）世界の人口が年間七千万増加という予想に反して、一億も増えている

世界の総人口は一九九三年約五十五億、九四年約五十六億、九五年約五十六億八千万、九六年約五十七億六千万（アメリカ商務省国勢調査）であった。
なお、日本の九五年の総人口は約一億二千万人（総務省統計局調査）であった。

（2）食べる物はもう頭打ちで、これ以上は増えなくて少しずつ減りつつある

矢口芳生氏の報告によると、九二〜九三年の世界の穀物在庫総量は二十二・一トン、九三〜九四年は十八・九トンと減少している。

（3）世界中で水も足りない

一九五〇年の世界の水使用量は約一三六九億トン、九五年には約三七五二億トンに増加した。九六年には世界水会議が設立されている。

（4）ずーっと以前にそういうご神言があったように思う

二〇〇五年の元旦祭後の教話において、著者は、「二十数年前に、私と家内と権宮司（註・現二代目宮司）の三人だけで根府川道場でお行をしていた、その時にご神言がありました」と語っている。

（5）『地震とか火山活動が発生するけれども、被害は甚大ではない』

この年（一九九六年）、日本では震度6以上の地震の発生はなかった。十一月二十一日、北海道雌阿寒岳で噴火活動が発生したが、規模は小さな水蒸気噴火であった。

（6）（去年）群発の地震が何千回も起きました

一九九五年九月十一日朝七時ごろから伊豆半島東方沖を震源とする群発地震が発生、気象庁の発表によると翌日十二日午前九時半までの地震の回数は百八十六回、十月上旬までの地震は無感地震も含めるとほぼ七千回を数えた。

（7）アストラルの世界

ヨーガの教えによると、人間存在は次の三つの異なる次元の身体と心とを同時にもっている、多重次元の存在である。

①　物理的次元での肉体とその心（肉体と結びついて働く心＝意識）
②　アストラルの次元での微細身とその心（感情が主役を演じる）
③　カラーナ次元での原因身とその心（叡智が主役を演じる）

アストラルの次元の世界は、感情やイメージ、想念、欲望が中心として働いている世界なので、自分の感情やイメージと外の世界との区別がつきにくくなり、自分の想念がそのまま現実であるように思い込みやすく、非現実の世界に閉じこもり自己閉鎖的になりやすい。

著者は人間存在の、身・心・魂から成る多重次元性と各次元の特質について、自身の数十年にわたる厳しい宗教的行体験と、主として西洋医学的電気生理学、解剖学、分子生物学、生物物理学等の学際的実験科学的研究をとおして、体験的、科学的に明らかにしようと努めた。その成果から、人間存在の多重次元性とその各次元の特徴について、多くの著書に記述している。詳しくは主として以下の諸著書を参照してください。

『催眠現象と宗教経験』（一九七五）、『密教ヨーガ』（一九七八）、『チャクラ・異次元への接点』（一九七八）、『超意識への飛躍』『チャクラの覚醒と解脱』（一九九〇）、『仮想から現実へ――コンピュータ時代における良心の確立』（一九九八）、『神秘体験の種々相』Ⅰ、Ⅱ（一九九五、一九九九）（いずれも宗教心理出版）、『呪術・オカルト・隠された神秘――心の成長と霊の進化の宗教学』（名著刊行会　一九九一）

(8)『情報が実際にものを動かす力となり、この世がアストラルの世界の、情報即力の様相に次第に似てくる』

著者は『人間の本質――生きる意味を探る』（本山博・稲盛和夫 PHP研究所 二〇〇九）の中で以下のように語っている（一九四頁）。

「今はインターネットなどの普及もあり、どこの国の誰とでも、どの政府とでもコミュニケーションがとれる時代です。霊の世界では、一番低い世界、みなが死んだら行って、修行が足りないとまたこちらに戻ってこなければいけない世界、そういう世界では感情が主になっています。

今のインターネットの世界を見ると、その低い霊の世界と同じように、欲と感情によってつながっています。「この人のほうが年金を余計にくれそうだ」と思ったら、そちらにザーッと流れていくような感じで、政治もインターネットで動かされるようになってきました。要するに、非常に個人的なエゴ、欲と感情で動いている世界と言えます。」

(9)アストラルの世界では魔境というか、魔の力が非常に強い

アストラル世界の特徴と、アストラル世界の魔的な霊との共通な性格、両者の関わりについては、本山博『仮想から現実へ――コンピュータ時代における良心の確立』に詳しいが、特に「三　本物とにせもの　4 仮想世界とアストラル世界の特徴と、両者の密接な関係」に詳述されているので参照してください。

なお著者は、修行者が霊的次元の各階梯を修行によって一つ一つ登っていくその各

階梯において必ず出遭う魔と、魔の力の克服についてもしばしば語っている。殊に『神秘体験の種々相Ⅰ――自己実現の道』『神秘体験の種々相Ⅱ――純粋精神・神との出会い』に詳しいので参照してください。

主なニュース

〈国際情勢〉

クリントン氏のアメリカ、エリツィン氏のロシアはともに大統領選挙の年を迎えて内政問題を中心に政治が動き、もう一つの大国、江沢民主席の中国もまた、香港返還や共産党大会を翌年にひかえ体制固めに力を注いだ。総じて無風のうちに推移したが、冷戦時代の対立構図がいまだ残る東北アジアで一時緊張が高まったのを初め、最大の不安定要因である民族対立の火ダネが各地でくすぶり、時に燃え上がった。

〈国　外〉

・ミャンマー軍政、民主化勢力を大量拘束　（五月）

アウン・サン・スー・チーさん率いる国民民主同盟（ＮＬＤ）が五月二十六日からの同党議員総会を計画したが、軍事政権は同党員ら二百六十二人を事前に拘束した。

・エリツィン大統領再選　（七月三日）

・アトランタ五輪公園で爆弾テロ　（七月二十七日）

米アトランタ市の五輪百周年公園で夏季オリンピック開催中、爆発が起こり二人が死亡、百人以上が負傷した。

・北朝鮮潜水艦が韓国に侵入　（九月十八日）

・クリントン大統領再選　（十一月五日投票）

民主党のビル・クリントン大統領が共和党のボブ・ドール候補を大差で破り再選された。

〈国　内〉

・「普天間」全面返還で日米合意　（四月十二日）

日米両国政府が、沖縄米軍基地整理・縮小問題で焦点となっていた普天間飛行場について「七年以内に全面返還」で合意した。

・O157大量感染　（七月十三日）

大阪府堺市の三十三小学校児童約三百人が食中毒症状を訴え、犠牲者も十一人に達した。

・薬害エイズ事件で安部前帝京大副学長逮捕　（八月二十九日）

・自民党復調、単独内閣が復活　（十月二十日）

小選挙区比例代表並立制での初の衆院選投開票が行われ、自民党は公示前勢力を二十八議席上回る二百三十九議席を獲得した。第二次橋本内閣が三年三カ月ぶりの自民党単独内閣として発足した。

一九九六年（平成八年）五月十一日

善と悪とその段階、及び善悪についての東西の理解の歴史的背景について

社会性喪失をもたらす仮想現実

この前、バーチャル・リアリティ（virtual reality）というか、仮想現実ということについて話しました。(1)

たとえばコンピューターのスイッチをちょっと操作するといろんなキャラクターが出て来て、それらを動かすことができる。自分が画面の内の悪者のキャラクターになったつもりで、「正義の味方」にさえも好きなように勝ったり、何でもできちゃうわけです。画面の中に自分のイメージを多く描いて、その中にのめり込む要素が非常に強い。こういう場合には、自分だけの考えに落ち込むことが多くて、世の中との社会性というのがだんだん滅ってくるわけです。で、いろんな犯罪とか反社会的な現象が

増えることになってしまう。

ですからこういう時こそ、いわゆる躾、つまり何をしたらよくて、何をしたら悪いのかということがよく分かっていないと困るのです。仮想現実の中に、自分の考えとかイメージの中に落ち込んでしまい、善い事と悪い事のけじめが無くなってしまうと、社会は成り立たなくなってしまう。

宗教体験と科学的研究よりみた善

では、善い事と悪い事のけじめは何かというと、私はそれを、自分の長い間の宗教体験と生命物理学的な研究(2)とをとおして、次のように考えているのです。

つまり、いつも言うように、物の世界のすべてのものは、神様の力というか、絶対の力というか、そういう力がまず物の原理と心の原理とに分かれ、その次に心の原理が物の原理の内に入ることによって、創造が、いわゆる物が創り出されていると思うのです(3)。ですから、たとえば皆さんが具合が悪くて困っている時に私が神様のお働きと一つになった力を送ると、その悪いところに力が入っていって、そこで、壊れた細胞とか、或る身体部分にエネルギーが溜まってしまってそこから他のところに流れていかないのとかを、正常な秩序のある状態に治すことができるわけです。

勿論それには一定の限度があり、たとえば新しい人間を創り出すようなことは、今の力ではできませんな。しかし、上のような体験や、研究所での実験などをとおして、物を創り出したり、魂を助けて、そこに秩序を与えて、他のものと共存できるようにする力が、善なる力だと思うんですよ。

宗教体験と科学的研究よりみた悪

ところが、自分だけで凝り固まって、自分だけを守ろうとする力は、それが物の力で、そういう力が心の中に働く時には、人間は利己主義になってしまう。

物の力というのは、自分だけで固まって、自分だけが成り立つように働くわけですが、その力は最終的には、自分に秩序を与えたり、周りに秩序を与えたりすることはできなくて、壊れてしまう。

自分だけで固まって、他のものにも自分自身にも秩序を与えることができなくて、しまいには滅んでいくような力は、結局は悪を生み出す力、善でない悪だと思うのです。

善悪にも階梯がある

以上のように、心の原理、つまり神様の愛の原理に従うのが善で、物の原理、つまり自分だけを凝縮させて、自分だけを守ろうとするような力に従うのが悪だと、それが基本だと思うのですが、そういう善にも悪にも、階梯というか、段階があるように思います。

善であっても、相手が成り立つようにと思ってすることであっても、本当に相手の立場に立つことができなくて、つまり相手がどんなふうに思っているかとか、今何がその人に一番必要かとかということが分からなくてするような場合がある。たとえば子どもには教育が必要だと思って、自分の子どもはあんまり頭がよくないのに、親が無理にその子どもをいい学校に入れようと思って、小学校や幼稚園の時から、いろいろ準備する。それは、その子どもの将来を成り立たせようという愛情があってのことに違いあるまいけれども、本当にそれがその子の役に立つかどうかは、その子どもをよく見極めていないと、いつか子どもがそれに付いていけなくなった時に困ったことが起きかねない。カルトに走っていろいろな事件を起こした青年達にも、そういうケースが多いように思います。

親が、本当に子どもの能力とか気持ち、何をしたいのかという希望をよく分かっていなくて、親の希望に合わせてそれによって相手を助ける場合は、親の欲が主になった行為で、本当の相手（子ども）のための行為ではない。

相手への理解のない善は最低の善

教師の場合でもそうだと思いますね。今、学校ではいわゆる落ちこぼれがよく出来るけれども、それは一定の基準に従って一律に教育して、その基準に外れた者の面倒を十分にみられないからだと思うのです。その基準が、一人一人の子どもの個性とか、その性格とか能力とかを満たしていないのに一律の基準だけを押しつけた時には、子どもにとっては、学校に行くのは地獄みたいになってしまって、学校へ行きたくなくなって、登校拒否が起きないとも限らないわけです。登校拒否の一つの原因はこれだと思うのですよ。

親の場合でも、子どもの能力をよく見極めないで、ただ自分の考えで相手の役に立つようにと思ってしているケースが世の中には案外多いが、それは、善ではあるけれども、最も低い善だと思います。それによって相手が本当によくなるかどうか分からないわけですからね、相手を本当に理解していないのですから。

善の階梯を決める一つの条件――相手への理解

これに対して、子どもがどの程度の能力で、どういう性格かというふうに、相手の立場や能力をよく理解して、今必要なことをしてあげるというのが、その次の善だと思います。ただ、その時に、相手をどの程度理解できたかによって、やっぱりその善の段階が変わってくると思います。

本当に思いやりがあって、相手のことがよく分かってあげる時には、別に、特に何もしてあげなくても、相手が本当に生き返ったようになる。その人の心を、ああそうだったなあと本当に理解してあげたら、その時から相手は、立ち直る勇気が出て来るように思うのですよ、何もしてあげなくてもね。

ですから、そういうふうに相手が分かる人というのは、もうその人が或る行為をして相手を助けるというのではなく、相手を本当に理解するだけで相手が成り立っていくというような善を行なう。

こういう善は、非常に普遍的な善だと思います。

自分から自由になった心は、他に秩序と活力をもたらす

そういう善を行うことができるためには、自分の考えとか自分の感情とかというも

のに堕ちていなくて自由になった人でないと、相手の心とか気持ちとかというのは本当には分からない。こういう人（自分から自由になった人）が相手のことを本当に理解してあげると、それだけで相手はもう成り立っていくような元気が出るというか、そこに秩序と生きる活力が出て来るのですね。

カルマを作る善と、カルマから自由な善

こういう善は、初めに話したような、親が自分の希望に沿って子どものためにする善とは非常に違う。後の場合は、相手をよく理解した上で相手が成り立ったらいいというふうに念じて、その念じる力が相手を本当に生かしていく。先の親の場合は、親の計画に沿って子どもが大きくなったら、子どもは世の中に出ても成功して楽に暮らせるとか何とかという、或る結果を求めているでしょう。「子どもが大きくなって、いい所に就職ができて、こうなったら望ましい」というような結果を求めている。

しかし、結果を求めてする行為というのは、カルマの世界の内でする行為であって、カルマの世界を超えるための行為ではないのです。ですから結果を求めてする善というのも、いつまで経っても親子のカルマから超えられない善、すなわち、いい（いわゆる順縁の）カルマ、あるいは逆縁のカルマを作る行為なのです。

これに対して、相手をよく理解して、それが相手が成り立つための力になり、その力を送っただけで相手が成り立っていくような愛の行為は、相手に対して結果を求めていない。そういう善が人間でできる最も優れた善、個人と個人の間の最も優れた善だと思います。

社会性を伴った善にも階梯がある

ところが更に大きな善というのは、相手も自分も、それから自分や相手もくるめた社会全体がうまく調和がとれて動いていくように念じて、そういう立場でいろんな人と付き合って、いろんな人を助けることができるような善だと思います。

ここには、大きな社会性というのが入ってくる。社会の中に秩序ができるように、皆が調和して、その中で生きている人がみんな、それぞれに成り立っていけるようにと念じる心、そしてそういうふうに振る舞える人というのは、さっきの個人と個人の間の愛よりも、もっと大きな愛の心であり、大きな愛を行なう人ですね。そういう善ですね。

しかし、こういう、社会性を伴う善であっても、たとえば或る政治家が、こういう社会ができたら、――たとえば成田空港を作ったら、自分の一つの功績になる、自分の総理大臣としての功績ができるなんて思っている時には、自分のための結果を求めているわけで、結果を求めた善だから、そういう善は、たとえ国のためにした善であっても、カルマの世界での善ですね。

ところが皆が助かるようにと思って世界平和のお祈りをするし、お祈りするだけでなくて本当にそういうことを願って、実際に、たとえば、東南アジアとかいろんな所から人が来たような場合、その人達に対して、その人達の生活が成り立つようにというふうに念じて、自分ができる範囲内でそういう人達を助けることができる活動をしたとしたら、その善の方が政治家のする善よりは、上等の善だと思います。

果を求めない善が神に通じる善

このように善にもいろいろな階梯があるように思います。で、その階梯を決めるものは何かというと、同じく相手が成り立つようにあるいは社会が成り立つようにと考えてする行為であっても、その結果を求めているかどうかということですよね。

結果を求めている善は、カルマの世界の中で結果を求める自分も、結果が生じたらいいと思う相手もあるわけだから、どうしても自由な心にはなれない。結果を求めてする善には、神様の愛は決して分からないと思います。

消極的な、可能性としての悪

悪について言うと、さっきも話したように、物の原理に従って、自分だけが成り立ったらいいというのが悪だと思います。で、その悪にもいろんな種類があるように思うのです。

まず、人に迷惑はかけないけれども自分だけで世の中を楽しみたい、たとえば定年退職したら、もう何もしないで自然を楽しもうという人がいますね。それはそれで楽しくていい。アメリカ人にはそういう人が多いようです。一生暮らせるだけの金が儲かったら、もう働かないで、あっちこっち車で旅行して、自然を楽しんだり、楽しいいろいろなことをするという人びとが多い。

それはそれでいいかもしれないけれども、それは要するに自分が楽しんで自分が中心になっている行為だから、決して悪い行為だとは言えないけれども、決して「善い行為」とは言えないと思うのです。まあ、言うなれば、そういう行為は、悪の芽のようなものと言えないこともない。というのは、それは、悪を生み出す可能性があるのですよ。

自己中心は悪の可能性をもつ

というのは、もしそれができなくなった時には、つまり、もし自分が楽しめなくなった時には、泥棒をするようなことになるかもしれない。

自分だけの楽しみを求めて、他の人に迷惑をかけなければいい、他の人のことは考えなくてもいい、自分だけが楽しめればいいという考え方が強いと、自分が生きる目標は自分しかないわけだから、それは、潜在的には悪を生み出す考えなのです。道徳とか社会的にみれば悪ではないが、悪の芽を含んでいるように思うのですよ、自己中心だから。

というのは、さっきも話したように、人間が人間として、あるいは全てのものがそ・・・のものとして成り立っているのは、神様の大きな愛の力によって、そのもの・・・が成り立つような秩序を与えていただいているから成り立っているのに、そういうことを感じないで、自分だけで楽しんだらいい、自分だけで生活ができたら、他の人に迷惑をかけなければそれでいいというふうな場合は、自己中心で、そこには愛という要素はないわけです。他の人が成り立つようにというふうな考えがその中にない。

その限り、それは決して善ではなくて、悪になり得る可能性をもっていると思うのです。

ところが、そういう考え方を社会が容認している。それでいいんだというふうにみんなで容認している。それは間違いだと思います。

自己中心の悪への移行

他人に迷惑をかけない限りは自分が満足できればいいと考えている人達は、自分がうまく生活できなくなった時、自分が思うような生活が十分にできなくなった時には、職について働いている場合には自分の実力以上の給料を要求したり、あるいは、働かない時にはどこかの慈善事業の施設へ行って食べて来て、後は何もしないというふうに、人に何かを要求するようになってしまう。多くの人が自分の能力以上に何かを要求するようになったら、社会全体としては、本当にその人の能力があるかどうかを常に疑ったり試したりするような風潮になってしまう。

自分が成り立つために、自分の力に妥当な額以上に給料を要求するということは、もう既に半分ぐらいは、全体が成り立たなくてもいいということなのですよ。極端に言うと、百人のグループの中に百しか今食糧がない、だから一人に一つしか分けられないという時に、自分は一つでは足りない、五つくれと言ったって、それでは他の人が困るわけです。他の人が困ることは自分は関知しない、自分が五つ食べられればそれでいいという場合は、これは成程人を殺したり何かするわけではないけれども、全体の中に、より困る人ができるわけです。

自己中心的な先進諸国

今、世界の先進国の政治のあり方をみていると、日本だって、アメリカやヨーロッパだって、要するに自分達の国だけが困らないで、食べる物も十分にあればそれでいいみたいなところがある。たとえば飢えて困っている人達には、いよいよ困ったら物をあげるけれども、困るのは仕方がないと思って、それ以上は放ったらかしのところがある。どこかに、自分達だけが繁栄をしたらいいというふうな考え方が、いろんな先進国の中にはあるように思われます。

しかしそれは、潜在的には悪だと思うのですよ。皆の心の中にだってあるように思います。

愛の欠如——消極的な悪

たとえばアフリカの人達をみていると、部族の争いが強くて、最も原始的な呪術的なシャーマニズムというか、そういうものへの囚われが常に強くて、これを超える知恵が足りないようにも思いますよね。ですから、いろいろな面で今の困った状態を超えられないのは、まあ、自業自得というところもあります。だから先進国の人達は、自分達は一生懸命働いて、それだけのものが与えられるのは当たり前で、向こうは働かないで困るのは、それは向こうの勝手だから、もうしょうがないというふうに思っている。

しかし、大きくみれば、それは消極的な悪だと思うのですよ。決して善ではない。相手を成り立たそうという愛は、その中にはないわけですからね。

積極的な悪

次には、自分が生きるために積極的に相手をやっつけるという悪がある。これは何も人殺しとは限らない。

たとえば、或る会社が他者の秘密の情報をスパイ合戦で得ようとするのがこれに当たりますね。いい製品を作ることが自分達の力でできないから、いろんな所へスパイを潜り込ませて情報を得て、それによって製品を作る。そういうのは、自分の会社だけがうまくいけば、情報を盗まれるような間抜けの他社は潰れてもいいという行為ですね。

　これは、初めの消極的な悪よりももうちょっと上の悪ですね。で、その極は、戦争してでも、対立していた相手を殺してでも、自分の欲しいものを手に入れるということになってしまう。殺さないまでも、或る人がはめている指輪が欲しいと思ったら、四、五人でその人を襲って、その手首をちょん切っちゃって指輪を取るとかね、相手を傷つけてでも、自分の生活がよくなればいいというふうになってしまう。

　要するに、相手をやっつけて自分の生存が保たれればいいというのは、これは、悪が最も極端な形で現れたものですね。

悪の芽から悪が生じる

　誰にも迷惑をかけなければ自分だけで人生を楽しんだらいいという、それは、アメリカでも、ヨーロッパでも、悪とは思われていない。

　けれどもそれは、悪の芽を含んだ行為であって、それが、だんだん、だんだんに成長すると、遂には、自分が生きるためには相手を殺してもいいというふうになってしまう。

　そしてそれは、最たる悪だと思うのです。

悪の芽なしに生きられない風土

ところが、砂漠の世界では、歴史的にみて、ずっと、略奪をしたり、相手を殺したりして、それによって生活をしてきたわけです。そしてこれらの国ぐにの間では、今も争いが絶えない。イスラエルとアラブの国ぐにとの間とか、キリスト教の国ぐにとイスラムの国ぐにとの間とか、イスラム諸国とヒンズー教諸国との間とかでは宗教戦争が絶えないですね。

それは、何かが足りないからだと思うのです。つまり、考え方の基本に、今言った悪の芽をどこかで含んでいる。自分達だけよければいいというふうなものをどこかで含んでいるからだと思うのです。

たとえば、モーゼがエジプトから出て来て一番初めにしたことは、シナイ半島のどこかのオアシスの周りに住んでいた先住民族を追っ払って、まあ殺して、それで自分達がそこへ入って行ったわけですね。でも砂漠では、そういうふうにしないと生きていけないわけですよ。だから、神様もそういう行為を許されたと思うんですね。許さなければ、モーゼの率いる一族は生きられないですなあ。

しかし、そういう許しを与える神様も、そういう意味では、――つまり、或る民族を救うために、その民族が他の民族を殺すことを許した神様も、その許しのために他の民族は殺されたり食べ物や水を失ったりしたわけだから、神様だって悪いことをしているいると言えないこともない。

しかし砂漠の厳しい生活条件のもとで、或る民族を助けるために他の民族をやっつけなきゃいけないということは、どうしようもない現実なのですよ。雨と気候に恵まれ、食べる物がいっぱいある所では想像もつかない現実なのです。

恵まれた風土のもとでは

ずっと大昔、日本ではアイヌの人達が住んでいた。そこへ出雲系の人達が大陸から入り込んで来た。しかし、水はたくさんあるし、人口は少ないわけだから、狭い日本でも、食べる物は自然の中にまあたくさんあるわけです。

そういう時には、異民族間でもわりあい仲よくいく。戦争はあったかもしれないけれども、物が十分あるから、そんなに厳しい戦争をしなくても、お互いに融和していける。

征服し支配する者と征服され支配される者という関係にはなっても、食べる物、飲む水のために相手を全部殺してしまわなきゃいけないということはない。征服された側の大将とか王様のような人を殺すというような、指導者間の争いや殺し合いはあったかもしれないが、相手側の成員全部を殺したり、追っ払ってしまうという必要はなかったわけです。

こういう自然に恵まれている所では、互いに和合し、共存することができるわけですね。

風土による宗教観・世界観の違い

だから、そういう所での神様というのは、あんまり、戦争しなくてもいい神様が出る。だからそういう意味でも、宗教というのは自然の影響を大きく受けて、人間はそれぞれに「神様、神様」と言うけれども、その人達が住んでいる場所がどういう所であるかによって、神様への考え方がそれぞれ非常に変わってくるわけです。

ですから、「自分だけを拝め、他の神様を拝んではいけない」とモーゼに神様が言われたそうですが、砂漠の中では、そういうふうにしないとやっていけないから言われたわけですね。

日本では、「何々の神」「何々の神」と神様がたくさんいて、或るお宮で神様同士が入れ替わっても一向に争いにならない。先住民族が祀っていた神様のお社が、いつの間にか後から来た出雲系の神様の名前に変わってしまった。その次に、大和系が強くなったら、大和系の神様に入れ替わったというふうな例が、日本にはたくさんあります。

たとえば九州の宗像神社も、初めはアイヌ系の海の神様を祀ってあったようです。しかし、後に天孫系の民族が入って来て、そこを占領した。すると、天照大神と須佐之男命が「天の安の河原」で、互いにどっちが正しいかというので子を生み合ったでしょう、その時に須佐之男命の持ち物から生まれた三人の女神が、その海の神様にとって代わったわけですね。

自分達が生きるためには、先住民を追っ払ってしまわないと自分達が生きていけないような砂漠の中で民族同士の争いが起きた時には、先住民の神様も全て追っ払ってしまってから、自分達の神様を祀るようになる。ところが、宗像大社の場合には、古いお宮は古いお宮で、そのままあるのですよ。新しい、天孫系になってからのお宮は、いま東南向きに建っているのですが、古いお宮は、西向きに祀ってある。西向きで、そして古いお宮の紋も残っている。共存できているのです。そこが非常に面白いのです、日本のお宮は。古いお宮は古いお宮で、全く質の違った神様が、ちゃんとそこに残るのです。

弘法大師が高野山に金剛峰寺を建てて真言宗を開かれた。しかしその入口の所には、高野山のもともとの山の神様を、立派なお宮を建てて神社として祀られた。こういうことは、キリスト教とかイスラム、ユダヤ教にはないのです。他は皆、やっつけてしまって、自分しかないわけです。

苛酷な自然のもとで生きるために

しかし実際に、砂漠では、水も食べる物も十分にない。こういう所では、他の民族を追っ払ってしまうか、殺すかしないと自分達が生きられないのです。だから、そういう苛酷な自然のもとでできた宗教とか、ものの考え方は、自分が生きるために相手をやっつけるのは仕方のないことなのですよ。そして、それがずーっと伝統として残っている。

たとえば、法律に対する態度もずいぶん差があります。日本人にしても、中国人にしても、法律なんていうのは、ごまかしたらいいとどこか思っているところがある。ところが、ＣＩＨＳ創立に際して実感したのは、西洋人というか、アメリカ人にとっては、法律は絶対に従わないといけないのです。

それは、非常に苛酷な自然の条件である砂漠での生活においては、族長の、絶対的な指導のもとに暮らしていかないと生きられない。一番上の、酋長というか、族長の裁判に従い、厳しく社会ルールを守らないとやっていけないというところから来ているように思います。

今のアメリカ人を見ていると、コンプライアンス（compliance）というか、コンプライ　ウイズ　ルール（comply with the rules）というか、そういうことを非常に重んじて、日本人よりももっと、法律に従うのに汲々としているところがあるのです。非常に面白いと思いました。日本人だったら、まあ、うまいことやりゃいいと思っているようなことも細かく法律に従おうとする。もう生まれつきみたいに非常に従うのです。しかし同時に、法律に触れない限りは、個人の自由を十分に楽しめるようになっているわけです。

このように、非常に厳しい生活条件の中でできた宗教やものの考え方は、共同生活を守るための絶対的な権力を認める一方で、個人というのを非常に尊重する、個人の自由を尊重する。

しかしそういう社会の中で犯罪が増加して、安全な社会が保てないぐらい治安が悪い。

それは、自分が成り立つために他をやっつけてもいいという考え方が歴史的に根底にあるからだと思うのです。何千年も何万年もそういう環境の中で暮らしてきたわけですから。今は、アメリカ人は非常に恵まれた環境の中にいる。それでも、長い歴史の中で培われた考え方は生きている。そしてそれは、やっぱり悪の芽をもっているように思うのです。

地球社会へ向かう時代に必要な善

善と悪について、こういう考え方は、ヨーロッパの人達は多分しないのではないか。自他が対立していて、お互いに相手を認め合うというような形での善とか愛とかいうのはあると思います。しかし、対象に秩序を与えることにより、対象が自然に生き返るような、そして結果を求めないような神様の愛とか善については、なかなか分かりにくいように思われます。

しかしそれが愛だと思うし、善だと思うのです。

愛とか、善と悪とかという最も基本的なものの考え方の問題になってくると、今言ったように、ヨーロッパのように地味と気候に恵まれなかった所とアジアとの間には、非常な違いが出て来て、それはその風土の上に生活する必要性から長い歴史をとおして生じたものだから、どちらが本当とは言えないわけです。

要するに神様は、厳しい生活環境の中では厳しいなりに皆が生活ができるように導いてくださったし、ゆるい所では、厳しい所で必要とされたものがなくてもやってい けるような生活の仕方をするように導いてくださったのですよ。

しかしこの両方を統合していかないと地球社会というのはできない。善悪についての考え方の違いについても統合していかないといけない。

そして、これから平和で豊かな地球社会が成り立つ上では、「皆が成り立つように」ということが善であるような善でないと駄目だと思うのです。それが、これからの地球社会にどうしても必要だと思います。

これからは、こういうことを多くの人に伝える機会を積極的に作っていきたいと考えています。地球社会を作るのにどうしたらいいか、たとえば善と悪についてはどう理解したらいいかということをね。基本になるのは、人間の個人性だけを主張する、あるいは社会性だけを主張するのでなく、その両方が成り立つような善でないといけないと思いますね。そういう話は、また、そのうちしたいと思いますが、長くなるので今日はこれで終わりにしましょう。

（玉光神社機関紙「光の便り」第九四号）

註

（1）この前、……仮想現実ということについて話しました

一九九六年五月四日の玉光神社朝行後の宮司（著者）講話の抄録が以下のように残されている。

「最近バーチャルリアリティと現実の区別ができない子どもが増えたと言われている。仮想現実の世界は、アストラルの世界に似ている。アストラルの世界は自分のイメージや感情、欲望に落ち込み、現実の世界についても自分についても正しい認識ができない世界で、その結果互いに他を傷つける。今の世界はアストラルの下界に近づいている。親も教師も、子どもたちに、〝①仮想現実と現実とは違うこと　②互いに他を思いやることが大切である〟ことを教育しないといけない」

九六年六月二十六日には、著者はＩＡＲＰ東京支部講演会で「情報化時代における正しい心のもち方――コンピュータによるバーチャルリアリティ（仮想現実）の危機を乗りこえるには」と題して講演しており、本山博『仮想から現実へ――コンピュータ時代における良心の確立』（宗教心理出版　一九九八）に、第二章として収録されている。

（2）自分の長い間の宗教体験と生命物理学的な研究

一九五〇年前後よりの著者の宗教体験と、宗教経験の世界及びその本質に関する生命物理学的研究についての論文・著書・報告は夥しい数に上るが、『本山博年譜一九二五～二〇一〇』（宗教心理学研究所　二〇一〇）、『本山博著作集一～十三巻、別巻一～

ださい。

二』（本山一博編　宗教心理出版　二〇一〇）、『宗教心理出版出版目録』等を参照してください。

なお、著者は自分の宗教体験及び研究に関し、『随筆集　思いつくままに——ある科学者・宗教者・神秘家の記録』①②（二〇一三）の随所に記しているが、特に②の一四八頁「本山の新しい哲学と生理心理学」に纏めているので参照してください。

(3)いつも言うように、物の世界のすべてのものは、神様の力というか、絶対の力というか、そういう力がまず物の原理と心の原理とに分かれ、その次に心の原理が物の原理の内に入ることによって、創造が、いわゆる物が創り出されていると思うのです

本山哲学（神学）における宇宙創造論の基本をなす言葉の一つ。本山博『祈りと救い』（宗教心理出版　一九八六）二章「祈りの内容による種類」四、「国、地球の浄化と進化を求める祈り」㈠「宇宙の成り立ち」（七二頁）他多くの著書・講話に引用・説明している。

一九九七年（平成九年）

共感をもてるように
―― 霊的成長の最初のステップ ――

「人間とは何か」を知る努力を
――基本的な人間観、哲学をもつように

それでは例年のように、今年についてのご神言をお話しします。

大きなところでは、

『日本のことについては、政治、経済で、去年とあまり変わらない』

今、政治改革とか行政改革についていろいろ言われていますけれども、基本的にはどうもあまり変わらないようですね、個々のことはあっても。

それではいい年かというと、まあ、穏やかというか、今の生活が維持できるというような意味でいい年だということですね。

しかし長期的にみると、政治、経済の改革ができない、ということは、日本の政治家や経済の人たちに、基本的な人間観というか、哲学がないのですね。しかしそれがないと、次第に日本は衰微するかもしれない、あと二十～三十年のうちには。今のように恵まれた状態にいつまでもおるとは限らない。そこが残念だと思うのです。

やはりいろんな形で、人間とは何かということをもう少し知ることが大事だなと思います。

中国、東南アジア、インドの台頭、躍進

二番目は、

『今までは後進国で非常に遅れた国だと思われていた東南アジアやインド、中国が次第に栄えてくるようになるだろう(1)』

ということです。

しかし同時に、地球全体でのエネルギーの消費量が増えるから、エネルギーが足りなくなる。また、日本の食べる物は大部分が東南アジアから来ているわけですね。その東南アジアで、今はたとえば人件費が非常に安いわけですね。日本の三万円とか五万円に相当するお金があれば一年間暮らせるような生活をしている。そして日本に小

麦とか米とかエビとかいろいろな物を輸出する際にも、原価がそれに応じて安かったわけです。

それが、生活水準が上がって給料もだんだんに日本並みに上がってきて、今まで百円で入った物が千円で入るようになったら、日本では今食べる物もほとんど輸入をしながら食べていっているわけだから、今度は食べる物も食べられなくなる。だからやはり米の自給ということを考えないといけない。そういう現象が、ここ十年もしないうちには問題になってくると思います。

今、地球上では人口がどんどん増えています。非常に残念に思われることは、日本では今、若い人たちは食べる物も十分にあるし、アルバイトをすればなんとかやっていけるし、それで結婚をすることが遅いですね。そして子どものできる割合が、アメリカでは中流階級で子どもが四～五人はいるが、日本では今のところ一・四人ぐらい[2]ですね。

中国にしてもアメリカにしてもインドにしても、人口が多くて物が沢山ある所は、力がある。しかし物がなくて、人口が減ってきて国が衰えて、日本の企業が海外に本部を移さないとやっていけなくなった時には働く所がなくなってしまう。そういう社会現象があと十年もするとだんだん進んでくると思います。それが大変だと思います。こうして、東南アジアの方が栄えてくるわけですね。

一昨年までは、日本の大手銀行、つまり三菱とか住友とかというのは世界の銀行の上位にあったけれども、去年はアメリカとかイギリスとかドイツとか他の銀行が上位に上がって、日本の銀行は上位から姿を消してしまった。[3] それは、不良債権というのか、借金が一杯出来たわけですね。そうすると今に日本の銀行は潰れるというふうに、世界の大きな銀行は予想しているみたいなところがある。

そういう意味でも、これからの十年というのは、日本のためには非常に大事な時期だと思うのですが、それにはやはり、経済とか政治家あるいは宗教の人たちが、もっとはっきりした、人間とは何か、それから、地球社会をつくっていくのにはどうしたらいいかという哲学ないしは世界観をもたないといけないと思うのです。

大神様のみ教えは今までずっとそういうことについてのみ教えであったのですから、皆さんも今までよりさらによく理解をしてほしいと思うのです。玉光神社の教義について、なお一層の理解を深める努力をしてください。

国家間、個人間における貧富の差の増大と、テロの増加、頻発

三番目は、

『国の間とか個人の間で貧富の差がだんだんに拡大する』[4]

ということでした。

資本主義という経済組織を政治でも経済の上でもとるかぎりは、能力があって働ける人はお金が一杯入るような地位につけるし、働く場所があるが、働けない人、特別な能力のない人はどうしても賃金の安い所で働かなければしようがないから、どうしても貧富の差というのは甚だしくなります。

アジアの国ぐにでは、伝統的に一つの部落、一つの地域の中で皆が協同して働いて、会社にしても地域にしても皆がこれを支えるように動いていた。しかし今の資本主義というのはある意味では弱肉強食で、自分たちが儲かればいい、他のものは潰れてもいいというふうなのが基盤にあるから、貧富の差が国と国との間、個人と個人との間で非常に拡大する。すると、今ペルーの日本大使公邸で起きているようなテロ事件[5]が、今後進国と呼ばれている国ぐにで続発するようになる。今年からというわけではないが、ここ十年か二十年の間はそういうことが頻発するようになる。[6]

ですから、日本でも、これからは前ほどには安全でなくなるかもしれませんね。

それから、地震は、困ることですけれども、

『伊豆か北海道で地震がある』

というご神言ですが、大きな地震かを伺ったら、そうではないみたい(7)ですが、伊豆と北海道で地震があるようですね。

情報社会、地球社会への移行期に大切なこと
――個人性と社会性の両立、霊的成長

五番目は、

『日本を初め多くの国ぐにで地球社会への移行が徐々に進む。まず最初に経済が優先をする。また、情報社会になって、地球社会化が一段と進むようになる』

ですから、もし地球社会化の現象に日本が乗り遅れた場合には、日本は物がないし、小さい国だから、日本はやっていけなくなると思います、いろんな意味で。ですから地球社会化というのがどんなに大事かということを皆よく肝に銘じてほしと思います。

それには、人間は何かということについてよく理解することが大切ですね。いつも話すことですが、個人性と社会性というのが両立できるような人間に成長することが大事だと思うのですね。

今までは、共産主義とか社会主義というのに対して資本主義、個人主義というのが対立していたけれども、こういうものが統合できるようにならないといけない。それには、今の人間、あるいは資本主義のように、個人の権利だけ、あるいは会社の権利だけを主張して、基本的には争いがあるような世界観では、これからの地球社会はできないと思います。個人性と社会性の両立・調和が非常に大事になると思います。

これから人類社会が存続して世界中の人びとが平和に共存できるためには、この二十年ないしは三十年の間に、いつも言うように、カラーナの次元[8]で社会性と個人性が両立できるような人間、自分の考えたことが他の人と共通の考えとなれるような人間へと皆が成長することが大切ですね。

自分が他の人と同じような考えをもてるということは、自分の考えの内に社会性、つまり他の人びととの共感をもつということで、そういう考えをもてる人間に育たないと、これから人間は生きていけないようになる。それが非常に大事ですね。そういう意味で、霊的成長ということが非常に大事ですね。

あと二十年ぐらいしたら、食べ物はもう足りなくなるのです。今世界の人口は五十億かそこらだけれども、食糧生産は頭打ちで人口だけ七十億とか八十億に増えたら食べる物は当然足りないのだから、今のようには食べられない。そしてエネルギーが足りなくなる。十年か十五年ぐらいの間に新しいエネルギー革命が起きたら、また社会構造とか経済の構造が変わってくるが、それまでは今の状態で、より進んだ状態を望むことは難しい。

エネルギー革命というのは、水素のエネルギーを使うとか、太陽とか風のエネルギーを使うとか、さらには反物質というのがあって、その反物質のエネルギーを使うこともできるようになるかも知れない。すると要らない物は、反物質を使えば、癌とかなんとか簡単に消すことができる。しかし人間の身体を消すこともできるのです。

ですから、人間の霊的進化が必要なのです。

人間を魂としてみるように――物の原理と自己愛

以上が今年の年頭のご神言でしたけれども、次に、私が皆さんにぜひ今年して戴きたいと希望することについてお話ししたいと思います。

今の資本主義の社会では、人間が物になってしまっている。すなわち、どれだけ働いたらどれだけ給料を貰えるかと、それを皆求めている。今は、庶民全体が、百年、二百年か昔の王子様のような生活を物の面ではしているわけですね。そういうふうに、今は資本主義の社会の内で皆、物の豊かな生活を享受しているのだけれども、人間が精神として、魂として、あるいは人格として扱われないで、物として、つまり給料に対応するものとして扱われているわけです。

ところが、物として扱われる時、人間は自然に、自分も物の原理により従うようになる。物の原理というのは、自分が凝縮をして自分の中にいろいろなものを取り込んで、取り込んだものを人であろうと物であろうと、人も物も見境なく物として扱って、自分に従属させて、自分は自分だけでやっていくという原理ですから、そういう物の原理が基盤になっている資本主義のもとでは、どうしても自己愛というのが増えてしまうわけですね。自己愛というか、自分だけを大事にするというふうになってしまう。

その自己愛が、ただ、人に迷惑をかけないで自分は自分で好きなように生きたいという形の自己愛なら悪でないかというと、人に迷惑をかけなくても、物の原理に落ち込んで精神を忘れているということが、もう既に潜在的な悪なわけです。

人間を魂としてみないということは、魂があるから物も身体も出来るわけなのに、魂を忘れて、物あるいは身体だけを見る、あるいは物だけを見るというわけで、物としての自己保存の原理に従って、自分だけを守ろうという自己愛というのが非常に魂を占領する。

そしてその自己愛が次に積極的に働くと、他のものを全部自分の配下に治めて他を物のように扱うようになる。その一つの形が企業なわけです。

企業が人間を雇って、どれだけ能率よく仕事ができるかで給料を払うということは、人間を物としてしかみていないわけです。心をどこか忘れているわけです。そして企業にしても個人にしても、人を物としてみる資本主義の中でできる今の物の豊かな生活の状態に慣れてしまい、物に溺れてしまって、誰もが自分を物としてみるような風潮が非常に強い。そこでは自己愛というのが非常に強い。

自己愛がもたらすもの――嘘・虐待

自己愛が強くて、自分の得になることのために何か人に対して悪いことをしたような場合、あるいは自分だけが何かうまい汁を吸いたいという時には、自分を守るために嘘をつかなければならなくなる。

自分がこうこうしたいと思ってもなかなかそうはいかない、だけれども自分が何か益を得たいと思った時、自己愛が強いと自分の利益になるものを追いかける。その時にはいやでも何か嘘をつかなければいけない。しかしいっぺん嘘をつくと、また嘘をつかなければその嘘が剥がれてしまうからまた嘘を重ねるようになる。

今アメリカでベストセラーになっている本の一つに、『平気でうそをつく人たち』という本[9]があります。もう三百万部ぐらい出ているらしいのです。精神医学の観点からみてまともな本だと思うのですが、その本にも、アメリカでは資本主義の下で、人間がいかに自己愛に落ちて、他の人をやっつけてもそれに全然気がつかないかということが書いてあります。

特に自己愛が最も極端に、人をやっつけるような形で出ているのが親子関係で、親が子を虐待するケースがアメリカでは今非常に多い[10]ようですね。それが今アメリカの非常に大きな社会問題になっている。親が子どもをいじめるようなことが日本よりはるかに多いらしい。ですから法律で、子どもを親の虐待から守らないといけないのです。

たとえば、日本の人がアメリカに行って、車の中に赤ん坊を二十〜三十分の間置いたまま買い物をしたりすると、赤ん坊は車の中に放置してはいけないというような法律があって、子どもを車の中に置いたまま買い物をしたのは子どもの虐待罪に当たるとして裁判所から出頭命令が来て、罰を言いわたされる。

ということは、つまりそういうことを法律化しないといけないほど、アメリカでは親たちが子どもを放ったらかしたり、虐待することが非常に多いから、そういう法律で子どもを守らないといけないわけです。

親が子どもから目を離してはいけないというごく当たり前のことが、法文化されて守らないと罰せられるということは、そういうことが出来ていなくて、子どもを虐待するということが現実にしょっちゅう起きているから、そういう法律が出来ているわけですね。今の日本もだんだんそういうふうに変わりつつある[11]ように思われます。

アメリカでは商品が悪い場合、苦情を言うと、会社から賠償金が出る、そういう法律が日本にも出来たわけですね。ですから、不良品を作らないよう、訴えられないように会社の方も戦々恐々としないといけない。ところがこれが行き過ぎると、会社が今までの製品を改良して新製品を作った場合、以前の粗悪品を買わされたから賠償金を払えと訴えるケースがアメリカであるということなのです。ですから、うっかり改良ができない。で、外国へもっていって改良をして持ち込むようになってしまうわけです。アメリカの企業にも日本の企業にもそういう風潮が出来つつあるようです。

人間の本質は魂（相手の立場に立ち、共感と愛をもてる人になるように）

ここで大事なのは、心、魂こそが人間の本質なのだとよく理解をすることですね。そして相手の心や精神の状態、ありのままの相手の心の状態、感情の状態を見て、それへの共感と愛とをもって相手に接することが大切だと思うのです。

たとえば子どもに対して、ああしなければいけない、こうしなければいけないと親の考えを押しつけるような親子関係は、親が豊かな生活をするために共稼ぎで忙しくて、子どもの心を十分にみることができない時によくみられる。物を追いかけた生活の中では、互いに物になってしまって、心を育てるというのではなくて、衣食住を十分に与えてあればいいというふうな考えにどうしても落ちてしまうわけです。そこのところで心の付き合いができない。相手の本当の気持ちを知ることができない。

そういう時に、社会がだんだん壊れてくると思うのです。魂と魂、あるいは心と心の付き合いがない時に、お互いに自分だけの利益を求めるような時には、親子の間であろうと、他人と自分との間であろうと、共通の考え方とか共通の価値観をもつということがだんだんできなくなり、自己愛が強くなって、しまいには自分の考えていることが一番正しいというふうに考えるようになってしまうわけです。

大事なのは、相手の立場に立って、その人の気持ちを思いやりをもって共感するということだと思います。これが、これからの社会で一番大事なことになると思うのです。

相手のありのままの姿、本当の気持ちを知るためには

相手の本当の気持ちというのは、口ではAだと言っているけれども、実際にはその蔭に、その人の今までの環境や生活から生まれた或るこだわり、あるいは執われが隠れている。そういう時には、口ではAだと言っていても、実際のその人の気持ちはBであることが多いのです。ですから、そのBである本心がよく見抜けないで表面だけを見ている時には、その人への本当の思いやりとか共感とかいうのはできないと思います。そういう時は、自分の考えとか解釈などを退けて、相手のありのままの姿を見て、その相手の気持ちとか考えに共感がもてるようになることが、皆と平和な共存ができる社会の基になるわけですから、まず相手の気持ちが本当にありのままに分かるようになれる自分、共感をもてる人間にならないといけない。

夫婦であろうと親子であろうと、それが基本なのです。そして社会の基本になるのはやはり親子、夫婦だから、皆さんの家庭で、夫婦の間でも、子どもと親との間でも、まず互いに共感がもてるように今年は心がけてもらいたい。そうすれば、社会の単位はやはり家庭ですから、穏やかな心のつながりがある夫婦、あるいは親子の間が出来れば、社会というのは自然に力を取り戻してくると思います。

今、いじめの問題とかいろいろなものがあるけれども、やはりこれは家庭の中で夫

婦、親子の共感がないからです。アメリカでも夫婦、親子の間の断絶が大きいのです。お互いに相手を知ることが足りない。それが特に親の側から足りないのです。そういう社会が今だんだん拡がりつつある。

これにストップをかけられるのは、家庭の中で親子、夫婦の間で思いやりができることですね。自分の考えを押しつけないで、相手をまず知ることが大事だと思うのです。学校でもそうですね。押しつけないで、生徒のことをよく知ることがないから、いじめの問題がいつまでたっても解決できないのです。

霊的成長の最初のステップは、共感をもてるようになること

共感をもてるということ、共感をするということが、霊的成長のための一番最初のステップだと思うのです。そのためにはやはり相手をありのままに見て、自分の考えで相手を見ないように。自分の考えで相手を見るかぎりは本当の相手は分からない。

本当に相手が見られるようになったら、――相手を見るためには自分を或る意味では捨てなければできないわけだから、自分の考えとか自分の立場というのを捨てて相手のことがよく見られるようになったら、心というのは相手にもなれる、自分にもなれるような広いひろがりをもつようになり、今までより高い領域に高まって、自然に

非常に落ち着いてくるようになるのです。自由になってくるのです。あまり自分にこだわらなくなる。ですから、自分にこだわりのある人は、他の人のことはわからない。自分がこだわりをもっているということは、他人に対して共感が持てないということなのです。

自分にこだわらないように

『十五条の御神訓⑫』の中にあるように、全てのものは亡びるのです。相手についても自分についても、そんなにこだわりに値するようなものは何も無い。最終的には皆無くなるものだから、もっと目を開いて、こだわらないように。すると反って、そういう無くなるものだけれども、何も無いところから出来たというのは非常に不思議なことだということがわかる。それをもっと大事にしなければいけないと思うようになるのです。それには、自分にこだわらないことです。自分にこだわっていると、相手が見られなくなる。

言うのは易しいが、実際にはなかなか難しいですね、人間は皆、自我の塊りですから。

それでは、今年はこれでお終いにしましょう。

でも、今年は日本でもそれほど波乱がなくていい年だというご神言ですから、有り難いと思います。地震についても、本当に皆でお祈りをすると、たとえば百ぐらいの強さで起きる大きな地震であっても、三十ずつぐらいの小さな強さで小出しにして戴けて、大したことでなくてすむようになるわけです。ですから、地震のお祈りをしなきゃいけないという時期がきたら皆さんにもお知らせしますから、大きな地震にならないですむように、皆でよくお祈りしてください。

それから、共感のことね。思いやりということは非常に大事だと思うから、親子、夫婦の間の思いやりをお互いにもてるように。思いやりが足りないといろんな問題が起きてしまいます。思いやりがあると、或る個人が自分のカルマでとんでもないことをしようとしている時でも、やめることができるようになる。お母さんのためにこんなことをしちゃいけないと思って、やめられるようになる。ぜひ、互いの共感がもてるように努力してください。

（ＩＡＲＰ機関誌「ＩＡＲＰマンスリー」第三六三号）

註

（1）『東南アジアやインド、中国が次第に栄えてくるようになるだろう』

一九七九～二〇〇八年の三十年間に中国の年平均成長率は九・八％であった。九〇年代の、中国の安価な労働力を武器として、低コストで生産・輸出を行なう外国企業誘致によって、輸出投資主導型の高度経済成長を実現した。

七九～〇八年の三十年間の年平均経済成長率は中国九・八％、シンガポール七・〇％、ベトナム六・六％、ミャンマー六・五％と続き、成長率のトップテンはすべてアジアの国であった（インドはナンバーテン）。

（2）日本では今のところ一・四人ぐらい

日本の出生率は一九九四年一・五人、九五年一・四二人、九六年一・四三人（内閣府のデータ）

（3）日本の銀行は上位から姿を消してしまった

一九九四年、九五年は世界の銀行ベストテンに日本の銀行は六行入っていたが、九五年には総資産ランキングで圏外へ。（売上高では東京三菱銀行と日本興業銀行が世界のベストテンに入っているが、収益は大きく落ち込んでいる。世界年鑑では九五年までは経常収益でランキングしていたが、九六年から売上高でランキングしている。ちなみに、八九年末の世界の企業時価総額ランキングでも、一〇位以内に日本の銀行は六行入っていた。）

(4)『国の間とか個人の間で貧富の差がだんだんに拡大する』

中国をはじめとする新興国の経済成長により、世界全体としてみれば国家間の経済格差は縮まっている傾向にある。しかし、経済成長・発展を遂げる国がある一方で、政治・治安情勢が不安定な国ぐにでは、大きく後れを取っており、貧困が大きな問題となっている。また、先進国・途上国に限らず一部の人間が富の大部分を獲得して個人の間の格差は広がりつつあり、特にアメリカや中国において顕著である。

(5)今ペルーの日本大使公邸で起きているようなテロ事件

ペルー日本大使公邸占拠事件のこと。一九九六年（平成八年）十二月十七日（現地時間）に、ペルーの首都リマで起きたテロリストによる駐ペルー日本大使公邸襲撃および占拠事件。翌九七年（平成九年）四月二十二日にペルー警察が突入し人質解放されるまで、四カ月以上かかった。

(6)ここ十年か二十年の間はそういうことが頻発するようになる

一九九七年九月と十一月にはエジプトでテロ事件が発生。十一月には日本人十人を含む観光客五十八人、エジプト人警官四人が死亡、エジプト観光産業は大打撃を受けた。九八年以後世界におけるテロ事件は年々増加、百人以上の死者を含む陰惨な事件が世界各国で発生した。二〇〇一年九月十一日のアメリカ同時多発テロ事件以後も、〇二年十月十二日バリ島爆弾テロ事件、〇八年十一月二十六日ムンバイ同時多発テロなど、アル・カーイダやイスラム国（ＩＳＩＬ）等宗教過激派によるテロ事件やチェチェン独立派武装勢力などの民族主義によるテロ事件が毎年のように起こっている。

(7) 大きな地震かを伺ったら、そうではないみたい

鹿児島県北西部地震（一九九七年五月十三日マグニチュード6・4、最大震度6弱。負傷者は七十四人）。その他の大きな地震はなかった。静岡県伊東市では震度4以上の地震が六回と最も多かった。

(8) カラーナの次元

「人間存在というのは、物理的な次元での存在が全てではなくて、その中にもっと霊的な存在が含まれているし、さらに究極的には、仏教でいうような如来蔵というか、神様や仏様と本来は一つであるような何かがある。つまり人間は、多重次元で同時に存在しているわけですが、ただ、人間としての存在であるかぎり、身体をもっている存在であるわけです。」

「身体をもった存在というのは、私たちがこの物理的な次元で知っている身体つまり肉体と、その奥にある、死んだらだれでも行ける世界、そういうアストラルの霊の世界でのアストラル体、それからもう少し修行をして知的なものとか愛とか自由とかというものが主となって働くようになったカラーナの次元の霊の世界が、感情的な、それから想像力とかイマジネーションとかというものが主になって働くアストラル次元を超えた次元にあって、そこにはカラーナ体という身体がある。そしてこういう三つの次元の存在は、それぞれの心の働きや身体というのは違うのですが、共通している

のは、身体をもった存在であることなのです。この三つの次元での人間の存在全体が、一つの人間をつくっているわけです」（本山博『チャクラの覚醒と解脱』七〜八頁）。

「（カラーナの次元で働けるようになれば）、本当に正しいことがわかって人を助ける、それが「愛」だと思うのですが、そういう愛を行なうことが（中略）できるようになってくるのです。物理的な次元に住んでいる人たちよりは、智恵とか愛とか自由というものがより深まってくるように思うのです。」（前掲書二〇頁）

(9)『平気でうそをつく人たち』という本

原題：*People of the lie: The Hope for Healing Human Evil* (1983, Simon & Schuster, Inc., New York). by M. Scott Peck, M. D. 森英明訳『平気でうそをつく人たち』は現在草思社より文庫版で発行されている（第一刷二〇一一年八月、第九刷は二〇一六年一月発行）。

(10)親が子を虐待するケースがアメリカでは今非常に多い

親その他の近親者による児童の虐待問題は、一九六〇年代からアメリカ国民の間で喫緊の社会問題として意識されるようになり、七〇年代には連邦政府により具体的な取り組みが開始されたが、効果は少なく、その後も様々な施策が実施されている。

(11)今の日本もだんだんそういうふうに変わりつつある

日本での親による虐待事件は、ニュースで大きく取り上げられた事件は一年に一度ぐらい発生していたが、九六年には三件、九七年には四件報じられている。

(12) 十五条の御神訓

宗教法人玉光神社の根本経典。一九九五年十一月十五日朝、玉光神社宮司である著者が、神社幣殿で坐行中に賜ったご神言をそのまま書きとめた御神訓。『すべてのものは亡びる』はそのうちの第九条からの引用。

〔十五条の御神訓〕

第一条　神は宇宙　霊界を創り　生かし賜う
第二条　神は　愛と智慧をもってすべてを生かし　進化させ賜う
第三条　神の愛を感得し　真似すべし
第四条　人は　自らのカルマ　家のカルマ　国のカルマ　地球のカルマによって生まれる
第五条　カルマを成就して　我なき神我に還るべし
第六条　すべてのものは　神の愛によりて生き　物の力にて壊れる
第七条　神を信じよ　一切が成就する
第八条　神の愛をもて　人と自然を愛せよ
第九条　すべてのものは亡びる　執われるな
第十条　今を超作せよ　絶対の神に還れる
第十一条　自己に陥ちる者は　人や物を傷つける
第十二条　人　自然　霊と霊界との調和において　人の世は成り立つ

第十三条　人や自然　霊を愛する者は　自ずから成り立つ
第十四条　人や自然を害する者は　亡びる
第十五条　神を愛するものは　一切を成り立たせる

なお、著者は一九八九年一月八日、玉光神社一月の感謝祭の後の講話で、以下のように語っている。

「その頃（四百年ぐらい前）はやはり、国というのが主になって人びとがまとまっていた。要するに、大昔は小さな、十人とか二十人ぐらいの人びとが一つのまとまった単位で、この中での平和が大切だった。それが何千年か前から小さな部落から郡ぐらいの大きさの国になり、それがまた県ぐらいの大きさの国になり、さらに大化改新によって古代律令国家が出来た。そして江戸時代には日本としての一つのまとまりを封建制度という形で徳川幕府が作りあげた。

ヨーロッパでも数百年前に一種の封建的な国が出来て、それがまた近代になって、人民を主とした近代国家というものが出来て今に至っているわけですけれど、実際は、今はもう国家の枠というのでは、人間の存在とか世界の動きというのは整理しきれなくなってきている。だんだんに国の枠をこえて、まあ、地球社会ができつつあるわけです。

ですから、今までは『玉の光』（註・玉光神社経典）の中にあるように、国というものが、人間が生活していく上での一つの大きな単位になっていたわけですけれども、それをこえた地球社会というふうなものに、今、人類が向かいつつある。そういうときにあたって、神様は世界宗教ということを仰せになり、それについての経典をそのうちに書くようにとのご神言があったわけです。ですから、『玉の光』の他に、世界宗教にふさわしいような、人類が一つになっていくときの宗教にふさわしいような経典を、あと何年かのうちにぜひ書いてみたいと思います。神様の教えを、その中に、しっかりよくまとまった体裁で書いてみたいと思うのです。」（本山博『地球社会における生き方と宗教』宗教心理出版　一九九一、第一章⑻　地球社会時代のお祈り）

著者が「ぜひ書いてみたい」と語っていた経典は、五年近くを経て、朝の坐行中に突然賜った御神訓として、著者により書きとめられた。

主なニュース

〈国際情勢〉

経済を中心に動いた。欧州連合（EU）は一九九九年一月に迫った通貨統合を前に動きを早め、冷戦終結による一極支配体制の中で、アメリカ経済はクリントン政権発足以来の好況を持続した。この中で「世界の成長センター」と呼ばれてきた東南アジア諸国、韓国が急激な通貨不安、経済危機に見舞われた。いずれも二十一世紀に向けた資本主義の再編成過程における胎動だが、特にアジアの経済危機の行方は中国経済への影響を含めて、この年の世界情勢の焦点となった。

〈国　外〉

・クローン羊が誕生　（二月二十三日報道）

英国のロスリン研究所の博士らが、成長した羊の体細胞を使って、クローン羊「ドリー」を作り出すことに世界で初めて成功した、と英紙が報じた。

・香港、中国に返還　（七月一日）

・北朝鮮の食料危機続く　（七月十六日）

北朝鮮平壌放送は同国の干ばつ発生を伝え、被害は全国規模に及び、一九九五、九六年の水害に続き、三年連続で食糧危機に陥った。

・東南アジアで煙害拡大　（九月中ごろより）インドネシアのスマトラ島、カリマンタン島などで発生した山焼きや森林火災による煙霧（スモッグ）が九月中ごろから、東南アジアのほぼ全域を覆い始め、同国のほか、シンガポール、マレーシアなどで住民の健康や観光産業に被害を与えた。

・エジプトでテロ、邦人含む観光客五十八人死亡　（十一月十七日）

〈国　内〉

・タンカーから重油流出、日本海沿岸を汚染　（一月二日）

ロシア船籍のタンカーが隠岐島沖の日本海で沈没し、大量の重油が日本海沿岸十府県に漂着し、環境や漁業に大被害。回収作業のボランティア五人が急死する悲劇も起きた。

・消費税五％スタート　（四月一日）

・神戸の小六殺害で十四歳逮捕　（六月二十八日）

神戸市の市立中学校正門前で小学男児の頭部が発見された事件で、兵庫県警は被害者と顔見知りの中学三年男子を、殺人、死体遺棄の疑いで逮捕した。

・金融機関の経営破綻相次ぐ

山一証券が十一月二十四日、自主廃業を正式に決定。北海道拓殖銀行（十一月十七日）、日産生命（四月二十五日）、三洋証券（十一月三日）などの経営破綻が相次いだ。

一九九八年（平成十年）

宗教、道徳の必要性が自覚される年

──神様とのつながりで生きるということ──

穏やかな年

毎年元旦祭にはお伺いをして、今年はどういう年かということを、ここ三十年余り皆さんにお伝えしてきたわけですが、今年はあまり去年と変わらないようですね。経済が破綻したとか、政治が混乱しているとか、いろいろ言われているけれども、(1)実際の私たちの身の周りの生活というのは、四、五年前も今もあまり変わらないですね。物はもう皆に行き渡っていますよね。洗濯機にしても、ラジオにしても、テレビにしてもたいていの人が持っているし、家も、自分の家を持っている人がこの頃増えてきました。

ですから、そういう意味では、私たち庶民の生活としては、経済がどうのこうのといってもそれほど危機感のようなものがない。

　第二次世界大戦が終わってからこの五十年の間に皆さんや私たちが一生懸命に働いて、ろくにご飯も食べられない状態からだんだん食べられるようになり、それから衣食住が十分に足りるようになった。だから今そんなに物は要らないから、製造する会社でもかつてのようには売れない。

　その、沢山売れないというだけのことが取り上げられ、その会社が成り立たない、日本の企業が成り立たないというふうに、どこかで皆が心理的に左右されている、影響されているけれども、庶民の実際の生活はそんなに変わらないわけですね。

地球環境は十〜三十年かけて変化

『今年も去年とあまり変わらない。けれども、穏やかな年だ』というのが全体のお神言《ことば》のようです。

　地球環境というのも、今すぐどうこうなるというわけではなくて、十年とか三十年をかけて、気候とか気温とか雨の分布がだんだん変化をする。今年もエルニーニョというようなのが発生しやすいような状態に、今だんだん変わってはきているのですね。

それでお神言では、

『地球環境は、十～三十年をかけて、気候とか気温、雨の分布が変化をして、人間や生物の生活に影響が出てくる(2)』

というお神言ですから、今年すぐどうかなるというわけではないと思います。

しかし、だんだんにそういうふうに気候の分布などが変わるというお神言がありますから、それに応じたような対応ができないと困ると思います。

日本の政治・経済について

次は、

『日本の政治は今年一年は混乱をするだろう(3)』

というお神言です。

それでは非常に大変なことになるかというと、そういうお神言はなかったですね。

三番目は、

『新しい種々のエネルギーの開発(4)が進んで、経済は九月以降には回復に向かう』

ということです。ですから、九月までは今の状態が続くのだと思います。

宗教・道徳に関して

それから一つ大事なことは、今はもう宗教離れということが、実際にオウムの事件その他が契機になって、日本では出来てきたわけですが、

『道徳の必要とか宗教の必要というものが自覚されて、信仰をもつ人と無宗教の人とがはっきり分かれるようになる』

というお神言です。

これは大事なことだなと思うのです。無宗教の人と信仰をもつ人とがはっきり分かれるようになる。

地震について

それから地震に関して伺ったところでは、

『大きな地震はない』

というお神言です。いろいろな情報によると、東海地震というのが近いというようないろいろな徴候が出ているということでしたけれども、伺ってみましたら、差し当たりは、そういう大きな地震は今年はない[5]ということです。ですから、旅行をする人は安心して旅行したらいいです。

それだけでした。

これからは道徳とか宗教の必要というのが皆に自覚される。(6) 特に、宗教よりも、道徳的なことについての自覚が皆にされてくる年、そういうことで、これは大事なことだと思います。

神様を感得できる時——神様は自分の中にもいらっしゃるし外にもいらっしゃる

宗教心理出版から、私の講話を収録した新しいカセットテープ(7)が出ました。

これは、宗教について、あるいは自分の感情や思念をコントロールして、カルマを超えていくのにはどうしたらいいか、そしてそれによってどんな人生がひらけるか、カルマを超えられたら何が起きるか、というようなことについての話が四つほど入っています。これは皆さんにぜひ聴いて戴きたいと思うのです。

一つは「いかにして神様を感得するか」という題です。

神様は自分の中にもいらっしゃるし外にもいらっしゃる、そしてそれは本当は一つの神様なのだということがわかれば、神様にお任せして毎日の生活を安心して暮らせるようになる。すると、自然にものがはっきり見えるようになる。そして、人に対する愛というか、社会的には自分は何をしなければいけないか、それから個人としては何をしなければいけないかということが、神様とのつながりができてくると、自然にわかるようになると思うのです。

どこかに神様がいて、その神様にただご利益のお祈りをするのではなくて、自分の中にも外にも神様がいらっしゃって、その全体が本当の神様なのです。個人が何かをする時にも、本当にそういう神様を感得できれば、自分も社会も自然も、皆一切を神様がつくって動かしてくださっている、守ってくださっているのだということがわかる。すると、毎日一生懸命にしながら、安心して生活ができると思うのです。

例えば、命がなくなるかどうかというようなこと、あるいは事業が失敗してもう食べていけなくなる、そういったことに直面した時に、人間というのはあわてふためくけれども、そういう時に気持ちを落ちつけて神様の方へ真っ直ぐ向いたら、いつも自分の中に神様がいらっしゃる、外にもいらっしゃるということがわかるのです。一番困った時、もう生きていけない、もうどうにもならない、社会的にもどうにもならないというような時が、一番神様がよくわかる時なのです。

ですからそういう時にあわてないようにね。

神様をいつも感じて生きる

神様のことがわかったら、よくなるものは必ずよくなる。その人がまだ生きる力があったら、あるいはまた、事業もそれが成就できるような、そういう縁があったら、神様は必ずそれを叶えてくださるから、安心していればよいのです。

そして、死ぬ人は必ず死ぬのです。けれども、神様がわかって、神様にみな自分をお任せした時には、必ず大往生ができるのです。死んでも、身体がなくなるだけで、魂がなくなるわけではないのだから、安心して死ねると思うのです。また、そういうふうな死に方をすれば、今度生まれてくる時にも、必ずまた社会的に役に立つような人間になって生まれてこられるのです。

ですから、宗教のあり方というのは、神様をいつも感じながら、神様は自分の外にだけいらっしゃるのではなくて、実際いつも自分の中にいてくださって、外の世界も動かしてくださっている、自分でそういう神様がいらっしゃると信じることがまず始まりですね。そして本当にそういう状態でずっと毎日の生活をしていれば、必ず神様を感じとることができます。

いつでも神様は働いてくださっているのだけれども、皆にはわからないだけ。けれども、いつでも自覚ができるように、感じとれるように神様は働いていらっしゃるから、いつでも心を向けていればそれでいいのです。

そしてやはり、死ぬようなそういう窮地に直面して、人間がどんなにはかないものかということがわからないと、人間はなかなか神様がわからないのです。「今、これで自分が生きている」と思っている限りは、神様はわからないのです。

憑依現象の本質

その次に「憑依現象について」という題のテープがあります。

憑依現象が起きるのは、アストラルやマナ識というところ、感情や自分の考えや欲望に自分がおちている時に起こるのです。そしてやはりそれにふさわしいような霊、あるいはそういうものにとり憑かれている人間に憑依するのです。

神様が皆さんをおつくりになった時には、自然もそうですが、みな丸くてどこも欠けているところがない、丸い透明な光り輝いた玉の光であったのです。そういう魂が皆の本来の魂なのです。

それが、自分がいろいろな行為をしたり、自分のためにいろいろなことをしたり、よいことや悪いことをして、薄い雲がかかったり厚い雲がかかったりして、ちょうど満月の月に雲がかかるとこっちからは見えないような具合になっているのです。

けれども、実際の月は雲がかかろうとかかるまいと、きれいでまん丸い。それが本来の私たちの心なのです。

憑依現象が起きるというのは、そういうように自分の周りに雲をつくっている、その雲にふさわしいようなものが自分にいろいろ影響を及ぼしてくるということですね。

個人のカルマを超えるには

もう一つは「感情と想念について」というものです。

自分の感情というのは非常に個人的なものですから、感情に負けているその時に、やはり自分のために何かをするようになってしまう。そこで個人のカルマをいろいろつくり出すことになる。このテープでは、そういう感情をコントロールして、カルマを超えていくのにはどうしたらいいかということを話しています。

それから同じテープに「縁について」という題の話も収録されています。

たとえば、ある人と出会ったらとても悪いことが起きた、ある子どもができたらだんだん家が貧乏になった、ある子どもができたら何もしないのにだんだん家が栄えてきたとか、ある人と会ったらいろいろなことがとてもよくなった、あるいは、ある人と会って夫婦になったのだけれども、前生では敵同士だったために自分も相手も年が経つほどに壊れてしまった。そういうような、縁ということについて話をしたのがこのテープです。

それぞれ役に立ちそうだから、皆さんに聴いてもらうといいなと思ったので、お話ししました。

玉光神社根府川道場のこと

お神言があったのは、

『今年は全体としては去年とあまり変わらない。それからあまり大きな地震はない』ということでしたね。

政治や経済は、いろいろ言うけれども、大して変わらないと思うのです。そして皆の暮らしも大して変わらないですね。

今の暮らしは、私たちが五十年前戦争に負けた時に比べれば格段によくなりましたね。本当にあの頃はまず第一に食べる物がなかったですね。家がないから、東京では戦争中に掘った防空壕の中に住んでいる人が多かった。昭和十八年ぐらいからだんだん食べる物がなくなったから、戦後の昭和二十五年までの七〜八年の間は本当に食べる物も着る物もなかった時代でしたね。今の人たちはそういうことを知らないですね。

ですから、たとえば私が根府川の土地を皆が行をするのに買った(8)わけですが、その時の基準としていろいろ考えたのは、水がないとまずだめですね。それから地震が大丈夫な所、根府川の土地は関東大震災の時にも全然地割れがしなくて山津波が起きなかったのです。それから台風がやってきても大丈夫なように山陰であること。そして土地がある程度あって、百人か二百人分ぐらいの食料が穫れる土地が欲しい。海がすぐそばだから、海産物がいっぱい捕れる。そういうふうにいろいろ考えてあそこを買ったのです。

けれども、行をするのに、土地のカルマがいいかどうかというと、カルマはよくなかったのです。あそこを浄めるのに五年ほどかかったように思うのですね。初めは、あそこでお代様や子どもたちを連れていって夜寝ると、うなされたり、何か持ち上がるような感じがしたり、いろいろなことがあって、ここで皆が行をしたらとり憑かれて大変なことになると思ったので、四、五年は浄めるのにかかったわけです。

ちょうどあそこに「ねじり畑(9)」というのがあって、源頼朝の副大将であった佐奈田与一と平家方の武士、その二人が組んずほぐれつして四〜五時間も死闘を続けた所なのです。死闘の最後に、夕方になってもまだ勝負がつかなくて、佐奈田与一の家来が、どちらが自分の主人かわからないので、声をかけて、答えた主人と反対側の方を刺すつもりで、側に寄っていって声をかけたら、与一の方は喘息で声が出なかった。そうしたら平家の方が欺いて自分が与一だと言ったものだから、家来は与一の方を刺してしまったので死んでしまったわけです。

そういうように争いの跡、戦場の跡だから、場所としてはあまりよくなかったのだけれども、でも、海軍の特攻隊の予備学生に入る時に、ちょうどあの真下のめがねのトンネル[10]の辺を汽車で通った時に、ああ、この辺は静かだから住めたらいいなと、二十歳の頃に思ったのです。そうしたらちょうど二十二年経って、買うようになった。そういう場所だったのです。でも、浄めて、今は立派な道場（写真）になったわけです。

感謝の心を

そういうように、私たちが生活をしていく上に、食べる物、安全な場所、水があるとか、そういうことを基準にして考えていた私たちの目から見ると、今の人たちは将軍様か王子様みたいな生活を皆しているわけです。食べ放題ですからね。こんなことは三十～四十年前は考えられなかったことなのです。ですから、今の生活が、やれ経済が悪い、政治が悪いといったところで、現に皆ある意味では王様のような生活をしているわけです。

けれども、これがいつまで続くかは疑問だと思うのです。後三十～四十年は続くかもしれないし、もっと十年か二十年でこういうことができなくなるかもしれない。それはわからないが、必ず今のこういう生活は続かなくなると思う。そういう時にちゃんと自分が対処できるように、やはり日頃の心がけが必要だと思うのです。

それには、自分の考えを固守したり、感情のままに動くような人間であってはいけないし、食べ放題に食べて、物の有り難み、あるいは食べ物の有り難みがわからないような人間では、必ず滅びるだろうと思います。やはり有り難いと思ってご飯を食べたり、生活のいろいろなところで物に対する感謝ができて生活ができるようでないと、これから先は生き延びられないと思う。そういう話をこのテープの中で話しています。

人間の本質的な生き方——神様とのつながりで生きる

そういう意味で今年は穏やかな年ですから、皆さんもあまりヤキモキしないで悠々と暮らした方がいい。商売をするような人にとっては、ある業種によっては大変なところもあると思いますが、でも、これも今年の九月頃になれば、経済に関しては、だんだん上向きになってくると思います。

やはりこの頃いつも思うのですが、信仰をもてるということ、それから神様とのつながりで生きるということが、人間にとっては一番本質的な生き方だろうと思うのです。それなしには人間というのは浮き上がってしまったというか、必ずそういう人間は滅びの方につながっていくと思うのです。

神様とのつながりで生活をする時には、自分を騙さないこと。神様はどんなことでも、心の中のことも隠してあることも、自分がしていることも、皆ご存知ですからね。神様の前では嘘はつけないし、正しいことをしないと決して神様はその人を成長できるようにはしてくださらない、のではなくて、自分がしないのですね。

ですから、神様とのつながりで生きている時には、人間は最も正しい生き方ができるように思う。ぜひ、しっかりした信仰をもって欲しいと思います。日本あるいは世界中でそういうふうな動きがだんだん出てくると思います。

（ＩＡＲＰ機関誌「ＩＡＲＰマンスリー」第二七四号）

註

（1）経済が破綻したとか、政治が混乱しているとか、いろいろ言われているけれども

一九九七年の消費税五％増税とアジア通貨危機の影響による更なる不況の深刻化がきっかけとなって、日本経済は九七年から長い不景気の時代に入っていく。九七年度の経済成長率はマイナス〇・七％、九八年度はマイナス一・九％と二年連続マイナス成長を記録した。

九七年十一月三日、三洋証券破綻。証券会社の倒産は戦後初。

十一月十七日、北海道拓殖銀行破綻。都市銀行の倒産は戦後初。

十一月二十二日、山一證券破綻。戦後の証券会社の倒産としては過去最大。

この章の「主なニュース〈国内〉」を参照してください。

（2）『地球環境は、十〜三十年をかけて、気候とか気温、雨の分布が変化をして、人間や生物の生活に影響が出てくる』

一九九七年春から九八年春にかけてのエルニーニョ現象は、二十世紀最大と言われ、海水温の上昇、海流の変化に伴い世界的な異常気象をもたらし、世界の平均気温は観測史上最高となった。東南アジア各国の旱魃、アフリカ東部の豪雨と河川氾濫、米国内部・メキシコでの多水・洪水・暴風雨、アルゼンチン・ブラジル南部の大洪水、チリの大雨、ペルーでの異常高温等、記録的な被害を被った。日本でも東日本以西は記録的な大暖冬（東日本は大雪）で、四月下旬には北海道の一部で真夏日を観測したが、夏は冷夏傾向、秋は全国的に顕著な高温で台風の接近、上陸が多く、天候不順であった。その後も世界的な気象異常は二〇一七年現在まで世界各所でみられ、例年と異なる多雨、洪水、暴風雨、異常乾燥とそれによる火災、竜巻、気温異常等が相次ぎ、生態系の変化も伴い、人間の生活に大きな影響を与えている。

（3）『日本の政治は今年一年は混乱をするだろう』

新進党の六分割、民社党の躍進、公明党再発足、自民・社民、新党さきがけ連立政権終焉、新党さきがけ解党など政界勢力が大きく変動した。七月十二日の参院選で自民党は惨敗し、七月三十日に小渕内閣（一九九八・七・三〇〜二〇〇〇・四・五）が発足した。

（4）新しい種々のエネルギーの開発

「二〇〇一年」の註（10）を参照してください。

（5）そういう（東海地震のような）大きな地震は今年はない

一九九八年に日本で発生した最も大きな地震は、岩手県内陸北部地震（九八年九月三日、マグニチュード6・2、負傷者九人）であった。他には長野県で震度5弱の地震が一回発生している。

（6）これからは道徳とか宗教の必要というのが皆に自覚される

一九九〇年代後半から、スピリチュアリティという語がよく使われるようになり、書店の売場でも、「精神世界」コーナーが常設されるようになった。「精神世界総カタログ」（二〇〇〇年度版）には一万五八八冊の書籍が掲載されている。

（7）私の講話を収録した新しいカセットテープ

「新しいカセットテープ」とは以下の三点を指す

（1）「いかにして神様を感得するか」（1973年2月8日収録）2550円

（2）「憑依現象について」（1980年6月8日収録）2500円

（3）「感情と想念について」（1980年11月23日収録）

「縁について」（1980年12月8日収録）2500円

以上のカセットテープ、及び他の講話の収録テープ他については、宗教心理出版（E-Mail：uketsuke@iarp.or.jp　TEL：0422-48-3535　FAX：0422-48-3548）へお問い合わせください。

（8）根府川の土地を皆が行をするのに買った

著者は、玉光神社会員、IARP会員が瞑想行を集中して行なうことができるよう な、市井の騒音を離れ空気の清浄な土地を、六六年頃より、相模湾沿岸山寄りに探していた。六八年、小田原市根府川ゴマ畑六三八番地（現在の土地表示では神奈川県小田原市根府川六三八―一）に土地を定め、買収、登記し、地鎮祭を行ない、六九年五月、第一次建築を終え落成式、六九年八月十八～二十日、根府川道場第一回瞑想クラスを行なった。前出の『随筆集　思いつくままに――ある科学者・宗教者・神秘家の記録』②六頁、「いい所だな」にも、十九歳の著者が、特攻隊入隊のために初めて根府川駅付近を汽車で通過し、車中より太平洋を望んで感激したこと、その二十数年後にその上方の土地に瞑想道場を建てることになったことが記されている。

(9)「ねじり畑」と佐奈田与一

佐奈田与一は源頼朝旗揚げの際に、頼朝方先陣として相模国石橋山での戦いで討死した。大雨の闇夜、与一は敵将俣野五郎景久と一騎討ちで取り組みあい、馬から落ちて上になり下になり転がり捩れて討たれたところから、与一討死の地は「ねじり畑」と呼ばれている。神奈川県小田原市石橋四二〇番地に「源頼朝石橋山古戦場・佐奈田霊社」がある。

(10)めがねのトンネル

旧国鉄東海道線の根府川～真鶴間にあったトンネルを言う（著者の造語）。海側に相模湾を見下ろせる窓が間隔をあけて設けられていた。現在は使われていない。

主なニュース

＜国際情勢＞

アジア経済危機の国際的波及やインド・パキスタンの核実験など、アジア発の激震に揺れた。通貨・経済危機は、インドネシアのスハルト体制を崩壊に導き、マレーシアを自国通貨の取引停止に追い込んだ。ロシアも、ソ連崩壊以来最大の金融・通貨危機を迎え、事実上のデフォルト状態になった。欧州では、ドイツで社民党が十六年ぶりに政権に復帰。欧州連合（ＥＵ）は、加盟国十五カ国のうち十三カ国を中道左派政権がおさえる中で九九年の通貨統合を迎えた。

〈国　外〉

・金大中大統領就任　（二月二十五日）

・印パ核実験　（五月）
インドは五月十一日と十三日、地下核実験を実施。インドに対立するパキスタンも同月二十八日と三十日に実験を行った。

・パプアニューギニア大津波　（七月十七日）
パプアニューギニアの西セピク州沖海底が震源の地震による津波が同州沿岸を襲い、死者・行方不明者は二千五百人を超えた。

・米大使館同時爆破テロ　（八月七日）
ケニア・ナイロビとタンザニア・ダルエスサラームの米大使館が、ほぼ同時に爆破されるテロ事件が発生。死者は少なくとも百九十六人、負傷者は五千人。米政府は報復としてイスラム原理主義者グループのアフガニスタンなどの拠点を攻撃した。

・ロシア政局混迷　（八〜九月）
エリツィン・ロシア大統領は八月二十三日、キリエンコ首相ら全閣僚を解任した。

指名した後任の首相候補の承認案は、下院で二度にわたって否決。九月十一日プリマコフ氏が承認され首相に就任するまで政府不在状態が続いた。

・中米ハリケーン（十月二十四日）
カリブ海で発生した超大型ハリケーン「ミッチ」が中米諸国を襲い、ホンジュラスなど主要被災国四カ国の死傷者・行方不明者は約二万人に上った。

〈国　内〉

・金融ビッグバン始動（四月一日）
外国為替取引の開放などを盛り込んだ改正外国為替管理法が施行され、二〇〇一年を目標にした日本版ビッグバンがスタートした。

・参院選自民惨敗、小渕内閣が発足（七月十二日）
参院選が投開票され、自民党は経済政策失敗への批判から四十四議席にとどまる惨敗。自民党新総裁となった小渕恵三氏は首相に指名されて組閣を行い、蔵相に宮沢元首相を起用した。

・戦後最悪不況、二十四兆円の対策（十一月十六日）
七～九月の国内総生産（ＧＤＰ）は実質で前期比〇・七％減で、戦後初めて4四半期連続のマイナス成長となるなど戦後最悪の不況に対して、政府は二十四兆円の緊急経済対策を決定した。

良心を育てるように

一九九九年（平成十一年）

昨日、一九九九年度の世界や日本の動きについて大神様にお伺いをし、お神言《ことば》を戴きました。

世界的な規模でみたら、あまりよい年ではなさそうですね。

世界、日本における政治・経済の動き

まず、

『中国とかロシアに政治とか経済の面で大きな変動が起きるだろう[1]』

というお神言です。

それが世界中にどの程度に影響が起きるかはわからないけれども、そんなに世界中がひっくり返るようなことはないと思います。つまり戦争になることはないと思います。

『世界への影響は中規模ぐらいに留まるだろう』

というお神言でした。中規模の影響が小規模になるように、よく神様にお願いをしたいと思います。大きくなっても困りますからね。

『アジアは、政治・経済がやや改善に向かう』

『ヨーロッパとアメリカとはだんだん経済的な覇権を争うようになる(2)が、共にまだ栄える、大丈夫』

というお神言です。アメリカが十分に動いていれば日本も大丈夫だと思うのです。

日本については、

『日本の政治とか経済は、子どもが歩くような具合によちよちだが、改善の方向に向かう』

というお神言ですから、まあ大丈夫じゃないかなと思います。昨年とあまり変わらないかもしれない。しかし、昨年よりよくなると思います。

大きな天変地変のないようにお祈りを

それから、天変地変の事を伺ったら、何かありそうな具合ですね。

『アメリカとか中近東、日本、環太平洋の辺りに地震の大きいのがある』[3]
というお神言です。日本で大きいのがあると困りますね。しかし、東海大地震のようなものがあるかどうか伺ったら、それはどうもあまりないように思います。東海地震で東京が潰れるようなことがあったら日本も世界も困りますから、そういうことがないようによくお願いしたいと思います。

魂を求める動きと情報社会への動き

それから、

『人間の魂を求める動きが次第に地下水のように醸成されてくる』

ということです。

これについては、今年も来年もそういうふうになると思います。

最近、一般的に本が売れなくなっているみたいですね。ところが、芸術関係のものとか宗教関係のものはよく売れるのだそうです。ですから、人間皆が魂を求める動きが出来つつあるのだと思うのです。

もう一つは、

『コンピューターを通しての情報社会[4]が経済や政治にも影響をもってくる。つまりもっと政治や経済を、コンピューターを元にした情報社会が動かすようになってくる』

というお神言なのです。

アメリカで、つい二、三年前に、一人の青年がシカゴの証券会社か何かを辞めて、インターネットで事業をすることの利点をよく理解して、何をしたかというと、従業員を二、三人だけ雇って、世界中の本屋あるいは大学、そういう所と連絡をとって、「アマゾン」(5)という、コンピューターのネットワークで、インターネットの上で本の注文を受けたり売ったりする会社を始めたのです。自分の所には一切本の在庫を置かない。今までだったら、たとえば日本なら日販とか東販のように、膨大な本を出版社から持ってきて入れて、本屋からの注文によってそこから出す。そういう操作では、大変な資金がないと出来ないわけですね。

ところが倉庫なんか一切作らない。日本の場合は、本は印刷費の三倍ぐらいの値段を付けて売らないと合わないのです。売値を十割とすると、そのうちの三割ぐらいを取次店と小売店で分ける。その三割を、人件費その他に当ててるわけですが、そういうものが要らないから、一、二割安く本を取り次いでも企業として成り立つわけです。

私の本も十二、三冊、「アマゾン」という取次店の中にリストが載っている。アマゾンをインターネットで出してみると、「この本については一割まけます」とか「二割まけます」とか出ていて、「本が買いたい時はアマゾンに注文してくれたら、お手許に本が届くような手続きができます」と、そういう手続きをするだけなのです。今、四百五十万の大学とか出版社がそのお客になっていて、私の本もＣＩＨＳをとおして取引している。アマゾンは創立してから僅か三年か四年ぐらいで一兆円の商売をしているそうです。たったの三年か四年ですよ。

そういう時代になってきたわけですね。政治も経済も、もう日本とかアメリカとか言っていたのでは間に合わない。企業も世界企業にならざるを得ないし、それを支えているのはやはり情報なのです。情報を一番早く手にして、それに基づいて賢い頭で計画を立てる。そして皆は安くてよい物を求めているわけだから、そういうものが世界中から届くような企業を作れば大きな成功が得られる。今でも「アマゾン」は五、六人でやっているそうです。しかしほんの小さなスペースの事務所を持っているだけらしいですね。

仮想と現実を統合するのは良心

そういうふうに、国益を一番問題にして国が動くような政治とか経済というのはもうだんだん成り立たなくなってきた。ヨーロッパでも、もう国と国との行き来が自由になって、通貨も今日から同じになった(6)わけでしょう。今までは資本主義経済というのが世界中の政治や経済を動かして影響力をもってきたから、情報社会のもとでそのシステムはさらに続くでしょう。

ところで、情報はあくまでも情報で、バーチャルリアリティ、仮想世界の性格をもっているから、それが一人歩きするようになると、世界経済は日本のバブルのようになってしまうわけですね。

ですからこれからは、実際に物を創り出すということとそういう情報とがバランスがとれて世界が動くようにならないといけない。

けれども、情報と現実とをうまく統合していくのには、人間の良心、よい事をして悪い事はしないという規制のある、良心というものがこれからだんだん大事になってくると思うのです。良心のない、仮想の世界、仮想のお金、そういうもので世の中が動くようになったら、今度は世界中が恐慌状態に十年かそこらしたらならないとも限らない。

今年はそういうハシリのようですね。

これからの世界の大きな課題――共産主義と資本主義、個人性と社会性の両立

そういう意味で政治や経済の上で大きな変動がこれから起きてくるでしょう。今は中国とロシアにおいて、共産主義と資本主義をどういうふうに統合していくかというところがこの二つの国の大きな課題となっています。ロシアではいったんは共産主義体制が破れた(7)のだけれども、資本主義体制への移行に失敗をした(8)ために、今度の首相はまた共産党の人(9)ですね。

ですから、共産主義と資本主義とをどのように纏めていくか。要するに人間の個人性と社会性を政治でも経済でも個人の生き方でもどんなふうに両立させられるかが、これからの世界の大きな課題になると思います。それが今年の、中国やロシアにとっての一つの大きな課題だと思います。

うまくいけばいいですが。うまくいくようによく皆でお祈りをしないと、その中で内乱が起きたり、大きな破綻が起きても世界中に影響が出るわけです。

小さな日本の国の中では漸漸として少し快方に向かい、ヨーロッパやアメリカが安定していても、中国とロシアというと、両方で世界の半分ぐらい、――半分はないが、三分の一ぐらいの人口があるわけだから、そういう国に大きな変動が起きたのでは世界中が困ることになってしまう。それが、神様のご経綸によって、あまり大きな

問題にならないで世界が平和にやっていけるようにお祈りしたいと思います。

良心を育てるように——良心とは何か

それから皆さんも、自分の良心をもっと強固に育てること。そして子どもによい事・悪い事を教えて、悪い事をしない、よい事をするという躾をぜひ子どもたちにもしてもらいたいし、大人の皆さん自身もそういうふうにして戴きたいと思います。よい事というのは何かというと、それは神様の真似をすることですね。[10]自分の仕事を通して、皆のために役に立つように、社会が成り立っていくように精一杯努力をし、そして自分の仕事を通して

『果を求めずして己が本務を尽すべし[11]』

ということにだんだんに徹してほしい。それが良心だと思うのです。

人の役に立つといっても、自分ができる事を通してしか人の役には立てないし、自分の仕事を自分ですることは自分の自主性[12]というか、自分が生きている証しになるわけですから、「皆の役に立つように、果を求めずに己が本務を尽す」というところで、自主的な個人性というものと社会性というものが一つになるのです。

自分の行為をするときに、自分の都合のいい結果ばかりを求めてする行為というの

は必ず争いしか起きない。自分の利益だけを求めてする行為というのは、基本的には他の人を退けることになります。そうではなくて、自分が今している仕事は神様から与えられたものとして、それを一生懸命に人の役に立つようにすることが、自分個人と社会というものとを成り立たせる一番基本になる。そして、人の役に立つことが善であるし、自分を自主的に個人として確立させるものなのです。

社会性と両立できるような自分の生き方が良心の生き方ですから、人の役に立つように、果を求めずに自分の本務を尽すということは、良心の次元で、個人性と社会性とを成り立たせる行為、両方が一つの行為の中で成り立つ行為であると思うのです。

そういうふうな行為をしてほしい。だから、良心を皆さんの中に育ててほしい。それが神様の方へ向いていく信仰につながるわけです。

良心を養うことが神様に近づくこと

今年はそういう意味では、今までよりは世界的にも厳しい時期になっている。それは今年が、一つの新しいシステム、つまり世界の人類国家のようなもの、人類のための社会というシステムが出来るための、――それにはあと十年か二十年か三十年かかかると思うけれども、そういう方へ向いていくための曲がり角の年であるということですね。

既に二、三年も四、五年も前からそういう方向に動いてはいるのですが、今年は大きな変動が、特に共産圏の中に資本主義を入れようとしている国ぐにに起きる時期[13]のようですから、その変動があまり大きく世界中に不安定な影響を与えないうちにすんでほしい[14]と思います。

個人的には、良心を皆さんに養ってほしい。それが神様の方に向いて歩けることなのですからね。具体的に言えば、果を求めないで、自分の職務、人の役に立つための本務を尽す、そういうふうに一生懸命やってほしいと思います。

それではこれで新年のご挨拶を終わります。どうぞいい年を迎えて、がんばってください。

信仰さえあれば

いつでも神様を本当に信じていたら、できそうもないことでもできますからね。そういう意味では大きな船に乗ったつもりで安心していたらいいのです。

信仰をもっているのともっていない人とでは、信仰をもっていない人はいつでも自分だけでグラグラ動かないといけないが、社会も人間も一つ一つについてみな神様が支えてくださり動かしてくださっているのだということが本当に信じられたら、安心していられると思うのです。そこが信仰をもっている人と信仰をもっていない人との違いですね。信仰をもっともっと深めて神様のことが信じられたら、本当に神様に自分をお任せでき、安心した境地になれる。

最近は「他力本願」という本がよく売れているそうですね。いつも困った時代には他力本願[15]になるみたいですが、本当に神様を信じて、神様にお縋りしていれば、他力本願でもちゃんと自然に物が出来てくると思います。

「果を求めずして自分の職務を尽す」というのは自力的なものだけれども、その底には、神様を信じて、神様を頼るという他力がある。僕が大学を創った[16]のも、そういう他力本願、つまり一生懸命にこれからの地球社会のためにしているのだから神様のお力で必ず出来る、という他力本願があるから、お金が足りなくていつ潰れるかわからないように思う時もあるけれども安心していられるのです。

皆さんも安心して神様にお任せしてほしいと思います。ただし怠けてはだめですよ。一生懸命にした上でないとね。

では、これで本当にお終いにしましょう。ご苦労さまでした。

（ＩＡＲＰ機関誌「ＩＡＲＰマンスリー」第二八五号）

註

（1）『中国とかロシアに政治とか経済の面で大きな変動が起きるだろう』

中国は一九九二年末、鄧小平は中国共産党全国大会で「中国政府の責務は九〇年代、社会主義市場経済を構築することである」と述べ、市場改革を推進した。政治体制は中国共産党の支配は継続されたが経済体制は大幅な改革が推進され、八一年には人口の五三%が貧困線以下であったが、二〇〇一年には八%までに減少したとされている。

ロシアは九九年二月、エリツィン大統領の側近らファミリーの汚職疑惑がもち上がり、対外債務の九十日間支払い停止、それに起因するルーブル下落など財政が悪化し、五月十五日、大統領弾劾問題審議が連邦議会下院国家会議で開始されることになったが、その前日エリツィン大統領はプリマコフ首相を解任、さらに八月九日にはステパーシン首相も解任し、八月十六日、プーチンが首相に就任、十二月三十一日にはエリツィン大統領が辞任を表明、大統領代行にプーチン首相を指名した。

（2）ヨーロッパとアメリカとはだんだん経済的な覇権を争うようになる

一九九九年、ユーロが、第二の基軸通貨、あるいはドルに代わる基軸通貨との期待から誕生した。二〇一〇年にはギリシャショックが生じ、ギリシャはユーロ各国の支援を受けた。一三年のクロアチアの欧州連合（ＥＵ）加盟により、ヨーロッパ二十八カ国が加盟する国家統合体へと拡大した。

（3）『アメリカとか中近東、日本、環太平洋の辺りに地震の大きいのがある』

一九九九年一月二十五日コロンビアで大地震が発生、千人以上の人が死亡。八月十七日トルコ西部でマグニチュード（M）7・6の地震（イズミット地震）が発生。三十七秒の間揺れ続け、一万七千人あまりの人びとが死亡、およそ七十万人が家を失うなどの甚大な被害をもたらした。

九月二十一日には台湾中部大地震（M7・7、二千人以上死亡）、十月十六日にはアメリカ・カリフォルニア・バーストでヘクターマイン地震（M7・1）が発生している。

（4）コンピューターを通しての情報社会

一九九〇年代から二〇〇〇年にかけて、情報通信技術が急速に発展し、いわゆる情報化が進んだ。インターネットの普及により、大量の情報が瞬時に入手できる環境が整備され、携帯電話が、生活に欠かせない通信手段となるなど、情報化は産業社会のみならず家庭や個人のライフスタイルにも大きな変化をもたらした。

（5）アマゾン

アメリカ合衆国ワシントン州シアトルに本拠を構える、インターネット技術を応用したサービス会社。一九九四年七月、ジェフ・ベゾスがCadabra.comとして法人格を取得し、インターネット書店を開業したのが始まり。九五年八月より、Amazon.com,Inc.としてインターネット上の仮想店舗で小売業を行なった。

(6)通貨も今日から同じになった

一九九一年一月一日、欧州連合（ＥＵ）に加盟する、フランス、ドイツなど十一カ国で、ＥＵの単一通貨ユーロが銀行間取り引き通貨として導入された。

(7)ロシアではいったん共産主義体制が破れた

一九九一年十二月八日、スラブ系ソ連構成国のロシア、ウクライナ、ベラルーシ三共和国首脳がソ連解体と独立国家共同体（ＣＩＳ）の創設を決定。中央アジアや外カフカスなどのソ連構成国も合流し、同月二十一日のＣＩＳ正式結成でソ連は消滅、二十五日にゴルバチョフ大統領が辞任した。（二〇〇六・十二・八「朝日新聞夕刊」より）

(8)資本主義体制への移行に失敗をした

一九八六年、当時のソ連共産党書記長ゴルバチョフはソ連経済の危機的状況を打開するために、計画経済停止、市場経済の導入を初めとする諸改革に努めたが、物価上昇、物不足を招いて経済改革は失敗し、ソ連解体につながった。

(9)今度の首相はまた共産党の人

一九九八年九月〜九九年五月までのロシア連邦の首相はプリマコフ。首相就任後、九三年に設立されたロシア連邦共産党を名実共に第一党、与党にした。

(10)神様の真似をする

信仰者、宗教者の最も根本的な生き方の真髄として、著者が処々で繰り返し教えている言葉の一つ。『玉光神社十五条の御神訓』第三条は「神の愛を感得し　真似すべし」である。一九九六年刊行の著書『愛と超作』の副題は「神様の真似をして生きる」となっている。二〇〇八年十二月八日の玉光神社での朝行後の講話（後出）においても、「信仰というのは、神様に向いて、神様の真似をすることに徹しないといけないですよ」と語っている。

(11)『果を求めずして己が本務を尽すべし』

『玉光教十訓』のうちの『一、果を求めずして己が本務を尽すべし』（第八条）からの引用。玉光神社の根本教義の一つであり、玉光神社祝詞『玉の光』の内には、「果を求めずして己が生得の本務を行はば、元神神力を給ひ、必ず以て興るべし」と記されている。

なお、この『十訓』の第八条と『玉の光』の内のこの詞は、『玉光神社祝詞』を定めるに当たり、未だ二十代半ばであった著者が、御神許を戴き書き定めたと伝えられている。

(12)自分の自主性

「神様の御力を戴いて、日々超作ができるように努力して、自立ができるようにならないとね。それが行の目的なのですよ」（二〇〇八・十二・二十五日朝行後の講話）

「本当の宗教というのは、一人ひとりが皆神様のところへ行けるように霊的成長して、広い自分、自立ができる広い自分になれるように導く宗教です」（同）

「皆さん一人ひとりが自分で魂の成長ができて、自分で判断ができるしっかりした自主的な人間になれるように」（二〇〇一・一・一元旦祭後の講話）

「自らの修行によって得た霊性の進化に基づき、自らの責任で、愛と智慧をもって自主的に行動する」（一九九八・六　IARP年次大会講演集『宗教とは何か――私が生きて・掴んで・実践したもの』安永祖堂、稲盛和夫、本山博、小田晋、影山教俊、桐島洋子、船井幸雄、本山一博：宗教心理出版　一九九九）

等の引用例のように、著者は「自立のできる宗教」「自立のできる信仰」を非常に重視し、これについてしばしば語っている。

(13) 今年は大きな変動が、特に共産圏の中に資本主義を入れようとしている国ぐにに起きる時期

註（1）及び「一九九九年」の主なニュース〈国際情勢〉を参照してください。

中国で法輪功が非合法化されたのもこの年七月であった。

(14) あまり大きく世界中に不安定な影響を与えないうちにすんでほしい

この年の講話の初めに「世界的な規模でみたら、あまりよい年ではなさそうですね」と語っているように、この頃より、将来の世界を憂え、苦難な時代をどのような心で乗り越えていけばいいか、という講話が多くなっている。

(15)他力本願

衆生を救おうとする阿弥陀仏の本願のこと。また、阿弥陀仏の本願に縋って、極楽往生すること。転じて、もっぱら他の人の力をあてにすることを言う。

(16)僕が大学を創った

著者は一九九一年四月にＳＣＩ（南カリフォルニア大学院大学日本校、三鷹市井の頭四―十一―七）、九二年九月にＣＩＨＳ（カリフォルニア人間科学大学院大学、アメリカ・カリフォルニア州エンシニタス市）の二大学院大学を創立し学長を務めた。これら二校は共に博士課程、修士課程を併せもち、規定の単位を修了し論文審査に合格した後、カリフォルニア州政府認定の博士、修士を得ることができる。

ＳＣＩは九三年、カリフォルニア州政府の法律の変更による本校閉鎖に伴い、閉鎖された。なお、ＣＩＨＳはカリフォルニア州の新しい法律に基づいて設立され、認可されている。

これらＳＣＩ、ＣＩＨＳ創立の目標は、「身・心・魂としての人間存在を、科学的、体験的に研究し明らかにして、未来の平和で豊かな、しかも愛と智慧と信頼に支えられた人類社会を築くための基礎的研究を行なうことが目標である」（「本山博先生古稀の祝」パンフレット「ごあいさつ　本山博」一九九五　宗教心理学研究所より）。

主なニュース

〈国際情勢〉

ベルリンの壁が崩壊して十年を迎え、国際秩序構築へグローバル・地域・二国間の様々な努力が続けられた。コソボ問題では国連の役割が大きな議論を呼び、北大西洋条約機構（ＮＡＴＯ）のユーゴ空爆開始はＮＡＴＯ加盟国等とロシア・中国等の国ぐにで意見が対立した。東ティモール問題は、国連中心の取り組みで民意を問う直接投票での治安回復と多国籍軍展開で暫定統治が開始された。地域的な取り組みでは、欧州連合（ＥＵ）はユーロ導入・共通外交・安全保障政策等で統合が進展し、米露では意見相違を超えて協調関係の重要性が認識、米中の関係改善、中露国境画定も成った。

〈国　外〉

・ユーロが始動　（一月一日）

ＥＵ域内十一カ国の単一通貨「ユーロ」が誕生し、それと同時に、欧州中央銀行（ＥＣＢ）による統一金融政策が開始された。通貨統合は最終段階に入った。

・ＮＡＴＯ軍、ユーゴ空爆　（三月二十四日）

ユーゴスラビア連邦セルビア共和国コソボ自治州紛争の和平交渉行き詰まりを受け、米国を中心とする十一カ国参加のＮＡＴＯ軍は、ユーゴ全土の軍事施設に対する空爆を開始した。

・トルコで大地震　（八月十七日）

トルコ西部イズミト市を中心にマグニチュード（Ｍ）７・４の地震が発生。トルコ政府は被害状況を死者一万七千人以上、負傷者二万四千人以上と発表した。
・東ティモール、独立へ（八月三十日）
・台湾で大地震（九月二十一日）
台湾中部でM７・６の強い直下型地震が未明に発生、台湾各地でビルや家屋が倒壊した。十一月十日時点の被害状況で、死者約二千四百人、負傷者約一万千三百人である。
・「国境なき医師団」にノーベル平和賞（十月十五日）
・世界人口、六十億突破

〈国　内〉
・脳死移植、初の実施（三月一日）
高知赤十字病院で脳死が確定した四十代の患者の心臓等によって、大阪大学附属病院を始め各大学付属病院等で臓器移植法に基づく国内初の各臓器の脳死臓器移植手術として実施された。
・東京都知事に石原慎太郎氏（四月十一日）
・国内初の臨界事故（九月三十日）
茨城県東海村の核燃料加工会社（ＪＣＯ）東海事業所で、国内初の臨界事故が起き、作業員三人が大量の放射線を浴びる等の事態が発生し、同県は半径十キロメートル以内の住民約三十一万人に屋内退避を要請した。

二〇〇〇年（平成十二年）

身・心・霊全体での成長を

満七十五歳を迎えるに当たって

それでは例年のように、年頭のご神言についてお話ししましょう。

今年の十二月十五日で私も満七十五歳になるので、もう来年からはこういうお伺いをしないことにしたいと思うのです。ただ一生懸命に坐って、大学の学長だの、理事だの、それから神社の代表役員だの、この世的な組織の中でいろいろな人に働いてもらったり、給料をあげたり、授業のいろいろなコースを学部長たちと決めたり、信者の方たちにどういうふうに神様の教えを伝えたらいいか、とかというようなこの世的な事柄から離れて、自分の魂の神様とつながっているところへ還って、皆さんの幸せとか、あるいは、地球の人類がこれからこういう方向に向いていかないといけないというふうな事柄を神様にお願いをしたい。一生懸命坐って念じたら、そういうふうに世の中が動いて行くように思うのです。じっと坐って、神様との一致を得て、そして念じることによって世の中あるいは世界中がうまくいくように、あるいは、地球が壊れないようによくお祈りをしたり力を送ったりするのが、これからの役目の一つだと思っているのです。

また、個人個人を救うというみわざも神様の一つの働きでありますけれども、玉光大神様はお下がりになった当初から、『戦争を救う、そして地球を救う、人類を救う』というご神言がありました。[1] こういう、宇宙創造の神としての大神様のお働き、ご神意に沿って働くというのも、もう一つの私の大切な役目だと思いますので、これからも神様の大きな地球ご経綸のご意志に沿って、各宗教の指導者がそれぞれの教えの違いを超えて、新しい世界宗教へ向けての方向づけを見出せるようにも働きたい。それによって、神様のみ教え、ご降臨になられたご意志に沿っていけるよう、今後の、満七十五歳になった後の仕事の一つとして、なお一層努力していきたいと思います。

国家権力の衰退と民族主義の蔓延

今までの人間の歴史をみて思いますのは、たとえば日本であっても、今から二千年も前というと、人口が何百万人ぐらいしかなくて、青森の方あるいは東北の辺とか、近畿の辺、九州、四国というのが一つのまとまった地域社会として、クニとして成り立っていたわけですね。それが、約千五、六百年前に大和朝廷というか、天孫系の人たちが入ってきて、武力をとおして、戦争をとおして日本を統一したわけですが、その間にいろいろな豪族がたくさん死んだり兵隊が死んだりした。

同じことが、世界的な規模で昔から絶えず起きていたように思うのです。一つひとつの小さな地域（たとえばひとくちにヨーロッパといっても、地球全体からみたら一つの小さな地域ですよね）で成り立っていた或る生活の仕方、気候に応じた生活の仕方、それによってものの考え方が決まる。そこから、そこでの宗教が出来てくる。ですから、各地の気候に合った生活の仕方の中から、それぞれに違った宗教が生まれてくるのは当然[2]なわけです。

ところが、人間の生活が、或る地域だけに限られている間は、その宗教やその文化でよかったわけですが、現在は急速に、この十年か二十年の間に、経済的な貿易とか経済の流通とかさまざまな要因によって、人間の生活が世界的な拡がりをもつようになった。

国がもっている一つの役目というのは、国民が食べる物（人間は身体をもっているから食べないと生きていけない）を得るということなのです。国民が十分に食べられるよう、飢饉などの場合であっても、国民が困らないように、たとえ他のところから分捕ってでも、食べ物を確保しないといけない。そのための争い、つまり自分たちが生きていくために、自分たちの国を守る、あるいは民族を守るための戦いが、昔から、どの時代にも、どの地方、どの国でも行なわれてきた。そしてその戦いを勝ち抜き、国民を守るためには、国の主権とか民族の主権というのが絶対であって、絶対の主権のもとに、国はその軍隊等をもって国民の命の安全を保障してきたわけです。

けれども、今はもう世界中が、一人ひとりの人間がそういう国家の枠を越えて、いろいろなふうに流通をしている。インターネットを使えば、さまざまな上下差の区別なしに、皆が平等に、同じ平面の上で話し合いができる。食べる物も、生活の仕方も、非常に物に恵まれた、いわゆる資本主義の下での生活が世界中普遍的なものになってきた。そうなってくると、今までの、絶対の主権というものをもっていて、それを守ることが正義であったような国家という存在、絶対の主権によって国民の生命の安全を守ってきた国というものの存在の必要性が、だんだんに薄らいでくる。そして国家というもの自体が絶対の権力をもつことができなくなってきたのが、今の世界だと思うのですね。

世界は今そういう方向に動いている。地球人という形での人間の社会が実現する方向に動いている。

ところが、今、冷戦が止んで[3]、特定の大国がもう地球あるいは人類を支配することができなくなって、武力による枠が退いてしまうと、それまで諸大国により抑えつけられていた諸民族の、自分たちのアイデンティティーといいますか、自分はセルビア人である、自分はクロアチア人である、自分は日本人である、あるいはインド人である、パキスタン人であるというふうな、そういう抑えつけられていた民族主義が急速に自由に吹き出して、それぞれ蔓延るようになった。そういう状態が今から何十年か続くと思うのです。

民族、宗教間の混乱の増加と社会不安の増大

そういう意味で、次のようなご神言がありました。

第一番目のご神言は、

『世界的に民族、宗教間の混乱が増加する。今世紀の初めの五十年とか百年の間は、こういう民族間、宗教間の混乱が増加するだろう』

というご神言です。あまりよろしくないことですけれども。

次に、日本については、

『近視眼的にみれば、政治とか経済が改善される。しかし人は心を忘れて、物に走って、社会不安が増大する。それは今年に限らないで、あと何十年かはそういう状態が続くだろう』

というご神言です。

宗教間の争いの増加

第三番目は、

『二十一世紀は、虐げられていた民族の台頭、宗教の争い、特に、セム族系宗教による他の宗教との争いが増える』

というご神言でした。


今朝の新聞によると、インドネシアで、イスラム教徒とキリスト教徒が武力衝突をして、何百人かの人がこのお正月早々死んだということです(4)。

先ほども話したように、或る地方の特殊な風土の中で、その上に或る特定の時代に出来た宗教は、その地域の宗教としてそこでは通用し、その教えが一番正しいということが言えたけれども、違う、他の地域に入っていって、この教えが一番正しいと主張することになれば、どの地域のどの宗教も「神」というものをそれぞれ背後に背負っていて、自分が一番正しいと信じている（そういう信仰があってはじめて宗教が成り立つわけです）から、当然、各地域、地域で絶対どうしの争いが起きるわけです。「阿弥陀仏を唱えれば何でも救われる、浄土に行ける」というのと同じように、「アッラーの神を唱えれば、すべての罪は許される、病気も治る、いっさいがよくなる」というふうな教えのもとに、今アメリカでは一千万近い人がキリスト教からイスラムに改宗したと言われています。ところが、アメリカの基本はキリスト教ですから、アメリカの中でイスラムとキリスト教との間のいろいろな衝突がそのうちに起きるかと思われるのです、本当に残念なことだけれども。

全ての宗教は相対的なものである

宗教というのは決して絶対のものではなくて、全ての宗教の教義その他も相対的なものにすぎなくて、[5]釈尊が悟られたのも、キリストが神との一致を得られた体験そのものも、そこには相対的な要素が非常に強い。「絶対」とのつながりをもたれたかもしれないけれども、つながり方そのものが、その地方、その時代の枠の中での釈尊流のつながり方であったし、キリスト流のつながり方であったのだから、それを絶対視して、これはもう絶対に他のものと譲れないということになれば、宗教の争いというのはいつまでたっても絶えないわけです。

ですから、仏教の中から仏教を超えたような、キリスト教の中からキリスト教を超えたような智慧が、それぞれの宗教の中で開けてくると、共通の場所が見出せる。それが次の百年、二百年の間の人類にとっては大きな課題だと思うのです。それができないと、いつまでたっても宗教に基づく争いが止まらないと思うのです。

そういうことにならないようにという教えが、玉光大神様のお教えなのです。

神様の教えを身を以て体得する

或る信者さんが、「玉光神社の教えは非常に立派だ。しかし個々の個人的な具体的な問題になると、解決の方法はなかなか教えてくれない」という趣旨のことを言ってみえたことがありましたけれども、本当に神様の教えを自分が体得できれば、人間はどう生きるべきか、どう生活すべきか、どっちの方向に判断すべきかというのは自然に分かるはずなのです。それができないと、「個人の個々の問題については（ご神占がなかなか戴けなくて）指示を与えてもらえない」というふうなことになってしまうようですが、それはやはり、神様の教えをただ頭で理解をして、身を以て体得していないからそういうことになるのだと思うのです。

これからはそういうことがないように、皆さんは、神様の教えをもっと身を以て体得してもらいたいと思います。

地球規模の政治経済組織が確立されるのは二、三百年後

その次に四番目のご神言は、

『向こう千年は、初めの百年ないし二百年は、民主主義あるいは個人主義、資本主義が優勢となるが、それが行き詰まり、人間の個人性と社会性、個人の個人性と社会性を両立さす地球規模の政治経済組織が、二百年ぐらいすれば確立されるだろう。国家とその絶対の権力である主権というのは、絶対ではなくて、相対的なものとなる』

つまり国家というのが、今から二百年ぐらいの間には、それが決して絶対のものでなくて、――私も若い時に、日本を守ってアメリカと戦うために特攻隊に入った。先日皆さんに写真をお見せしたように、神様のお須屋（註・小宮）と、自分が戦死した後入る仏壇を、入隊の前の日に十時間ぐらいかかって自分で作って入隊した。[6]本当に国のために一生懸命に命をかけて、国のために必ず死ぬ覚悟で行ったわけですけれども、そういうことがこれからはなくなるだろうと思うのです。

『なくなるためにまず二百年はかかるだろう』

というご神言ですから、それまでの間はいろいろな問題が起きるのだと思います。

個人に基づいた民主主義、資本主義の翳り

以上四つのご神言を載いたのですが、日本もアメリカも、あるいは先進国も、あるいはアジアも、物の面ではあと百年、二百年は資本主義とか民主主義とかというものによって栄えるだろうけれども、その資本主義、民主主義、――個人主義に基づいた民主主義、資本主義というのは、もう既に少しずつ翳りが出始めている。一部の人はそれに気がついていますけれども、一般の企業家とか一般の人びとは、資本主義が絶対のものだと思って今一生懸命にやっているわけですが、資本主義そのものは少しずつ翳りを見せているように思うのです。

ですから、民主主義、資本主義だけではもう地球社会というものは出来ないと思うのです。

こういう話をすると、皆さんには遠い先の話のように思われるかもしれない。しかし、大神様がご降臨になってもう七十年近くなる[7]わけですけれども、実際に大神様のご神言のとおりに世界中が動いてきたように思います。その意味では、政治家とか、経済界のいろいろな人たちは、大きく見れば、神様のご経綸の中で動いている道具に

すぎないように思われます。

地球社会実現のために一番大事なこと——魂の成長

地球社会が実現するのに一番大事なことは、物ではなくて、身体の健康ではなくて、心の健康、魂の健康、身・心・霊の全体での成長というのがこれから人類にとって一番大事なことになる。ですから、科学も宗教もそういう方向に向いていくと思うのです。魂の成長ということが一番大事で、魂が成長すれば、科学をコントロールすることができる。

今は皆、科学に引きずられて、物に引きずりまわされて、科学が言わないと信じない。しかしよく考えてみると、科学は物の現象の法則をいろいろ探り出して、それに基づいて装置を作るけれども、——装置を作って、その中で、スイッチを入れたら或る力が動いた、原子力が動いた、電気が出来たと、いろいろなことが起きるけれども、科学は力そのものを作ることはできない。

科学は、用意はする、つまりお膳立てはするけれども、お膳立てをした後は人間の力ではどうしようもない。力が動くのは、人間が作るわけではないのです。簡単に言えば、医者に行けば薬はくれる、手術もする、しかし治るのは、皆さん自身の身体の治る力が治すのであって、医者が治すわけではないわけです。

同じことが科学についても言えるわけですけれども、そういう科学がその限界をよく理解をして、「科学の底に宗教がある。宗教の世界があってはじめて、科学が用意をしたらそこで力が働く、しかしその力そのものは宗教の世界からくるのだ」ということに目が覚めたら、宗教と科学が必ず両立できると思うのです。今はもうお互いに別々になってしまって、政治とか経済とか科学には宗教は入らないということになっているが、これは、人類の犯したとんでもない間違いだったと思うのです。

この間違いが是正されるのには二、三百年を要する、ということですね。

今年の目標――お祈りと超作による魂の成長を

今は物が非常に豊かな世界になった。しかし精神を忘れ、魂を忘れて、良心とか精神とか魂というものが空っぽのような状態になってしまった。そういう時代には、人殺しとか子どもの虐待とか、学校教育の崩壊などが生じる。今は、そういう社会現象が多くみられます。それはやはり、魂ということを忘れて、魂の成長がストップしているからこういうことになったのだと思います。

皆さんは、玉光神社に入ってこられて信者としておられるのだから、魂に目覚めるということを常に心がけて、神様を信じてお祈りをし、超作に努め、霊的に成長ができるように努力していただきたい。この二つによって、自分たちのカルマも解け、霊的成長もできることを信じて、ぜひお祈りと超作に励んでいただきたい。そして、「魂の在る」ということを忘れないように、それに目が覚めてほしいと思います。

今年の目標二――皆で揃ってお祈りを

それからもう一つ、今年の目標にしたいと思うのは、玉光神社の信者の動きを見ていると、自分と神様とのつながりだけの方に偏っているのかもしれない。自分と神様とのつながり、それはそれで大切なのですけれども、同時に、個人的な宗教というか、自分が神様とつながればそれだけでよいというような信仰に走らないようにしてもらいたい。

お祈りも、独りでお祈りをするよりは、大勢の人が心を合わせて『玉の光』や『般若心経』をお唱えしてお祈りをした方がどんなに大きな力を神様から皆の中に戴けるか、そしてその中の一人ひとりの小さなカルマ、個人のカルマや家のカルマがどんなに早く解いて戴けるかというのを、今年は皆さんで体験をしてもらいたいと思います。

そういう意味では、権宮司[8]がここ数年、各地方の組を回って合同ご祈願を指導してきて、だんだん合同ご祈願の意義を地方の人たちも体験できたことは、とてもよかったと思うのです。

幸い東京に近い所に住んでいて、お祭りその他で私や権宮司、祭員と共に皆でお祈りができる方たちも、その他に、組の会[9]などに集まり、そのときまず最初に皆で一生懸命に心を合わせてお祈りをするようにしてもらいたいと思います。皆のお祈りが一つになったときには、どこであっても、どんなに大きな力が神様から戴けるかということを体得していただきたい。それをひとつ、今年の目標にしたいと思うのです。

それでは新年のご挨拶と、神様のご神言をお伝えして、一応これで終わりにします。

どうもご苦労さまでした。

付言　宗教で大切なことは魂に目覚め、魂で成長すること

今、皆さんにお話しするのはちょっと早すぎるかもしれないけれども、私も今年の十二月十五日で七十五歳になりますので、七十五になった後は、たとえばアメリカで半年、日本で半年いて、もっぱら一生懸命に坐りたいと思っています。そして日本に

おる間は、たとえばいろいろ皆さんが日ごろ聞きたいと思っていることを質問できるような、そして私がそれに答えるような、「囲む会」[10]のようなものをしたいと思うのです。

ここ二十数年来の傾向として、玉光神社の信者としてずーっと続いている人たちでは、まず最初に学会[11]に入って、それから信者になった人、つまり行もするしお祈りもする人が多いようですね。私の本を読んで、いきなりご神占をお願いする、というふうなタイプの人はどうも信仰は続かないようです。ここ（玉光神社）で説いていることは、「当たるも八卦、当たらぬも八卦」というのとは違うからだと思うのです。行をして自分の心を磨いて神様の方に心を向ける、回心をした、そういう人たちが結局信者としては続いている。そういう意味では、粒がそろっていると思うのですね、続いている人は。一つの教団の中にたとえば洗濯屋も医者も全てが組織化され備わっていて、その教団に入ると生活上の便利も非常にいいという教団もあるそうですが、生活の便と魂に目覚めることとは、また別の話だと思うのです。

宗教で大事なことは、魂に目覚め、魂で成長することが大事だと思います。

それで、来年からは、権宮司が宮司となり、私は後見役として後ろで見ているようにしたいと思っています。

権宮司も十分に成長し、皆さんへのいろいろな受け答えを見てもなかなか立派になったなと思います。私よりも優れていると思うのは、私はどっちかというと、原理的な、本当の真理というものを追求することに心が向いていて、それをやさしく皆さんによく教えなければいけない方がどうもおろそかであったように思うのですが、権宮司は性格的にも、皆さんの気持ちをよく察して、皆さんの中に下りていっていろいろな話をしてくれる。私の言っていることも十分によく理解して、学問の上でもだんだん立派に成長してきたように思います。

私も月に一回か二回は、お宮のお祭り[12]にも必ず出るし、宮司として皆さんに教話をするというのではなくて、私も皆さんの中に入って皆の意見をよく聞いたりそれに対して答えたりして、「なるほど、皆さんはこういうふうに思っているのだ」ということを勉強したいと思うのです。

アメリカの大学の方も、後継ぎをなんとかみつけたい。実は去年の秋、学生たちに、今期はくたびれたから授業を止めたいと言ったのですけれども、嘆願書が十人ぐらいの人からきて、「ＣＩＨＳに入ったのは本山先生がいて、先生の授業が一年間に二回は聴けるのを楽しみにして入ったのだから、どうしても授業をしてほしい」と言うのです。今なんとなく調子がよくない[13]のですけれども、多分、一生懸命に授業をすればまた元のように元気になるかと思って、授業をしようと思っているのですけれどもね。

それでは、権宮司、何かありますか？

権宮司　今日はあとのお話が長かったので、宮司様が十二月三十日にご神言を賜った、そのご神言を、宮司様がメモされてますので、それをそのまま私から読み上げましょう。番号が四つ振ってありますので、その番号順に申し上げます。

一．世界的には、民族、宗教間の混乱が増加する。

二．日本は政治、経済が改善されるが、人は心を忘れて物に走り、社会不安が増大。

三．二十一世紀は、虐げられていた民族の台頭、宗教の争い、とくにセム族系宗教による他の宗教との争いが増える。

四．向こう千年は、初めの百年から二百年は、民主主義、個人主義、資本主義が優勢となるが、それが行き詰まり、人間の個人性と社会性を両立さす地球規模の政治経済組織が確立される。国家とその主権は相対的なものとなる。

そのまま読ませていただきました。

宮司　では、これで終わりにします。

（玉光神社機関紙「光の便り」第一三六号）

註

（1）玉光大神様はお下がりになった当初から、『戦争を救う、そして地球を救う、人類を救う』というご神言がありました

本山キヌエ『玉光神社教祖自叙傳』（宗教心理出版　一九七五）の第一章「自叙伝」一、「神助」（二頁）、四、「御神名の由来と母の信仰」（二四頁）、七、「国土安泰の祈り（その一）・戦争と世界平和のお祈り」（五七頁～）、八、「国土安泰の祈り（その二）・木曾の寒行」（六六頁）、第二章「神のお導きとお諭し」四、「世界平和の祈り」（一八八頁）などを参照してください。

（2）各地の気候に合った生活の仕方の中から、それぞれに違った宗教が生まれてくるの

は当然

本山哲学（神学）の中核をなす言葉の一つ。本書収録の一九九六年元旦の講話、「身・心・霊全体での成長を」の「全ての宗教は相対的なものである」、本山博『地球社会における生き方と宗教』（一九九一）、『人間と宗教の研究』（一九九六）、『宗教とは何か』（一九九九）（いずれも宗教心理出版）、『呪術・オカルト・隠された神秘』（名著刊行会　一九八九）他、著者の多くの著書を参照してください。

(3) 冷戦が止んで

冷戦とは、第二次世界大戦後の世界を二分した西側諸国の、アメリカを盟主とする資本主義・自由主義陣営と、東側諸国のソ連を盟主とする共産主義・社会主義陣営との対立構造を言う。

一九八五年、ソ連共産党書記長に就任したミハイル・ゴルバチョフは、改革（ペレストロイカ）および新思考外交を掲げて、国内体制の改良と大胆な軍縮提案を行ない、西側との関係改善に乗り出した。

八九年に入って、東ヨーロッパ諸国でも改革が起こり、十一月九日には冷戦の象徴ともいうべきベルリンの壁が崩壊した。八九年十二月には、地中海のマルタ島で、ゴルバチョフとジョージ・H・W・ブッシュが会談し、冷戦の終結を宣言した。

(4)インドネシアで、イスラム教徒とキリスト教徒が武力衝突をして、何百人かの人がこのお正月早々死んだということです

インドネシアのマルク諸島はもともとキリスト教徒とイスラム教徒が共存してきた地域だったが、一九九九年一月十四日にアルー諸島において両者間に争乱が発生、五日後には諸島に飛び火し、インドネシア最大の宗教戦争へと拡大、九九年末までに四千人の死者と四十万人の難民が発生したと言われる。

(5)全ての宗教の教義その他も相対的なものにすぎなくて

本章註（2）を参照してください。

(6)神様のお須屋（註・小宮）と、自分が戦死した後入る仏壇を、入隊の前の日に十時間ぐらいかかって自分で作って入隊した

巻末掲載の、著者手作りの「お須屋」の写真裏面を参照してください。なお、著者によると、入隊前日夜に小宮と位牌とを作ったそうであるが、終戦となり著者が生還したため、著者の父、高崎勝次氏が或る年焚き上げられたとのことである。

(7)ご降臨になってもう七十年近くなる

ご降臨は一九三二年（昭和七年）。本山キヌエ『玉光神社教祖自叙傳』（宗教心理出版　一九七五）を参照してください。

(8) 権宮司

玉光神社二代目宮司（二〇一五〜）、本山一博氏。

・一九九二年玉光神社教師、九四年玉光神社権宮司、二〇一四年宗教心理学研究所二代目所長、一五年ＩＡＲＰ会長、玉光神社二代目宮司

・筑波大学物理学研究科修士課程修了

・ＣＩＨＳ理事

・新日本宗教団体連合会理事

(9) 組の会

玉光神社信徒の会。各信徒が各組の活動拠点地域、年令、勤務休暇日等を考慮した上で、神社より任じられた各組長の許に集まり、祈り、体験談、教義の勉強等をとおして信仰を深めていくことを目的に作られ始められた。

(10) 囲む会

著者を囲んで、玉光神社信徒、ＩＡＲＰ会員、あるいは著者の読者等が定められた日に自由参加して、著者の講話後に質疑応答を行なう目的で設けられた会。井の頭玉光神社では一九九六年より九七年にかけて行なわれ、東京以外の地方においては二〇〇二年〜一二年まで行なわれた。

(11)学会

著者が一九七二年に国内外に呼びかけて創立し会長を務めた国際宗教・超心理学会（ＩＡＲＰ）のこと。会の歴史、現在の活動についてはＩＡＲＰホームページ（www.iarp.or.jp）を参照してください。

(12)お宮のお祭り

玉光神社では、二〇一七年現在、毎月八日の感謝祭、二十三日の月次祭の他、一月一日元旦祭、同十一日根府川道場祭、同二十九日準教祖祭、二月三日節分祭、四月八日春大祭、同二十五日教祖祭、五月十五日地主大神大祭、七月十六日救霊祭、九月十九日大御子神大祭、同二十三日中祭、十月二十二日御本宮前日祭、同二十三日御本宮大祭が斎行され、式典後、宮司講話が行なわれている。

(13)今なんとなく調子がよくない

著者は一九四八年に東京文理科大学哲学科入学前後より、学問研究、論文執筆、学会発表、宗教的修行の他、玉光神社の宗教法人認証取得、経典制定、東京都三鷹市の神社社殿建設、香川県小豆島玉光神社本宮建設、信者の指導、アメリカ、インド、イギリス等への研究と講義のための旅行等、多忙に過ごしていた。七二年のＩＡＲＰ設立、九二年のＣＩＨＳ設立開校よりは、玉光神社・ＩＡＲＰ・ＣＩＨＳにおける諸活動も多忙であったが、その中で、科学者・宗教者・教育者としての、東西宗教の統合理論を自らの神秘体験に基づき確立すること、及び東西医学の統合のための微細エネルギーの研究を、生物物理学、生理学、電気生理学、解剖学、数学、統計数学、微積分学等を研究し、実験機器を発明し実験方法を確立することによって推進していた。九二年CIHS開校以後は、年に二回のCIHS出張の他、世界各国への講演旅行、宗教者としてのお祈りの旅行が度重なり、癌その他の病で入院・手術を受けることも重なった。著者の活動の概略は、『本山博年譜』（宗教心理出版　二〇一〇・十二）、本山博『思いつくままに――ある科学者・宗教者・神秘家の記録』①②（宗教心理出版　二〇一三・三）などを参照してください。

　九九年十月には、二度目のCIHS出張より帰国の後、十月二十二～二十三日の玉光神社小豆島本宮大祭、IARP高松支部講演会（二十四日）、新宗教新聞への寄稿（十一月）、IARP特別クラス（十一月三日）、MIHS講義（「カルマ論」十一月四日～十二月十九日）、IARP秋の公開講演会（十一月二十日・東京）、IARP大阪支部講演会（十一月二十八日）、DHM講義（十二月十六日）、十一月、十二月の八日、二十三日の玉光神社感謝祭と月次祭出仕と式典後の講話、CIHSインターネット通信講義（「カルマと再生」）等を行っていた。しかし翌二〇〇〇年一月にはCIHSでの講義のため、十一日の根府川道場祭を終えた十七日、アメリカへ出発している。（著者の活動の概略は、『本山博年譜（一九二五～二〇一〇）』（宗教心理出版　二〇一〇・十二）、本山博『随筆集　思いつくままに』①②（宗教心理出版　二〇一三・三）などを参照してください。）

主なニュース

〈国際情勢〉

二十世紀最後の年も次の世紀に向けたいろいろな出来事が起きた。北朝鮮の金正日総書記が中国電撃訪問や南北首脳会談開催で国際舞台に登場して新たな局面に入り、台湾では民主化推進の李登輝総統の後に「台湾独立」派の民進党、陳水扁・前台北市長が総選挙に勝利し半世紀の国民党統治に終止符を打った。米国の大統領選は投票日から一カ月以上過ぎても勝者が決まらない異常事態の後ブッシュ候補がゴア候補に辛勝した。ユーゴスラビア連邦のミロシェビッチ政権が大規模民衆蜂起で崩壊し、東欧唯一の旧社会主義政権に終止符が打たれた。

〈国　外〉

・露大統領にプーチン氏当選　(三月二十六日)
・朝鮮半島で初の南北首脳会談　(六月十三日)
韓国の金大中大統領と北朝鮮の金正日総書記が会い、第二次大戦終戦に伴う半島分断後初の歴史的な「南北首脳会談」がなされ、「南北共同宣言」が両最高指導者間で初めて署名、南北関係は画期的な転換点を迎えた。
・パレスチナ騒乱で中東和平プロセス危機　(七月二十五日)
・韓国の金大中大統領にノーベル平和賞　(十月十三日)
・アメリカ大統領選、歴史的大接戦で混乱　(十一月七日投票)

〈国　内〉

・小渕首相が病に倒れ、森・自公保連立内閣が発足　（四月五日）
小渕首相が脳梗塞で緊急入院こん睡状態に陥り、早期回復は困難との判断から青木官房長官の決断で内閣総辞職。自民党は森喜朗幹事長を総裁に選出、衆参両院で首相に指名され、自民、公明、保守の連立内閣が発足し、小渕政権を引き継いだ。
・三宅島噴火で全島民が避難　（七月八日）
山頂直下での地震が続いていた伊豆諸島・三宅島の雄山が山頂火口で噴火し、百四十三人が避難した。
・沖縄でサミット開催　（七月二十一日）
・白川英樹氏にノーベル化学賞　（十月十八日）

二〇〇一年（平成十三年）

世界の動きと魂の成長

二〇〇四年にかけての政治・経済の混乱と、危機

それでは例年のように、今年あるいは来年、再来年、あるいはそれよりもっと先について、神様にお伺いしたことをお話ししましょう。

――元旦にはいつも、その年々、あるいはそれから先がどうなるかというご神言を皆さんにお伝えしてきましたが、皆さんは覚えているのかな。聞いても、すぐ忘れる人もいるのかもしれない。京都の木下さん[1]は、自分の仕事が経済と常に結びついているから、経済の動きがどうなっていくかということがいつも気になるようで、ご神言に合わせて自分の、百億か二百億かの会社のいろいろな経営の仕方の計画を立てられるようで、それで、「やはりご神言のとおりになりましたわ」というふうに言われるのが癖ですけれども、皆さんからはあまり聞いたことがないですね。

初めに、これはもうずっと、二十年も前ぐらいからのように思われますが、(2)

『二〇〇四年頃には一つの危機が起きる』

というご神言がありました。

実際、今、地球の上では農業用水が足りなくなってきたみたいですね。食糧が頭打ちになって、人口が増えてきた。日本のような国では、現在餓死をする人もないし、食べ放題に食べられているのだけれども、食べる物を輸出できる国は今のところもうアメリカだけになったわけですね。それで、中国とかアメリカ、アフリカでは砂漠がだんだん増えてきて、農地が減ってきているわけです。

ですから、これから先、実際に食べる物や、あるいは水が不足すると人間はたちまちにして生きられないようになるから、農業用水が足りなくて生産が出来なくなる、食糧が減ると、――日本は食糧のおおよそ七〇パーセントを輸入に頼っていて、米だけが自給できるようですから、やはり今のように食べ放題に食べるということは、あと四、五年もしないうちにできないようになるかもしれない。

ですから、そういう意味で、あと四年、五年の間にいろいろな問題が起きるかもしれないと思うのですが、要するに腹八分にして皆がそれで満足をすればいいと思うのです。そういうことが、どうもこれからの四、五年ないし十年のうちには起こりそうですね。

今年戴いたご神言の初めは、

『二〇〇一年から二〇〇四年にかけて、経済とか政治に混乱が生じる』(3)

というご神言ですから、二〇〇一年になったからといって、アメリカやヨーロッパのいろいろな政治の状態が格段によくなるということは、どうも考えられないようですね。

水、食糧の不足

次に、

『水と食糧が不足する。そして、それに対する争いのようなものが起きる』(4)

というご神言ですが、皆が食糧を食べ放題にしなければやっていけると思うのです。そういう自粛がだんだんに必要になってくるだろうということ。

アフリカ、中国での争い

次に、

『アフリカと中国で争いが起きる』

というご神言ですけれども、どういう争いが起きるのかは、はっきりしたご神言はありませんでした。ただ、アフリカ、中国で争いが起きるということ[5]。

中国というのは、これは一つの考えですけれども、民主主義あるいは資本主義というのが、社会主義あるいは共産主義的な考え方、いわゆる唯物的な考え方をひっくり返すような動きが表立ってくるのかもしれない。例えば気功の問題にしても、今中国の政府は弾圧に転じているが、それでもいわゆる気功人口、あるいは道教に関する宗教的な動きがだんだん盛んになってきていますから、そういう意味での争いが起きるだろうと思うのです。

中国にとっても、ここ二、三年は大きな社会的な問題が起きるようです。

——悪いことばかりのようですけれども、後でいいご神言が出てきますからね（笑）。

病気の蔓延

四番目は、

『エイズ等の病気が蔓延って、多くの人が死ぬ[6]』

これは、東南アジアやアフリカでは、今、三千万人、四千万人という人がエイズにかかって次々と死んでいるみたいです。こっちへ来ないように防ぐ何か手立てがないといけないが、今のところ決め手がないみたいですね。皆さんもそういう意味では十分に気をつけてほしいと思います。

先進国における一般民衆の生活

『先進国の一般の民衆は、変わらない、恵まれた生活を送れる』

ということですから、後四、五年か十年か分からないけれども、まあ、ひと安心だと思うのですけれどもね。実際には、アフリカとか中国、インドでは、毎年、全体で二千万ないし三千万人ぐらいの人が餓死をして死んでいるのです。日本のような恵まれたところ、あるいはアメリカのようなところでいると、それが遠い国のことで、自分と関係がないようについ思われるのですが、あるいは身近に水の問題が出てくると、そうはいかないということになるかもしれませんね。

良心の喪失と悪魔的行為の増加――霊性に目覚め、信念に基づいた生活を

もう一つは、今、科学とか物質文明の優勢な時代ですが、

『人間が良心を失って、悪魔的な行為が非常に増える(7)』

ということでした。既にそういうものが増えておりますけれども、もうちょっと増えたのでは困るように思うのです。

そういう意味で、この玉光神社の皆さんに、ぜひ先頭に立って多くの人びとに教えてもらいたいと思うことは、人間は身体だけではなくて、魂がその本来の存在の根源であり、魂があってはじめて身体も出来ているわけだから、人間にとって霊性に目覚めることがどんなに大切かということを伝えて、わかってもらってほしいと思うのです。

そういう運動、ないしは、皆さんが日頃の生活のなかで、人間は身体や物だけで出来ているのではなくて、魂こそが本来の人間の根本的な存在で、それによって身体も出来ているということを、自分のまわりの人びとにわかってもらえるようにしてほしい。長い間かかって私たちはそれを研究と実践をとおして実証してきた(8)わけですから、人間にとって霊性の開発というのが非常に大事だと思うのです。

そしてこの世はなにもこの世だけで成り立っているのではなくて、霊の世界との共存、あるいは自然との共存で成り立っている(9)わけですから、そういう霊の世界との共存、自然との共存ということを多くの人にわかってもらえるよう、ぜひ皆さんに積極的に努力してほしいのです。

これは宗教というよりは、宗教も含めた、もっと基本的な問題ですね、宗教を含めた。そういうことを、皆さんもっともっと、一般の人びとに伝えてほしい。そしてその信念に基づいた生活を実行して皆に模範を示してもらいたいと思うのです。そういうのでなければ、悪魔的な行為というのがいつまで経っても、だんだん盛んになっていくと思うのです。

エネルギーについて

それから、エネルギーについては、以前からご神言がありましたけれども、『石油に代わる新しいエネルギー、水素エネルギーとか、太陽、あるいは風力エネルギーというのが電気エネルギーに替えてだんだん盛んになり、そういう新しいエネルギーを使ったようなものが増えて、今年、来年、ここ四、五年の間にはエネルギーの革命が起きる(10)』というご神言で、これはいいことだと思うのですね。

自然環境は悪化に向かう

それから、

『自然環境は人間にとって悪い状態がだんだんに増える』

というご神言ですけれども、実際には、今、南極圏にはまだ氷がだいぶ残っているようですが、――厚さにして四千メートルぐらいの氷の山が南極にはあるけれども、北極には氷が少なくなったみたいですね。(11) ということは、氷が溶けて、海水の水位がだいたい十五センチか二十センチぐらい上がっているみたいですね。(12)

これはやはり大変だなと思うのです、あと二十～三十センチも水位が上がると。今から一万年ぐらい前から八千年ぐらい前、その頃は自動車も何も走っている時代ではないし、石油を使っている時代でもありませんでしたけれども、その時代にも、約二千年の間に三度ほど気温が上がったらしい（今は約一・五度ほど上がっているらしいから、その倍ぐらい上がったわけですね）。それで、陸地だった所が水没して瀬戸内海ができたし、朝鮮半島とか北海道との間も地続きだったのが離れて海になってしまったわけです。

そういう現象が今もし起きたら、東京都の海に近いところもずっと海の中に沈んでしまうかもしれない。そういうことになったら困りますね。でも、止めようがないみたいですね、今。

しかし神様は、人間に知恵を与えてくださっているから、温暖化を進めているのが、石油の資源を使う、いわゆる化石を使うということで起きているならば、水素エネルギー等の新しいエネルギーを使うようにすれば、空気はきれいになるし、二酸化炭素は出なくなるからそれは防げると思うのです。

早急にそういうことを四、五年の間にしないと、大変なことにならないとも限らない。

良心に目覚め、霊性に目覚めることが大事

では、どうしたらいいかということですが、石油を使ったり、科学のいろいろな道具を使うのは人間の心ですから、やはりまず霊的に成長する、——良心に目覚め、宗教的な霊性に目覚めるということが、これからの二十一世紀、二十二世紀、二十三世紀にとっては一番大事なことだと思うのです。

で、皆さんにぜひそれを実践してもらいたい。他の宗教がどうであろうと、玉光神社の信者は霊的な成長というものを目指してやっていただきたいと思うのです、お蔭信心ではなくて。一人が百人の人を感化できたら、千人の人でも何十万の人に模範が示せるわけですから、ぜひそういうふうに、霊的な成長というものを目指し、良心に目覚めてほしいと思うのです。

九番目のご神言は、

『霊的に目覚めねばならないことを今世紀では多くの人が感じるようになる』

というご神言でした。去年でしたか、世界保健機関（ＷＨＯ）で、スピリチュアリティ、霊性というものを考えないとこれからの人間社会は成り立たないのではないかという提案が、多くの国の代表より出されたということでした[13]が、さらにそういう傾向が強まっていくと思うのです。そういう先駆をなして皆さんに頑張ってほしいと思います、人数は少なくてもね。

各民族の文化、思想の調和へ向けて

次に、十番目のご神言は、

『各国民族の文化、思想に適した資本主義、個人主義、社会主義の調和への動きが生じる』

今は社会主義というのがソ連では壊れてしまったわけですが、それは、人間を身体だけ、物だけというふうに見る、そういう考え方では人間というのは逼塞して生きていけないから、潰れるのは当然のことだったわけです。

中国には伝統的に道教というのがあって、そこに仏教が入って、そういう仏教的なもの、あるいは道教的なものが、いわゆる気功のような心身の鍛練法を生み出し、盛んになってきた。そしてその修行法が進むと、次には霊的なものを十分に自覚できるような人が増えてきた。

ところが、今、何百万人あるいは何千万人の人が気功をやり、霊的な自覚をもった人が多くなってくると、中国政府は今度はそれを弾圧し始めたわけです。(14) 中国では共産主義といっても、非常に宗教的な、道教を基盤にしたものの考え方が伝統としてあり、それが今でも何らかの形で続いているのだと思うです。今、中国では資本主義的なものを入れつつある、しかしそれもまた、中国の文化とか形でないと根付かないだろうと思います。日本は日本で資本主義を入れているけれども、一律のアメリカ流の資本主義というのではなくて、日本流の資本主義ですね。

そのように、これからは中国とかいろいろな国、ヨーロッパにはヨーロッパに適した資本主義とか個人主義というのが、ここ五、六年、十年、二十年の間にだんだん形成されて、個人主義とか物質主義とかというものと、良心、あるいは宗教、社会というものとの調和の動きがだんだんに起きてくる。

二〇〇四年の各民族の文化・思想の違いに基づく争いと、アメリカの国力の翳り

ただ、二〇〇四年というのが、そういう科学とか物の面と、資本主義と、いわゆる霊性といいますか、人間存在の魂の目覚めとの間の相克が起きる年なのでしょう。だいぶ前から、

『各民族の文化や思想がそこでいろいろな争いになる時期が二〇〇四年頃に起きる』

というご神言がありますので、そのときに戦争にならないように、皆さんでよくお祈りをしたいと思うのです。

戦争になる可能性もあるわけですからね。

十一番目は、戦後、アメリカが世界の指導者、警察の役目をして、いろいろな意味でヨーロッパもアジアも引っ張ってきたわけですが、

『アメリカの翳りが今年から始まるだろう』(15)

ということ。ですから、日本は今までアメリカ一辺倒でやってきたわけですが、ここをやはり変えていかないと、日本独自のものを作っていかないと、いけないと思うのです。

天変地変について

一番お終いは、天変地変について伺いましたけれども、地震はいろいろな所で起きますけど、大地震が起きてどうこうということはないようです。
『伊豆諸島の地震がだいたい三月頃には収まって、その後、皆、島民が帰ることができる』(16)
というご神言ですから、これはいいことだと思います。

欲望のコントロールと、霊的な成長を

一番困るのは、水や食糧が不足して、食うために戦争をするということですね。五十年前の大東亜共栄圏というのも、日本の人口が増えて、国土が狭い、食べる物が足りない、石油が足りないというので、ヨーロッパの植民地主義を或る意味では真似るような形になって、大きな戦争に発展したわけですが、世界中で水や食糧が足りなくなったら、そんなことではすまないようになってしまいますね、地球的な規模でそういうことが起きるようならば。皆が食べ放題に食べたり、水を節約しなかったり、電気やエネルギーを使うということをこれからはだんだんにコントロールして節約しないとやっていけないようになる。

五十年前には私も特攻隊に入って、戻ってみたら国中焼け野原で、一生懸命に働いて今の日本を我々の世代で盛り立ててきたように思うのですが、その頃は食べる物ももちろんなかったですね。白いご飯の握り飯というと涎が出るほど欲しかったけれども、それが腹一杯に食えるようになったのは昭和二十六、七年頃になってからですね。いつも腹が減っていた。ご飯を食べるとなんか腹が減ったような気がするのですよ。ご飯を食べない前は一種の断食の状態みたいで胃がしぼんでいたのだけれども、ご飯を食べると膨らむから、もっと欲しいから腹が減ったような気がしていました。

そういう時代にはならないと思うのですが、皆が、自分で自分の欲望をコントロールしないとやっていけなくなると思いますね。

――CIHSのある南カリフォルニアから日本に戻ると、ときどき、小人の国へ戻ったような気がすることがあります。アメリカでは女の人も男の人もともかく大きい人が多い。そして私たちのだいたい三倍は食べる。ほんとにあんなに食べる必要があるのかと思われます。

アメリカ人の生活を見ていると、名誉も大事、成功も大事だけれども、お金が入って、あとは、あっちこっち車で旅行をして、食べ放題にいろいろな物を食べるというのが人生の目的の一つなのかなと思われるときがあるほど、もう、食べて食べて食べるからブクブクと肥えちゃって、一人車に乗ると車がかしぐような（笑）、百キロ、二百キロぐらいの人がいっぱいいるわけですね。日本人の体重はその半分ぐらいでしょう。

そういうアメリカだけは今食糧がいっぱいあって、輸出ができる唯一の国なのです。しかしあれは見習っちゃいけない、日本は食糧が足りないのです。ですから、腹八分でコントロールして、皆で自分の健康に気をつける。そして霊的に成長するということが、次の十年、二十年の間の一番大事なことだと思います。

そういうふうに人類全体が目覚めるように努力しようという動き、現状ではどうにもならないから改めていこうという動きがこれから出てくると思うのです。そういうものをぜひ皆さんに率先して実践し、模範を示してもらいたいと思います。人数は少なくても、そういう人がだんだんに出来てくれば、世界中に拡がっていくと思うのです。

それでは、年頭のご挨拶はこれで終わります。

（玉光神社機関紙「光の便り」第一四八号）

註

（1）京都の木下さん

玉光神社会員木下信義氏（一九二五〜二〇一一）。玉光神社総代、ＩＡＲＰ関西支部長、ＩＡＲＰ各年年次大会実行委員長、「本山博先生古稀祝賀会」実行委員長、ＣＩＨＳ建設委員会副委員長などを歴任し、信仰と坐行に励みつつ、著者の諸活動を大きく支えた。社会的には、モリカワ商事株式会社代表取締役社長・同会長、京阪スタンダード商事（株）、ハービー工業（株）、（株）ホンダ・オート・モリカワ、（株）オイルロード各社を設立、各社の取締役社長・会長を務め、京都府石油商業組合、京都府石油協同組合、社団法人全国石油協会、全国石油連合会、京都経済同友会その他の理事長、幹事等を務め、九五年には勲五等双光旭日章に叙せられた。

（2）二十年も前ぐらいからのように思われますが

「一九九六年」の註（4）を参照してください。

（3）『二〇〇一年から二〇〇四年にかけて、経済とか政治に混乱が生じる』

二〇〇一年以降の、「主なニュース」を参照してください。

（4）『水と食糧が不足する。そして、それに対する争いのようなものが起きる』

世界で大規模な水不足が広がっており、旱魃や地下水の減少で農業用や飲み水が十分に得られなくなっている。例えば黄河では一年の半分は河口まで水が流れなくなり、アラル海（中央アジア西部、カザフスタンとウズベキスタンにまたがる世界第四位の大きさの塩湖）では水量が1／3に減少し、塩分濃度が上がり、塩害で農業は壊滅的な打撃を受けている。世界の人口増加に伴い、食糧を増産するために大規模な灌漑農業を行なったために、アメリカやインドでは地下水が枯れて十分な農業用水が得られなくなり、農地が減少しつつある。世界の食糧生産の四割以上を支えている灌漑農業が生産量を維持することは難しくなり、世界的な食糧不足は避けられないと言われている。さらに、いくつかの国際河川では、上流での水需要の増大のため下流で水が枯渇しはじめて国家間の紛争が起きている。現在のアメリカとメキシコでのリオ・グランデ川、インドとパキスタンでのインダス川での水紛争の他、ナイル川、ガンジス川、チグリス・ユーフラテス川などでの今後の紛争が予想されている。

世界の水不足は、人口増加に伴う飲用水、食糧増産のための水、途上国の経済発展に伴う工業用水他の水需要量の増大のために、二〇二五年には世界人口の三分の二が水不足になるとも言われている（高木善之監修　地球環境ファミリーシリーズ『地球は今』第七巻「不足する水資源」（栄光教育文化研究所　一九九九・二）

(5)アフリカ、中国で争いが起きるということ

コンゴでは、二〇〇一年一月十六日、ローラン・カビラ大統領が護衛兵に撃たれ死亡。一月二十六日に長男ジョゼフ・カビラが後任大統領に就任した。

中国では四月一日、米海軍の偵察機が中国軍機と接触し、中国南部海南島飛行場に緊急着陸する事件があった（海南島事件）。

(6)『エイズ等の病気が蔓延って、多くの人が死ぬ』

WHOと国連合同エイズ計画（UNAIDS）は、二〇〇一年末時点でのHIV感染者／AIDS患者は四千万人に達し、〇一年中に五百万人が新たに感染したという推定を発表した。また、感染者の男女差はほとんどなくなり、〇一年には三百万人が死亡したと推定した。

日本では〇一年九月、千葉でBSE（牛海綿状脳症〈狂牛病〉）の疑いのある牛が発見され、その後神奈川、北海道、熊本でも確認された。

〇二年には、中国広東省で発症したSARS（新型コロナウィルスによる急性呼吸器症候群〈中国肺炎〉）はその後主として中国で増加、WHOの〇三年七月十一日の報告によると、SARS発症例は中国本土で五千三百二十七人（うち、死者三百四十八人）、香港五十五人（同二百九十九人）、世界総計八千六十九人（同七百七十五人）となっている。

(7)『人間が良心を失って、悪魔的な行為が非常に増える』

この年、世界に衝撃を与えた事件としてまず挙げられるのは、九月十一日、アメリカ合衆国で起きた、同時多発テロ事件であろう。モハメド・アタを中心とするアラブ系グループによって、ほぼ同時にハイジャックされたアメリカの旅客機四機のうち二機がニューヨーク・マンハッタン世界貿易センターのツインタワーの北棟と南棟とにそれぞれ突入、他の一機はバージニア州アーリントンのアメリカ国防総省本部庁舎（ペンタゴン）に突入、一機はペンシルベニア州ジャンクスビルに墜落、犠牲者総数は三千人を大きく上回った。アメリカはこの事件の報復として、アフガニスタン紛争(二〇〇一〜一四)、イラク戦争(〇三・三)を行なった。

日本国内では広島家族三人放火殺人事件、徳島淡路父子放火殺人事件、弘前支店殺人・放火事件、大津市身体障害者リンチ致死事件他多くの陰惨な殺人事件が発生した。六月八日、大阪府池田市の大阪教育大学付属池田小学校では、校内で児童八人が出刃包丁で殺害され、児童十三人、教諭二人が傷害されるという凄惨な無差別殺人が起きた。

(なお、イラク戦争は〇三年三月二十日、アメリカのイラク首都バグダッドへの空爆で始まり、〇三年五月十一日にアメリカ、ブッシュ大統領は大規模戦闘終結宣言を行なったが、オバマ大統領による治安維持を目的とした駐留部隊撤退が全て完了したのは一一年十二月八日である)

(8)私たちはそれを研究と実践をとおして実証してきた

「研究をとおして実証した」とは、著者の、六十年余りの、宗教心理学研究所における研究を指す。人間を身体、心(意識、無意識)、魂(物理的空間をこえて存続する精神的存在)の多重次元の存在の統合体とみなし、身体については、①西洋医学的生理学、解剖学、分子生物学からの研究と、②東洋医学的生体エネルギー医学による研究を行なった。心については、大脳生理学によって明らかにされつつある意識作用(知覚、認知、思考、記憶、感情、志向等の諸作用)と大脳の各領域の諸作用との関連を研究し、さらに心と脳との関係について研究、心的作用(意識、無意識)は脳の作用に還元されるかされないか、心は脳と相互作用しながら働くのか、あるいは脳とは別の次元の存在であるのかどうかを研究した。この研究領域で、超心理学、即ち、物理的時空に制約されないで働くＥＳＰ、ＰＫの研究が行なわれた。ヨーガ等の瞑想をとおして、クンダリニーやチャクラが物理的時空の制約をこえた次元で働くようになる過程は、生物物理学的方法を用いて調べられ、身体的エネルギーと精神的エネルギーとの相互作用のメカニズムを実験的に明らかにする研究を行なった。

さらに、宗教的な行をとおして目覚めた、物理的法則に制約されない魂、神我の超意識の本質、作用を明らかにし、超意識が、物質、身体、意識に働きかけるメカニズムを明らかにして、「身体・心・魂からなる多重次元の存在の統合体としての人間観」を科学的、体験的に明らかにした。

「実践をとおして」とは、厳しい宗教的行の実践と、それによって目覚めた神我の超意識の世界からの、数万ないしは数十万に及ぶ人々への指導が含められている。

(9) 霊の世界との共存、あるいは自然との共存で成り立っている

『玉光神社十五条の御神訓』第十二条には、

『人　自然　霊と霊界との調和において　人の世は成り立つ』

と示されている。

(10)『エネルギーの革命が起きる』

化石燃料・核燃料・水力など従来の主なエネルギー源に置き換わるものとして、太陽光発電、風力発電、バイオマスエネルギー利用、雪氷熱エネルギー、温度差エネルギー利用等の再生可能エネルギーの開発が進められている。再生可能エネルギーは、地球温暖化対策の面からも先進国を中心に需要がさらに拡大することが見込まれる。

(11) 北極には氷が少なくなったみたい

北極海の海氷面積は例年二～三月に最大、九月に最小になるが、一九七九年以降減少傾向を示している。年最小値も七九～二〇一六年に9・2（7・6～10・8）万平方メートルの減少となっており、この値は北海道の面積にほぼ匹敵する。（気象庁）

(12) 海水の水位がだいたい十五センチか二〇センチぐらい上がっているみたい

気象庁によると、一九〇一年から二〇一〇年の期間に、世界平均海面水位は〇・一九（〇・一七～〇・二一）メートル上昇した。

(13) 去年でしたか、……代表より出されたということでした

一九八三年にWHOの第一〇一回執行理事会で、従来広く受け入れられていた健康の定義に、「スピリチュアルな健康」を加える提案がなされ、九八年六月に、国際的比較検討調査が立ち上げられた。結局は二〇〇〇年の総会において理事会からの提案は採択されなかったが、これを契機にして、日本では医療の現場でもスピリチュアル・ケアが注目されるようになってきた。

(14) 中国政府は今度はそれを弾圧し始めた

一九九二年以降、爆発的に増え続けた法輪功学習者の数を警戒した江沢民は、九九年七月二十日、邪教であるとして弾圧を開始した。（法輪功とは、道教と仏教の思想を根底に併せ持つ気功）

(15)『アメリカの翳りが今年から始まるだろう』

九・一一事件の後、アメリカは「テロとの戦い」を唱えてアフガニスタンとイラクに侵攻した。イラク戦争の場合、世界的な反戦運動と独仏の反対を押し切って強行され、アメリカ国益追求のための単独行動主義として、欧州連合（ＥＵ）諸国のアメリカよりの自立化の傾向、Ｇ８（主要８カ国首脳会議）に代わるＧ20（先進国に新興国を加えた主要20カ国）の開催、南アメリカ諸国における反米、または対米自立政権の相次ぐ成立を招き、グローバル経済の競争のもとでのアメリカ経済の相対的弱体化、政治的威信にも翳りが見え始めた。

(16) 皆、島民が帰ることができる

二〇〇〇年の噴火によって、〇〇年九月二日から全島民が島外へ避難した。火山灰を伴う噴火活動は、〇一年に八回、〇二年に七回観測されたが、〇三年三月二十八日以降はしばらくは起きず（〇三年はこの一回のみ）、火山活動は全体として低下し、火山ガスの放出量は減少してきたが、依然として大量のガス放出が続いていた。三宅村村長は、村民の「帰島に関する意向調査」結果及び火山噴火連絡会統一見解等を踏まえ、〇五年二月に避難指示を解除し、村民の帰島を実施したいと都知事に要請し、〇五年二月一日午後三時避難指示が解除された。

著者は折につけ、「ご神言顕現の時期のずれ」に関して以下のように話していた。

「ご神言のあった事は必ず実現する。しかしその時期はご神言の時期とずれることがある。『物のもつ力』の抵抗が強い時には、ご神言の顕現が遅れることがあるが、ご神言の内容そのものは、必ず実際に顕れる。」

〇〇年の三宅島噴火活動は〇一年、〇二年、〇三年と低下へ向かったが、全島民の避難指示解除は〇五年二月までずれ込んだ。著者はこの講話の初めに「今年あるいは来年、再来年、あるいはもっと先について、」とも述べている。

主なニュース

〈国際情勢〉

九月十一日の米国同時多発テロは、国際情勢に最も大きな影響を与えた衝撃的出来事であった。ウサマ・ビンラーディンを首謀者とするアル・カーイダの無差別テロは、開かれた政治経済体制、あらゆる文明・人種・宗教への挑戦・攻撃であった。これは米国を始め、各国の外交政策に変化をもたらした。南アジア・中央アジア周辺国と米国の緊密化、米露関係緊密化の流れの維持、、軍用機接触事故等で一時冷却化の米中関係改善も見られた。国際テロに口実を与える貧富の格差等が生じたグローバル化進展の「陰」を解決する必要性も露わになった。

〈国　外〉

・ジョージ・W・ブッシュ米大統領が就任　（一月二十日日）

・タリバンがアフガニスタンのバーミヤン大仏破壊　（三月十二日）

・米国で同時テロ　（九月十一日）

四機の旅客機が乗っ取られ、二機がニューヨークの世界貿易センター・ツインタワーに激突して二棟とも崩壊、ワシントン郊外の国防総省にも一機が突っ込み炎上、残る一機はピッツバーグ近郊に墜落した。ブッシュ大統領は米国が国際テロ組織との戦争状態に入ったとの認識を示した。パウエル国務長官はイスラム原理主義指導者ウサマ・ビンラーディンを事件の主要な容疑者と認めた。

・国連とアナン事務総長にノーベル平和賞　（十月十二日）

〈国　内〉

・小泉内閣が発足　（四月二十六日）

森内閣が総辞職し衆参両院は自民党の小泉総裁を首相に選出した。外相に田中真紀子・元科学技術庁長官を抜擢するなど女性閣僚が過去最多の五人、若手や民間人も大幅に登用、従来の派閥順送り型人事を排した内閣が発足した。

・国内初の「狂牛病」感染牛　（九月二十二日）

農水省は千葉県で「狂牛病」に感染した疑いのあった乳牛を、正式に狂牛病感染と発表した。

・野依良治氏にノーベル化学賞　（十月十一日）

二〇〇二年（平成十四年）

人を憎まず、人によいことを願うように

二〇〇一年のご神言から

去年はアメリカでの同時多発テロという、大きな事件がありましたので、去年、それに関連するようなご神言があったかどうか、今朝改めて、二〇〇一年の元旦の記録を見てみました。すると、

『悪魔的行為が増加する』

というふうにご神言が書いてありましたが、あのテロ事件そのものについては、『何月何日、どんなことが起こる』というふうにはご神言は書いてありませんでした。

『二〇〇一～〇四年にかけて経済、政治に混乱が生じる』

『悪魔的行為が増加する』

『アメリカと中国で争いが起きる』

『アメリカの翳りが始まる』

というふうに書いてありました、忘れていたけれども。

今年のご神言——よい事と悪い事とが

今年は戴いたご神言が十三ほどありますが、皆さんに伝えてもいいと思われることだけ言うことにして、後は言わないことにします。ご神言は、よいことと悪いことが入り混じっていますが、でも、まあ、感じとしては、日本は今経済的に危機だと言われているけれども、今年の夏以降、暮ごろになったら、ちょっといいことが起きるように思うのですけれどもね。「思う」のではなくて、そう思うのですけれども。ですから、そんなに悲観をしなくてもいいと思います。

ただ、

『地震が夏ごろに起きるかもしれない[1]』

ということで、富士山に何か異変が起きるかもしれないから、夏ごろは気をつけておいた方がいいですね、静岡とか愛知、神奈川の辺は。東京はそう大したことはないと思いますが。

『物の豊かさに翳りが生じて、だんだん、人間が魂の方に心が向いてくる。悪魔的な行為もまたあるけれども、心や魂について考える方に向いてくる』
というご神言ですから、去年よりはましですね。去年は、『悪魔的なものが増える』
というご神言でしたから。

局地的な原爆使用の可能性

それから、次があまりよくないのですね。どこで起きるか、
『局地的な原爆の何かが起きるかもしれない(2)』
それは困ったことですね。でもそれは、世界戦争にはならないから、そういう意味
では心配ないと思うのですけれども。

憎しみの心には悪魔が入りやすい

それから、
『激しい憎しみを抱く者は、宗教者であっても、普通の人であっても、宗教であっ
ても、国家であっても、悪魔の手先になりやすいから気をつけなければいけない。宗
教とか国とか、そういうものの憎しみによる争いは、二〇〇四年ぐらいまでは続く』
というご神言ですから、困ったことですね……。

ナノテクノロジーの発達と、魂、命についての反省

次は、

『科学のナノテクノロジーといいますか、そういうものが発達して、新しいエネルギー、水素エネルギーとか他のいろいろなエネルギーをうまく使えるようになる』みたいですね。

それから、

『クローン人間その他のことで、魂とか命とかというのはどういうものかということを、皆が真面目に考えるようになる気運がだんだんに育ってくる』

これはいいことだと思うのです。

国家間の貧富の差の増大と地球規模での経済的混乱、テロの増加

次の問題は、これはあまりよくないことですが、

『資本主義による貧富の差が、国と国との間の非常な格差を生み、経済的混乱が地球規模で生じるようになる』

今アルゼンチンで経済格差によると言われる政治的混乱が起きていますけれども、[3]ああいう混乱が、もっといろいろな所で起きるようになると、

『国連の機能が今よりもさらに強化される』

という ご神言のようにならないと、収まらなくなると思うのです。そういうふうにだんだん向いていくみたいですね。

テロに関しては、

『テロがさらに生じる(4)』

これがはなはだまずいですね。日本でも、今のところアメリカにおけるテロ事件のようなものは起きていないけれども、今年、来年にそういうことが現実に日本の中でも起きないといいと願われますね。

アジアの政治・経済圏の台頭と日本

よいこととしては、

『アジアに政治・経済のブロックが生じ、欧米ブロックに対抗しうる勢力となる』

というご神言でした。

カナダ・アメリカ・メキシコで一つの政治・経済ブロックができたと同じように、アジアにもできる。ソ連にもできるが、ソ連は弱いですね。カナダ・アメリカ・メキシコと、アジアと、いわゆるヨーロッパ連合、この三つの大きなブロックができて、それに乗り遅れた他の地域ではだんだんに貧富の格差が激しくなって、いろいろな争いが生じる原因になるけれども、来年、再来年の間に世界戦争、世界的な核戦争のようなことが起きることはないでしょう。

それから、

『日本では、夏、経済とか政治に変化が生じる』(5)

どういうふうに生じるかは具体的には仰せになりませんでしたが、夏ごろにそういう変化が起きるということです。

他の星との宇宙的交信の可能性

それからもう一つ、おやっと思ったのは、今地球は国とか民族とかの単位でいろいろなものを考えているわけだけれども、神様は宇宙を創られたわけですから、宇宙的な規模でいろいろなことが今あちこちで起きているようです。

『冬至の地球の位置からみて、南と西の方向に、地球にあまり遠くない、光の速さで一年か二年の範囲内の所で、他の星にも人間のようなものがいて、数年の内に宇宙的交信が始まるかもしれない』(6)

というご神言ですから、これはおもしろいですね。

他の星の世界にも霊の世界はあって、行に入って神様にお会いできるようになると、そういう霊界の人たちと会うことはありましたね、今まで何十年かの行の間に。そういう話を今まで時にはしたことがあるように思いますが、おもしろいですね。皆も会えるといいですね。

本年は、以上のようなご神言でした。

思う心のエネルギーは相手に伝わる（ＰＫテスト実験結果から）

ですから、今年、皆さんに生活する上で注意してもらいたいことの一つは、

「憎しみをもたない」

ということですね。憎しみをもっている心には悪魔が入りやすいですからね。そして、憎しみをもたれた人も幸せにはいかないし、憎しみをもっている人は、心が病気でなく健康であっても、悪魔になるわけだから、そういうことにならないようにね。

去年の十一月から十二月ぐらいにかけて、十一人ぐらいの人に被験者になってもらって次のような実験をしました。

まずその人たちをみて、この人はどのチャクラが目覚めているか、目覚めかけているけれどもまだ十分目覚めていないか、全く目覚めていないかという、三つのグルー

プに分けました。チャクラというのは、人間の肉体が死んでもその霊体がもっているエネルギーのセンターのようなものです。人間の肉体でいえば、脳とか、あるいは腹腔神経叢というふうな、人間の身体をコントロールする情報系のセンター、そういうのが霊の身体にもあるわけですが、それが目覚めてくると光の輪のようになってみえるので、「光の輪」（チャクラ）と呼ぶわけですね。キリストの場合は復活された時には心臓のチャクラの光がパーッと出ているし、仏像で言えば、頭のチャクラが目覚めていると頭の後ろから光が出ている。お不動様のようにクンダリニーが目覚めていると、火がずーっと身体の後ろに出ている、ああいうふうなのがみえるのです、みる人がみますとね。がらんどうの目では見えないのです、目の前のものしか見えないのですね。

　ところが、そういうのがみえるようになったその目で、「この人はどのチャクラが目覚めている」「この人は半目覚めでまだ本当に目覚めてはいない」「全く目覚めていない」というふうに三つのグループに分けて、私がその人たちのチャクラに力を送ると、その人たちのチャクラにどんな変化が起きるかを、そのチャクラに関連した経絡機能の働きの変化で捉えるという実験[7]をしてみたのです。もちろん、いつ力を送るとか、テストのやり方は一切教えない。また、データをとる場合も、測る前にゼロ点で電位差が少しでも出ていないかどうかいろいろ調べた上で、五秒に一回ずつ、各経絡の井穴で電位を測定していき、力を送るとか、いつ送るとかを被験者に知らせないで実験をしたのですが、おもしろい結果が出たのです。

私が「この人はマニプラが目覚めている」とか「アナハタが目覚めている」とかと言った三人は、私がエネルギーをそのチャクラに送ると、途端にデータに変化がみられました。たとえば「マニプラが目覚めている」人にマニプラに力を送ると、マニプラに関係のある脾経とか肝経、胆経、胃経、八兪経、膈兪経、そういうところのエネルギーの値がずーっと増えるのです。特に或る特定の経絡のエネルギーも増えるが、経絡全体のエネルギーもまたずーっと増えるのです。そして全経絡のバランスがよくなる。

ところが「目覚めかけている人」という四人は、おもしろいことに、私が力を送ると、全体としてはエネルギーの値が増えることは増えるのだけれども、各経絡別にみると、エネルギーが減る経絡の数の方が多い。特に「目覚めかけている」というチャクラに関係のある経絡で減るのです。全体としては少し増えるのだけれども、チャクラに関係のある経絡では減るのです。

というのは、或るチャクラが目覚めかけているが未だ目覚めていない場合は、霊的なエネルギーをそこに送り込んでも、それを受容して気のエネルギーに転換することが十分にできにくいのですね。抵抗するのだと思うのです。ですから、そこでは減るのです。

これに対して一般の人、目が覚めていない人、つまり「チャクラが目覚めていない人」では、増えるのと減るのとが同じぐらいであまり変わらない。

こういうおもしろい結果が出てきたのです。

全体としては、Aクラス（目覚めた人）が一番急激に増える。確率で言うと、そんなにたくさん増えるのは一億分の一回も偶然では起きないというような増え方で増えてしまうのです。しかし普通の人の場合でも、確率という点でみれば有意な差は出ないのだけれども、全体としては増えてはいるのです。

ということは、「どうぞこの人が幸せになれますように」、「この人が健康になれますように」と、自分の子どもなり主人なり周りの人、困っている人なりに思ってあげるだけでも、お互いに影響をしあうということなのです。つまり、自分が、たとえチャクラが目覚めて大きな力が出るようになっていない普通の人であっても、誰かに「健康になれますように」とか「幸せになれますように」と思ってあげるだけで、自分がそう思う心のエネルギーというのは相手に伝わっていくのです、たとえ少しであっても。

相手によい事を願う心には神様の力が入りやすい

ですから、そういう心がけで毎日を生活してもらいたい。

あるいは自分の仕事をする時に、「この自分の仕事が人の役に立ちますように」というふうにお願いをして仕事をすれば、――今ここに臼田君[8]がいるけれども、たとえば臼田君が漢方薬を作るときに、「この薬がよく効いて、患者さんが治りますように」と心から念じて薬を作ったのと、ただ事務的に作ったのとでは、きっと、効き目が違うのではないかと思うのですね。

ですから、相手のために役立つようにと思って仕事をすることが大切ですね。そうしているうちに、たとえ僅かであっても、相手はよくなるし、そして「相手がよくなるように」と願っている自分は、「自分だけよければ他の人はどうだっていい」というふうな、小さな心がなくなっている状態だから、神様の力が入りやすいのです。

人を憎まないことですね。人を憎むと、自分が悪魔になるということ。それから、人が少しでもよくなるようにと念じて仕事なりいろいろな行為をする時には、いつの間にか、「自分だけがいい」というふうな自分の心がなくなって、相手も自分もくるんだような大きさの人間に自然になれるわけですね。すると、今まで、「自分だけがよければいい」というふうに思っていた時には、生まれつきもっている自分のカルマ、家のカルマによって、神様の力が一〇入るようなパイプで神様とつながっていたとしても、毎日を人を憎まないで、相手がよくなるようにと思って生活できたら、いつの間にかそのパイプが二〇になり、三〇になって、だんだん一〇〇にまでもなると思うのです。

そうすると自然に、自分の周りやら、自分の身体の健康やら、また、自分の願うことが自然に整ってくるようになるのです。

「自分がこんなに神様にお願いしているのに、整わない」というのは、その人のもっているパイプが、自分のことばかり思っているために、生まれつきは一〇の太さのパイプを神様に戴いていたのに、自分の心がけで五になってしまっているのかもしれない。そういうふうになると、願いが叶うわけはないのです。

どんなことであっても、まず神様のお力を戴いて、それに自分の努力が加わってものができるのだから、自分が小さな自分になってその結果神様のお力が入らないようになれば、ものはできないのです。

神様につながる信仰生活
――「人を憎まない」「人によい事があるよう念じる」

今年はそういうふうに、

「人を憎まないこと」

「人によいことがありますようにというふうに心で念じること」

を心がけてください。それが日常の、神様につながる信仰生活だと思うのです。

これは新年にいい大切な言葉だと思います。この言葉を宝物にして、大事に守ってください。

それでは、今日はこれでお終いにしましょう。

八日の感謝祭がすんだ後で、家内の病気も治りましたし、CIHSのいろいろな仕事がいっぱい積もっていて、ファクスやメールでのやりとりだけでなく、直接に行かないと解決できないような問題も溜まってきましたから、アメリカに行って、四月初めに帰りますが、権宮司がいますから、安心して任せて行きたいと思います。

それでは皆さんご苦労さまでした。どうぞ気をつけてお帰りください。


（玉光神社機関紙「光の便り」第一六〇号）

註

（1）『地震が夏ごろに起きるかもしれない』

二〇〇二年の日本では、震度6以上の地震はなかった。海外では三月二十五日にマグニチュード（M）7・4、死者百六十六人以上を出したアフガニスタン北部地震、バクテーン州東部ではM6・1、千人以上の死者を出した地震が起きている。

（2）『局地的な原爆の何かが起きるかもしれない』

アメリカは、二月十四日（日本時間二月十五日未明）、ネバダ州の地下核実験場で十六回目の臨界前核実験を英国と共同で実施した。この後、六月七日に十七回目の、八月二十九日に十八回目の、九月二十六日には十九回目の臨界前核実験をネバダ州の地下核実験場で行なった。

イランは核不拡散条約（NPT）に加盟していたが、核施設の建設が秘密裡に進んでいることを二〇〇二年に反体制派が暴露、核開発疑惑が表面化した。しかし一九九三年、米英独仏露中との交渉で、ウラン濃縮活動の一時停止を受け入れた。

二〇一七年七月二十七日（木）の「毎日新聞・朝刊」のトップに「〇二年　核攻撃を検討　ムシャラフ元大統領『連夜眠れず』」という大きな見出しで、ペルベズ・ムシャラフ元パキスタン大統領のインタビュー記事が掲載された。インドとパキスタンが八月に分離独立七〇周年を迎えるのを前に毎日新聞のインタビューに応じたもので、「ムシャラフ氏は大統領在任中の二〇〇二年、インド国会襲撃テロ事件後に両国関係が緊張した事態を受け、インドへの核兵器使用を検討したが、報復を恐れ断念したと明らかにした。核保有国のトップが核使用を検討した事実に言及するのは極めて異例。印パ対立が核戦争の引き金になりかねない状況を改めて浮き彫りにした」として、発言のポイントを次のように記している。「・二〇〇二年に核使用の一線を越える可能性があった。しかし、核弾頭の装填の指示はしなかった。・二〇一六年にインドの前国防相が核先制不使用を見直す発言をしたことは非常に危険である。核を使うと言っているに等しい。・(パキスタンの「核開発の父」と呼ばれる)カーン博士から核開発関連装置がイラン、北朝鮮に流れた。それ以外は知らない」。

(3)今アルゼンチンで経済格差によると言われる政治的混乱が起きています

二〇〇一年から〇二年にかけて、アルゼンチン共和国で発生した通貨危機と債務危機のこと(アルゼンチン危機)。〇〇年後半から同国政府債務に対するデフォルト懸念が急激に高まり始め、また大統領の度重なる交代劇などの政治混乱もあり、ついに〇一年末から〇二年初めにかけて「政府対外債務支払いの停止(デフォルト宣言)」や「カレンシーボード制の崩壊(米ドルペッグ制の放棄)」と事態が急激に進展し、同国経済が大きく揺らいだ。

(4)『テロがさらに生じる』

十月十二日、バリ島南部の繁華街クタで、路上に止めてあった自動車爆弾が爆発、向かいのディスコ(サリクラブ)など多くの建物が吹き飛んで炎上し、外国人観光客を含む二百二人が死亡した(バリ島爆弾テロ事件)。犯行声明はなかったが、インドネシア当局は国内のイスラム過激派「ジェマ・イスラミア（Jemaah Islamiyah 略称ＪＩ）」幹部の多数を犯行容疑で拘束した。世界有数の観光地で発生したテロは衝撃を与えた。

インドネシアでは他にも、二〇〇三年八月に首都ジャカルタで米国系の高級ホテルが爆発して十二人が死亡。〇四年には市内のオーストラリア大使館が爆発して九人が死亡。〇五年十月一日、クタのレストランで一人と、ジンバランの海岸レストランで二人が自爆テロを起こし、二十人以上が死亡したなど、外国人や外国施設を目標とした爆破テロが続いて発生しており、これら全てにＪＩが関与したと考えられている。背景には、アメリカやイギリスの進める対テロ戦争（イラク戦争）に対してインドネシア国内での反発があり、表立って反対しない同国政府に対して、市民の不満が募っていることも関連があるとみられている。

二〇〇二年以降一〇年までの世界で起きた大きなテロ事件としては以下を挙げることができよう。

・〇二年十月二十三日、モスクワ劇場占拠事件（チェチェン共和国の独立派）
・〇四年三月十一日、スペイン列車爆破事件（アル・カーイダ）
・〇五年七月七日、ロンドン同時爆破テロ事件（アル・カーイダ）
・〇五年十月一日、バリ島爆弾テロ事件（ジェマ・イスラミア）
・〇六年七月十一日、ムンバイ列車爆破事件（ラシュカル＝エ＝クァッハル：Lashkar-e-Qahhar が犯行声明）
・〇七年六月三十日、スコットランド・グラスゴー空港における爆破事件
・〇七年七月三日、パキスタン・モスク立て籠もり事件（イスラム神学生、アル・

カーイダ)

・〇八年九月二十日、イスラマバード・マリオット・ホテル爆破テロ事件(アル・カーイダ?)

・一〇年三月二十九日、モスクワ地下鉄爆破テロ

なお、〇四年十月には、イラクでの、日本人青年殺害事件が発生。国際的テロ集団アル・カーイダの関連組織、イラク聖戦アル・カーイダ組織により日本人青年(香田証生氏)が殺害されるという傷ましい事件が起きた。

(5)『日本では、夏、経済とか政治に変化が生じる』

六、七、八、九月にかけての経済界での変化としては、読売新聞社がグループ再編を行ない、持株会社の読売新聞グループ本社と読売新聞東京本社に会社分割、関連会社数社も再編しなおされた。

八月三十日には小泉首相が九月十七日に北朝鮮を訪問することを表明、九月十七日に日本の首相として初めて朝鮮民主主義人民共和国を訪問、日朝首脳会談で北朝鮮の金正日総書記が、日本人拉致問題を公式に認め、十月十五日、北朝鮮に拉致された日本人のうち五人が帰国した。

(6)『冬至の地球の位置からみて、……交信が始まるかもしれない』

二〇一七年三月二十二日に、NASAが「地球から三十九光年先の赤色矮星を周回する七つの地球サイズの系外惑星を発見した」と発表。このうち三つは表面に水が存

在しうる「ハビタブル惑星」に相当し、地球外生命体の存在の調査が期待されている。

(7) チャクラに関連した経絡機能の働きの変化で捉えるという実験

この実験の目的、実験方法、統計的解析とその結果、及び実験データ、結論等について、詳しくは本山博『気の科学』（宗教心理出版 二〇〇九）第Ⅷ章「Psiのエネルギーが経絡、気のエネルギーに変化を生ぜしめる」、同『存在と相互作用の論理』（宗教心理出版 二〇〇五）「形而上学的論理学」2「実験者が実験者のチャクラより送ったPsiエネルギーが、そのチャクラに対応する被験者の経絡で、被験者の気のエネルギーを増減する」等を参照してください。なお、実験方法データ解析等については『気の科学』に詳しい。

(8) 臼田君

玉光神社会員の臼田豊氏。一九七四年に著者がアメリカ・マイアミ心臓研究所他の招きにより、講義、講演のため渡米した時に、助手として同行した。薬剤師・鍼灸師。元ＩＡＲＰ群馬支部支部長、現玉光神社副理事長、群馬「組の会」組長。

主なニュース

〈国際情勢〉

国際社会はテロに対処するため、法的枠組み強化等テロ対策網を構築してきたが、インドネシア・バリ島、フィリピン・ミンダナオ島、ケニアの爆弾テロ、モスクワの劇場占拠等が発生しその脅威は深刻である。テロ対策も含め大量破壊兵器の拡散防止に早急な取り組みが必要との意識がG８諸国に含意された。史上初の日朝首脳会談がなされ大きな関係改善となったが、一方で北朝鮮の核関連施設凍結解除等は国際社会との緊張を高めた。欧州連合（ＥＵ）は単一通貨ユーロの流通を開始させ、十カ国の加盟国増加も決めた。世界貿易機関（ＷＴＯ）新ラウンドでは一層の貿易自由化等の交渉が行われた。

〈国　外〉

・ブッシュ米大統領「悪の枢軸」発言　（一月二十九日）

ブッシュ米大統領は一般教書演説を行い、「(対テロ戦争は) 始まったばかり」と、各地でテロ組織掃討に向けた決意を強調した。さらに北朝鮮、イラン、イラクの三カ国を、テロを支援し大量破壊兵器開発を目指す「悪の枢軸」と非難し、対決姿勢を鮮明にした。

・イスラエル軍がパレスチナ自治区へ大規模侵攻　（四月）

イスラエル軍は、ヨルダン川西岸パレスチナ自治区ベツレヘム・トゥルカレムに戦車部隊で侵攻した。パレスチナ過激派の重要拠点ナブルスの大部分を制圧した。

・欧州で百五十年ぶりの大洪水　（八月）
チェコ、オーストリア、ドイツなど欧州中部が豪雨による洪水に見舞われ、欧州全体で九十四人が死亡した。
・バリ島で爆弾テロ　（十月十二日）
インドネシア東部バリ島の繁華街クタ地区にあるディスコと、近くのワゴン車内に仕掛けられた爆弾が爆発、邦人二人を含む外国人観光客など百九十人以上が死亡、数百人が負傷した。
・モスクワで劇場占拠事件　（十月二十一日）
ミュージカル劇場にロシアから分離独立を主張するチェチェン共和国のイスラム武装グループが観客八百人以上を人質に立てこもり、ロシアの特殊部隊が劇場に突入して武装グループを制圧した。犠牲になった人質数は百二十八人。
・中国共産党大会で胡錦濤新指導部発足　（十一月十五日）
・対イラクで安保理決議、米は攻撃準備進める　（十一月二十九日）
ブッシュ米大統領とプーチン露大統領は会談し、両首脳はイラクに「国連安保理決議を忠実に履行しなければ重大な局面に直面する」と警告を発していた。

〈国　内〉
・史上初の日朝首脳会談、金総書記「拉致」認め、被害者五人帰国　（九月十七日）
・ノーベル物理学賞に小柴昌俊氏、化学賞には田中耕一氏　（十月八日）

二〇〇三年（平成十五年）
正しい信仰をもつように

人間全体への三つのご神言

それでは、いつものように、今年のご神言を皆さんにお伝えして、今年の生き方といいますか、生きる目標をお話ししたいと思います。

今年は例年のような具合に、経済はどうなるとか、政治がどうなるとか、アメリカ、日本、ヨーロッパがどうとか、そういうご神言はなくて、人間全体に対しての、大きい三つのご神言がありました。それをお伝えしたいと思います。

まず第一番は、

『自らの能力の限界を知らないで、自らの欲を、良心に従ってコントロールできない地球の人類は、試練に遭うようになるだろう。試練が生じるであろう』

ということです。

困ったことだなと思います。

二番目は、

『清い、正しい信仰をもった人間は、試練をのり越えて、平和な地球社会を築くことの礎になる』

というご神言です。

これは今年だけではなくて、これからの百年、あるいは二十年、あるいは五十年の間は、人間が生き延びていくためにも、そして正しい、平和な地球社会を築いていく上にも、非常に大事なことになると思うのです。

そういう、試練をのり越え、平和な地球社会を築いていくための地球的な動きは、五十年あるいは百年ぐらい先ではなく、今年からもう既に始まっているわけですが、その過程で、

『科学は宗教と両立する世界を次第に見出すであろう』

というご神言でした。

争いを支える宗教は本当の宗教ではない(1)

今は科学の進歩に応じて物の生活が非常に豊かになっています。人間が生まれてき

てから四百万年ぐらいになりますが、その間、人間がこんなに豊かな生活を物の面でできるようになったのは初めてですね。しかし、今はそれに皆酔いしれて、だんだんに魂とか心とか良心とかというものを忘れたようになっているから、簡単に人を殺しても平気なような社会が、アメリカにも日本にもヨーロッパにも、いろいろなところに出来てきたように思います。

今世界の総人口は約六十億になったけれども、もし後二十年、三十年のうちに、今の勢いで人口がだんだん増えてきて百億になったとしたら、今、日本人やアメリカ人やヨーロッパ人が享受しているような豊かな物質生活は、物質が不足してできなくなる。百億の人口を豊かに支える物質は地球上にはないわけです。その時には、物質を分配をしないといけない。そのときに争いが起きる。

ところが、その争いを、二〇〇一年九月十一日のニューヨークのテロの事件(2)のような具合に、宗教が支えるようではいけない。「自分の宗教こそが一番正しい」と、イスラムの人もキリスト教の人も、あるいは日本の小さな新興宗教の人たちも信じているようですが、それらの宗教で、自分の宗教が一番正しくて他のものは魔物であるというふうな考え方をするとしたら、それは宗教に内在する魔性だと思うのです。宗教がそういうふうに、自分が正しい、絶対である、と言いかけたときには、それは必ず魔物になってしまう。人をやっつけても平気なような宗教に変わってしまうのです。これは本当の宗教ではないと思うのです。

これからは、物にかぶれてしまったような生き方は成り立たなくなる時代が、あと二十年あるいは四十～五十年のうちには必ず来ると思うのです。そのときに世界中が戦争になり、その争いを宗教が支えるようでは手遅れで困るわけです。ですから、『正しい信仰をもつということが、これから人間にとって一番大事なことになる』というご神言だと思うのです。

魂は聖なるものを予感している

それでは「正しい信仰」というのは何か、それからまた、魂というのは在るのか無いのかということになりますが、皆さんは、魂が在る、神様があると信じて信仰に入られたわけですね。

今日の元旦に、日本中で、一千万人とか二千万人あるいはもっと多くの人びとが、氏神様に参ったり、明治神宮に参ったり、それぞれの土地の大きな神社やお寺にお参りされると思うのですが、なんでそんなことをするのか。それは、人間の中に具わっている魂が、年のあらたまったときに自然にそういう聖なる場所に引っ張っていくのだと思います。

例えば西行[3]でしたか、伊勢神宮にお参りして、

「なにごとのおわしますかは知らねども　ただありがたさに涙がこぼれる」（なにごとのおはしますかは知らねども　かたじけなさに涙こぼるる）

というふうに詠った。それはやはり、人間の中に本来「魂」というものが具わっていて、それが、聖なる場所——そこで神様や仏様が人間に力を与えてくださる、そういう力を与えてくださりやすい場所があるわけです。新宿の歌舞伎町のような歓楽街ではどうかしれないけれども、各神社仏閣、あるいはまた富士山のような聖山などの「聖なる場所」というのがあるわけです。そういうところに行くと、自然に神様のお力が魂に滲み透ってくるから、そういうふうに涙が出るのだと思うのです。

魂が神様を実感するとき

でも、一般の人はその場所から出たらお終いで、すぐにもう、今日の晩のおかずは何にしようかとか、今日は仕事をどうしようかというふうに、神様の方へ向いた心が日常の方に向いてしまう。

けれども、人は大きな困難に遭ったとき、死に直面するとか、あるいはどうしてよ

いかわからないような困難に遭ったときに、小さな人間の存在の、非常にはかないということを自覚ができる。そのときに「生きているというのはどういうことだろう」というふうに思えたとき、神様の方に心が向き、神様が本当にいらっしゃるということが直感できるのだと思うのです。

しかし今の時代のように、ちょっと働けばすぐお金が入る、ちょっとしたアルバイトでもすぐお金が入って、そして健康である場合、そういうときには人間というのはなかなか神様にはお会いできない。本当は神様が支えてくださって生きているのだけれども。

そういうふうな魂に目覚めるということが、これからの人間にとっては一番大事な問題になると思うのです。

物だけではけっして人間は満足できない。そして科学そのものも、人間の知恵、あるいは科学そのものの限界というものがよく分かって、或る物理的現象が起きているその底にはいったい何があるのだろうか、ということを探すような時代がもう始まっているように思うのです。量子力学には行き詰まりがあるわけですからね。

正しい宗教は他を斥けない

それで、「正しい信仰」というのはどういうものかというと、さっき話しましたように、自分たちの宗教こそが最高のもので一番正しいのだと主張し、他のものを斥けるような宗教は、けっして正しい宗教ではない。

神様のために、あるいは自分が天国に行くために、あるいは自分たちの宗教が世界制覇するために、そういうために自分たちの宗教以外の人を殺して平気というのは、神様は本来、どういうところで生きている人であっても、どんなに貧しい人であっても、どんなにアンポンタンであっても、どんなに利口であっても、皆、同じように支えて生かしてくださっているのが神様で、人を殺すというようなことはけっして神様はなさらないと思うのです。

そういうことを平気でできる宗教というのは、もう既に魔物になっている宗教だと思います。それは正しくないと思うのです。

超作による霊的成長は、他との共感、共生をもたらす

それで、本当に霊的な成長ができるようになるのにはどうしたらいいかというと、それは、自分が今していることが人の役に立ちますように、社会に住んでいる人たち

皆が調和ができて仲よくやっていけますように、ということを念じながら、自分がしないといけないことを、自分のための果を求めないで一生懸命にしたらいいのです。自分のためにいい結果を求めようと思ってする場合は、その仕事によって果を求めている自分をいつまでも捨てることができない。けれども、果を求めないで自分の本務を尽す（これが超作になるわけですが）、そういう、果を求めないで自分のすることをして、そして「少しでも人の役に立ちますように、社会の役に立ちますように」と念じて、自分の利益を求めないで、果を求めないで一生懸命にしているうちには、いつの間にやら、人も自然もくるめられるような大きな自分に自然に変わってくるのです。

果を求めている間は、いつまで経っても「果を求めている自分」をもっているから、どんなに一生懸命にやっても、何ができても、成功したかもしれないけれども、「小さな自分」というものからは抜けられない。ところが、果を求めないで一生懸命に「人のために」と思って働ける場合は、いつの間にやら、「小さな自分」に執われなくなる。心が穏やかになる。そして、自分に執われないから、人の思うことに共感ができるようになる。

ですから、本当に心が成長したかどうかという一つの目印は、人が悲しんでいる、あるいは喜んでいる、あるいは楽しんでいる、その人の気持ちと同じようになって喜んだり悲しんだり、あるいはまた、深くいろいろなものを考えている場合はその心になってあげる、つまり、人と同じような気持ちになれるかどうかというのが、一つの目印なのです。ですから、自分の立場でしかものが考えられない人は、いつまで経ってもそれは「小さな自分」をもっていて、成長ができていない証拠なのです。

そういうふうに、人と同じような気持ちになれるようになってきたら、自然に、その人の思うことは人をも自然をも含んでいるわけですから、その人の思ったことは人に通じるような、他の人や自然と共感、共生できるような何かを考えられるようになると思うのです。

霊的な成長ができたら、各宗教の違いの原因もわかる

そのようになったかどうかが、霊的な成長の一つの目印だと思うのですが、そういうふうになれば、神様のことが「なにごとのおわしますかは知らねども　ありがたくて涙がこぼれる」というよりは、神様がちゃんと分かるようになるのです。そして、神様に生かされているということが本当に分かるようになる。

すると、

「他の宗教はそれでいいのだ、神様はそれぞれ異なった自然環境のなかで住む人間が、それぞれにそこで生きられるような教えを、その人びとのための宗教としてお与えくださったのだ」

ということが分かるようになる。

例えばキリスト教というのはアラビアの砂漠で出来たユダヤ教を基にして出来た。そのユダヤ教を奉じたユダヤの民というのは、苛酷な自然環境のもとで、自分たちを守るためには他民族との争いを常に繰り返しながら生きていかねばならなかった。だからユダヤ教というのは、そういう土地でそういう生活をするのにちょうど適切な生活の仕方や道徳を神様がお与えくださった、民族の宗教なのです。その民族の神が絶対の創造神にまで進化したキリスト教の中には、当然、ユダヤ教の、砂漠の民の宗教としての性格が残されている。

それからまた、雨がたくさん降って木が生えて、自然に従っていけば穀物が出来るような、自然に従って生活をしたら、それで生きることができるようなところでは、皆が同じようなところに住んで調和を保って共同して働く。そういうアジア的な雰囲気の中では、仏教のようなものが出来てきたわけです。

ですから、キリスト教と仏教では教えは非常に違うわけだけれども、その違い方は、それぞれの土地で、人間が、今までの歴史の中で、生きやすいように、生きていけるように神様が創ってくださった宗教であるから、違って当然なわけです。

自分だけが正しいという宗教は無い

そういう意味では、宗教は、自分だけが絶対に正しい、一番最高である、というふうな宗教はどこにも無いのです。ただ、信じる人は、自分の信じる宗教こそは絶対の宗教だというふうに信じてついていけばいいのだけれども、教える人は、

「自分たちの宗教はけっして唯一最高のものではなくて、他の違う宗教があっても、それらはそれぞれに、根は同じだけれども、宇宙創造の神様が、いろいろな違った自然環境のもとで、それに基づく違った考え方をもちながら、人びとがうまく生きていけるように創ってくださっているので、違って当たり前なのだから、その人たちはそこで住む限りはそういう生き方をし、信仰をもてばいい。だけど、元は同じなのだから、相争ったりそういうことをするのは間違いだ」

と理解ができないといけない。

キリストにしても仏陀にしても、そういうことについて知っていられたように思うのですが、そういうことをよく理解して、全てを包めるような宗教がこれからは必要

だと思うのです。

そうでない宗教は争いを起こして、地球社会どころではなくて、地獄をつくりだすように思うのです。

本当の宗教とは

そういう、争いを起こす宗教でない宗教こそが本当の正しい宗教で、そういう正しい宗教に目が覚めるためには、ああしなければいけない、こうしなければいけないというふうな難しいことは何もないのです。要するに、果を求めないで、自分のすることが「人の役に立つように」と思って一生懸命にすれば、自然に、霊的な成長ができる。すると、いろいろな人と共生ができるようになる。自然とも共生ができるようになる。それだけでいいのだと思うのです。

キリストも、主祷文(4)（新約聖書マタイによる福音書第六章九〜十三節、ルカによる福音書第十一章二〜四節に記されている）というか、神様にお祈りをする祈りの言葉、それを言っていられるだけで、あとは、いろいろな奇跡や不思議なことをされたけれども、宗教というのはそんなに難しくあれこれ考えたりする必要はなくて、ただ、自分が神様に生かされているのだということを素直に信じられ、そして果を求めないで一生懸命にやっていたら、自然にそういうところへ行き着くようになると思うのです。

そういうふうに行き着いた人は執われないから、現実をそのままに見ることができるようになる。人の心をそのままに感じとることができるようになる。すると、自然とも人とも共存ができるようになるわけです。そして、神様に生かされているということを自覚できるようになる、それが本当の宗教だと思うのです。

本当の宗教は科学と両立する

そういうふうになったら争いはけっして起きないと思うし、自分がしないといけないことも自然に分かるようになると思うのです。そういう信仰をもった人でないと、これからは、本当に地球の人類とか地球の社会というものはできていかないと思います。とくに今のように物にかぶれた生活の仕方では、争いだけが起きる。

宗教も、魔性をもった、自分だけが正しいという宗教は、地球の上の人間に必ず大きな争いをもたらすようになる。もうすでに今、いっぱい起こしつつあるわけですが、それがさらに過激になると思うのです。

そういうものを実際に止めさすことができる、あるいはそれを打ち破ることができるのは、正しい、深い、大きい宗教だと思います。「宇宙創造の神様は私たちを生かしてくださっている」ということが本当に分かる宗教だと思うのです。そういう宗教こそが、他の宗教をけっして非難しないで、共生ができるように思います。

そういう正しい信仰に目覚めることが、これからの人間の大きな課題になる。そのとき初めて、科学と宗教が両立することができるようになる。お互いに助け合うことができるような宗教になる。科学もそういうふうに変わってくると思います。今は宗教と科学が別々になっているけれども、これは誤っていると思うのです。

信仰をもつことを勧めるように

皆さんにお願いしたいのは、これからは、自分だけが神様のところで信仰をもってそれで満足するのではなく、信仰を皆さんに勧めてほしい。

しかし、そのときに大事なことは、人間は皆十人十色で、男は女になれないし、女は男になれない、皆違うのです。その違いは前生のカルマ、家のカルマ、土地のカルマ、国のカルマというようなものによって決まるわけです。例えば非常に積極的に一つのグループを作り、「自分はこの宗教こそが一番正しいと思うから、このグループを守っていかなければいけない、これこそ一番大事だ」というふうに、人間の魂のもっている身体の中でも、アナハタチャクラというのが動きやすい人たちは、非常に攻撃的になりやすい。積極的に皆を集めてまとめることはできるけれども、反面、非常に攻撃的になりやすい。そして「自分こそは一番だ」というふうに思いやすい。そういうタイプの人は、そういうタイプの宗教に集まりやすいのです。

それから、私がさっき話したような宗教は、深い神様の愛と智慧に目覚めて、皆と共生できるようにという宗教で、玉光神社の宗教はそういう宗教、神様とつながりができやすい宗教なのです。チャクラで言えばアジナチャクラのタイプというか、愛情とか人への共感、また智恵をもっている、そういう人たちは、自然にそういう性格の宗教、あるいは玉光大神様としてお下がりになった宇宙創造神のところに集まりやすい。

それからまた、マニプラチャクラというふうな、感情とか情感というものが主になって動いているいろいろな霊能者の集団というのは、どちらかというと、「小さな自分」を守ろうというところが強いですね。そして、そこで言っていることが、知的なものというよりも、非常に直感的、感情的で、情感に訴えるものが強い。そして小さな集団で、他のものとなかなか調和がしにくいというふうな性格をもっているように思うのです。そういうところに集まるのは、人間がそれだけ小さいのだと思うのです。ですから感情に負けないように、一つの情感に負けないように、感情的な連帯感に落ち込まないようにしないといけない。

ですから、宗教にも、その人のもっている個人のカルマ、あるいは家のカルマ、あるいは大陸のもっているアラビア的カルマ、あるいはアジア的なカルマというものによって、非常にその国民性、民族性の違いができてくる。そして人は、自分の性格、国民性、民族性に合ったようなところへ自然に集まりやすいわけです。その結果、キリスト教の人は仏教がなかなか理解できない。仏教の人もキリスト教が理解できない。

それは、各々の土地のもっている、民族のもっているカルマの違いによって、そういう民族に生まれた人はそういう宗教をもちやすいわけです。そういうものに自然に偏るようになってしまうわけですが、これからは、そういう民族や土地の偏りのままでは人間が生きていけなくなる。今はもう本当に地球が一つになって動いているわけですから、各々の民族や土地の偏りを超えた、本当に宇宙創造の神様のところとつながりができ、そしてお互いに違いを認め合って、元は同じだという自覚ができるような宗教が、これからの大きな地球社会を導いていく宗教として顕われ、だんだん進化をすると思うのです。

幸い、玉光神社の宗教というのはそういう性格を非常に強くもっていると思いますから、皆さんもしっかりした信念をもって、信仰をもつよう、人に勧めてほしいと思います。

これから、信仰をもたない人は、或る意味では地球を滅ぼす側に回ると思うのです。そういうことにならないように、信仰をもつように皆に勧めてほしいと思います。

そのときに、今説明したように、それぞれの人のそれぞれのタイプによって、行きやすい宗教があるのですから、その行きやすいところへ行くように勧めたらいいと思うけれども、玉光神社では、先ほども言ったように、宇宙創造の神様の大きな愛、智慧に基づいた深い、正しい信仰ができるように思うのです、他の宗教を斥けないで。そういう正しい信仰をもつように、自信と信念をもって周りの人に信仰を勧めてほしい。それがこれから皆さんの一つの大事な生き方になると思うのです。

正しい信仰には智恵が伴う

神様がそういうふうに、

『正しい、清い信仰をもった者が、大きな試練をのり越えて、平和な地球社会を築く』

というふうに仰せになったのには、いろいろな深い意味があるのだと思うのです。

余談ですが、マウイの日系の方たちと今非常に親しくして、ハワイの日系の人たちがどんなに大戦前、大戦中、大戦直後に苦労したか、それからまた、自分たちのたゆまぬ努力で、どのように今ハワイの社会のいわゆる上流、中流以上になっていったかという話を、よくしてもらうのです。この方たちの苦労があって、今私たちや若い人たちがハワイで日本人として安心して暮らしたり活躍したりできるといつも感謝しているのですが、これらの中の或る娘さんが、日本の或る新興宗教の信者になっている。やはり向こうでは、皆、宗教という心の支えをもたないとやっていけないようなわけですね、人種差別とか、一寸訪れるだけの人たちにはわからない非常に過酷な何かがあるわけですね、風土、自然にしても。それで、その娘さんは或る新興宗教を信じているが、そこでは、その宗教を信じて、その信者である限りは、たとえハルマゲドン[5]というか、地球に大きな災害が起きて世界が沈むようなことがあっても、その人だけは助かる、その人の住んでいるところは沈まない、というふうに教えるらしいのです。それをそのまま娘さんは信じているのですね。宗教というのは本当に得体の知れない不可思議な力をもつのです。

そんなことはあり得ないのです。しかし、ちょっと考えたら、あり得ないとすぐわかるようなことを信じるようになってしまう。皆さんはそういう「イワシの頭も信心」にはけっしてならないように。

正しい信仰というのは、必ず、智恵が伴う。ところが、事実をそのままに見ることができるような智恵の伴わない、そして、自分のところを信じておりさえすれば幸せになれる、他のところを信じたら幸せになれないと説く宗教が多い。それを多くの人が信じる。

それは人間の欲、要するに、他はどうでも自分は助かりたい、自分は安全に生きたいという、人間の生存欲を非常にうまくくすぐってそれを満足させているから、多くの人が集まる。しかしそういう宗教は本来の宗教ではないと思います。そういう宗教に入らないようにね。でも、自分がそういう程度ならば、そこに入るようになってしまうのです。しかし、それをのり越えていかないとね。

信仰をもって試練をのり越えられるよう、成長してください

今年は、

『信仰をもつように』

ということではないのです。

という神言で、

『今のままでは人間は試練に遭うであろう』

というご神言です。それは、玉光神社の教えを信じていたら自分は助かる、ということではないのです。

今は、昔と違って、健康であって、働きさえすれば割合気楽に生きていける時代で、それで満足しさえすれば、宗教をもたなくても生きていけるような社会ですね。しかしその反面、今何が起きているかというと、争い、テロのようなものが、社会の裏、根底では非常に動いていて、日本でも簡単に人を殺すような犯罪が非常に増えている。しかし自分はそういうことには遭わないだろうということで皆生きているのだろうと思うのですが、それは間違いで、いつ、そういうことが起きるかもわからない。

けれども、信仰をもっていると、そういうものから神様にお救い戴けることも確かなのです。カルマがあって、受けるものはどうしたって受けないといけない、そういうカルマがあれば受けるけれども、百のものが十になればこれはのり越えていけるわけです。それはどういう信仰であっても、神様にお願いをすれば、或る程度のことはそういうことはできると思うのです。そこでだんだん信仰がまた深まるのだけれども、小さな枠の中の信仰に終始しないようにね。『信仰をもって、皆に信仰を勧めるように』という今年のご神言でしたから、そして、人類の上に大きな試練がくるかもしれないけれども、信仰をもってそれをのり越えられるような人間に成長してほしいと思います。

今日はこれで終わります。ご苦労様でした。

（「玉光神社機関紙「光の便り」第一七二号）

註

（1）争いを支える宗教は本当の宗教ではない

本山哲学（本山神学）の大切な言葉の一つ。著者は、宗教とは何か、各時代、各地域における宗教の違いはなぜ生じたか、平和で豊かで信頼にみちた地球社会を支える宗教はどのような宗教かについて、生涯探求し続け、多くの著書を残した。それらの著書の内で、『地球社会における生き方と宗教』（一九九一）、『啓示された人類のゆくえ』〔Ⅰ〕（一九九三）、『愛と超作』（一九九六）『良心の復権』（二〇〇〇）（いずれも宗教心理出版）等は、著者の講演ないしは講話を編集した書籍である。

（2）二〇〇一年九月十一日のニューヨークのテロの事件

「二〇〇一年」の〈主なニュース〉及び註（7）を参照してください。

（3）西行

平安時代末期の歌人（一一一八～一一九〇）。鳥羽上皇に北面武士として仕えていた時代より歌人として高名であったが、二十三歳で出家。東山、嵯峨、高野山、吉野、伊勢等に居を構えながら陸奥、中国、四国地方に旅し、修行のかたわら作歌に精進した。『千載集』『新古今集』などの勅撰集に多く入集。家集に『山家集』ほか。

（4）主祷文

「主の祈り」とも言われる、キリスト教の最も代表的な祈祷文であり、ただ一つ、イエス・キリスト自身が、「祈るときにはこう祈りなさい」と弟子たちに与えたとされる祈祷文である（新約聖書マタイによる福音書第六章九～十三節、同、ルカによる福音書第十一章二～四節）。

なお、福音書の原文（ギリシャ語）が英語等各国語に訳される際、教派や時代により訳語が少しずつ異なってきているが、日本のプロテスタント系の文語訳（一九五四年改訂版）は以下のとおり。

『天にまします我らの父よ。

願わくは御名をあがめさせたまえ。
御国を来たらせたまえ。
みこころの天になるごとく。
地にもなさせたまえ。
我らの日用の糧を、今日も与えたまえ。
我らに罪を犯す者を、我らが赦すごとく、
我らの罪をも赦したまえ。
我らを試みにあわせず、
悪より救いいだしたまえ。
国と力と栄えとは、
限りなく汝のものなればなり。
アーメン。』

(5) ハルマゲドン

新約聖書の最後に記されている「ヨハネの黙示録第一六章」に、世界の終末に起きる、善と悪との勢力の、最後の決戦場として記されている。転じて、世界の終わり、破滅そのものにも言う。ヨハネ黙示録は、ヨハネに与えられたイエス・キリストの啓示として、ローマ帝国の迫害にさらされている小アジアのキリスト教徒を、慰め励まし、キリストの再来、神の国の到来、サタンの決定的な敗北について説いてある。

主なニュース

〈国際情勢〉

イラクへの武力行使とその後の復興支援、イスラム過激派の相次ぐテロや北朝鮮問題への対応で、主関心はテロとの戦いと大量破壊兵器の拡散防止に向かった。イラク武力行使では各国の違いが表面化し同時多発テロ以降の国際協力体制が転機を迎え、普遍・包括的な国際機関であるべき国連での安保理分裂はその在り方が問われた。頻発するテロや重症急性呼吸器症候群（ＳＡＲＳ）は一致した取り組みを一層要求し、牛海綿状脳症（ＢＳＥ）のような感染症の人体や「食」の安全脅威拡大もグローバルな対応が課題であることを広く認識させた。

〈国　外〉

・韓国で地下鉄放火、百九十二人死亡　（二月十八日）
韓国・大邱市の地下鉄「中央路」駅構内の電車内で、男が揮発性物質に火をつけ車両が炎上、反対方面からの車両にも延焼し、計十二両が全焼。死者百九十二人。

・北朝鮮、核拡散防止条約から脱退　（三月十二日）

・米英軍がイラク攻撃、フセイン政権は崩壊　（四月七日）
米軍はバグダッド中心部に突入、共和国宮殿などフセイン政権の重要施設を制圧。九日には完全制圧し、開戦から二十一日目でフセイン政権は崩壊した。

・新型肺炎（ＳＡＲＳ）が各国で猛威　（四月）
「ベトナム、香港、中国で原因不明の肺炎が感染勃発し、世界的な脅威となりつつある」と、世界保健機関（ＷＨＯ）は「地球規模的警告」を発令し、「ＳＡＲＳ（サーズ、重症急性呼吸器症候群）」と命名、その後正体が次第に明らかになった。

・米カリフォルニアで山火事（十月）
十月二十七日時点でも拡大し続け、ＡＰ通信によると消失家屋は千百戸に達し、三万戸以上が危機にさらされた。ブッシュ米大統領は同日、被災地域を大規模災害地区に指定した。山火事は大きなものだけで同時に十カ所で発生し、消失面積は約十六万ヘクタールに及んだ。同州南部のサンディエゴ近くの航空管制施設も火勢にさらされ、ロスアンゼルス空港などを発着する飛行機に遅れが生じた。

〈国　内〉
・中学生による園児殺害など少年関連事件が続発（七月）
・衆院選で与党が絶対安定多数を獲得、二大政党化進む（十一月十九日）
衆参両院本会議で小泉首相が選出され、第二次小泉内閣が発足した。保守新党は、衆院選で惨敗し解党して自民党に合流、自民党は衆院で単独過半数を確保。

二〇〇四年（平成十六年）

人類にとっての大切な時機

皆さん、おめでとうございます。

二十数年前に、二〇〇四年の頃には世界中に大きな災害があるようにご神言があったわけですが、昨日神様に伺ったら、それほどでもないので、安心をしました。(1)

それでは、昨日伺ったことをまずお話しします。

世界的なテロの多発

初めに、

『世界のセム族系民族の争いとテロが多くの国ぐにに、アメリカ、アラビア、ヨーロッパなどで生じるが、それが人類の地球社会実現を妨げることにはならない。むしろ、宗教とは何か、各民族、各国家が仲よくやっていくのにはどうしたらいいか、また、今の人間の考え方、人生観とか世界観というのがいいのかどうかという反省を促し、そういう意味では、人間が魂に目覚めるということへのきっかけとなる』というふうなご神言でした。

十分に食べられ、安心して暮らせる経済組織樹立のための援助を

次に、

『政治は、それぞれの国の民族性とか文化に基づいた民主主義がいろいろな国に広がるであろう。個人の人権、社会的義務も強調され、調和がはかられるようになる』

セム族系の民族の生き方の歴史的な特徴というのは、族長が一番偉くて、下の一般の人たちはその族長に付いて行く。ですから、アフガニスタンでもイラクでも、その国を構成している各部族の族長が、首相よりも大統領よりも偉いわけですね。ですから、自分らの族長の意見は聞くけれども、他の部族の族長の意見は聞かない。そして、そういう各民族はもう何十万年も争いを続けてきていて、その原因は食べる物が少ないわけですね、砂漠だから。ヨーロッパでも食べる物は非常に少ないわけです。この十万年ぐらい前からだんだんに氷河が溶けて、一万年ぐらい前からやっと農業ができるようになったけれども、それ以前は、ヨーロッパの人たちも狩猟民族でした。

で、争いの原因は、食べる物がない、落ち着いて住める土地がない、というのが原因ですよね。

今、アラビアの砂漠では食べる物が少ないわけですから、絶えず争いがあるわけです。アフリカでもそうですね。

それで、そういう国ぐににまず第一番に、十分に食べられるよう、あるいは、安心して暮らせるような経済組織を作り上げることができるように援助してあげることが、ヨーロッパとかアメリカとか日本のようないわゆる先進国にとって、これから一番大事な仕事になるということですね。何もしないで、よその国からいろいろな物を貰うというのは、日本人の感覚としてはあまりよろしくないわけですけれども、困っている人たちはまず、食べる物を貰って、テントを貰って、水を貰わないと、生まれてきたからには皆身体をもっていますから、死ぬよりしようがない。生存に必要なものが満たされて初めて、いわゆる個人個人が権利をもったり、社会的な義務をもって、それを元にして民主主義が広がっていく、ということになるわけです。

大量破壊兵器使用について

三番目は、

『大量破壊兵器、たとえば原子爆弾とか、そういうものが使われることはない。使われるときは、人類の生存の転機になる』

というご神言です。


ですから、使われることはないと思いますね。北朝鮮でミサイルを作ったり、いろいろありますが、(2) 使われることはないということです。

資本主義と社会主義の統合

次は、

『経済は、アメリカ流の資本主義では行き詰まってきて、だんだんにこの百年の間には社会主義と資本主義が統合されるような方向に動いていく。また、民主主義の下ではプライバシーとか個人の人権を強く主張するけれども、社会的な義務も一つの政治の重要な課題とされ、社会的な義務を国民、あるいは各民族それぞれの個人個人が遂行する方向に向かう』

というご神言でした。


人間は個人でもあるけれども、同時に、或る社会に住んで、社会を構成しているわけですから、社会性と個人性が両立しないような人間の生き方はありえないわけです。今の資本主義の国では人殺しをして平気なような犯罪が非常に多いけれども、それは社会的な義務を政治の中に取り入れていないせいだと思います。資本主義の場合は、要するに個人が主体になって、資本を作って持ってもいい、会社も国もそういうふうにそれぞれ独自の財産を持って、それを守る、あるいは儲けるということが主体でしたけれども、これからは、そういうものを社会に還元して社会が成り立っていくような経済、資本主義と社会主義というのが両立したような経済が出来ていくようになる、ということです。

次に、日本については、

『日本は、政治とか経済が今年、来年にかけては安定する方向に動く』

ということですから、安心ですよね。

混乱の時代に大事なことは

それから、テロのことは伺ってみたのですが、なんともご神言がないから、ないのでしょうね。ただ、私が去年ごろから、行をしている時に、二月と十月は日本にとっては一つの危ない時期だなと思った。(3) それは、地震、それからテロ、そういう二つの可能性がある。東海地震というのが起きるかもしれませんね。

ただ、そういう地震が起きるにしても、いろいろなところでエネルギーが分散をして、小出しに発散をして大きな地震にならないようにと、今、いつも朝行の時にはそういうお祈りをしているわけですが、確かに日本中のいろいろなところで、ほとんど一カ月に一回ぐらいはいろんなところで地震が起きていますね。そういう意味で、小出しにいろいろなところで揺れて、大きな地震に、東海地震がならないようにお祈りをしていますから、たぶん二月か十月ごろに、中くらいの規模、あるいは大地震のちょっと下ぐらいの規模で起きるだろうと思います。東海というと、静岡とか愛知県、名古屋辺までですね。その辺へ、二月や十月ごろはあまり旅行しないようにね。

『二〇〇四年』というご神言が前からありましたが、ここ二、三年前から、アメリカでのテロとか、アフガニスタンの戦争とか、イラクの戦争とか、ともかく中近東では絶えず戦争が起きています。今はそういう一つの混乱の時代ですが、テロという形で、民族と民族、あるいは宗教と宗教が争っている。そういう時代だから、今はとくに、

『霊的な成長、魂に目覚めるということが非常に大事』

というご神言のようでした。

気候変化と食糧難が人類に災害をもたらす

一番最後のご神言は、これは今年に限らないのですけれども、

『食糧難と気候変化が次第に人類の上に災害をもたらすだろう』

というご神言でした。これは今年すぐにそうなるというわけではないのでしょうけれども、五十あるいは百年ぐらい、――百年といってもすぐですよね。

私は生まれてからもう約八十年生きているわけですが、生きるのはその一秒一秒しか生きられないですね。そういうのを八十年繰り返してきたわけだけれども、八十年というとすぐ済むような気がしますね。皆、十か二十ぐらいの年令の時には、八十というとずっと長い先の、おじいちゃん、おばあちゃんの世界だから、まだまだ大丈夫と思っているかもしれないけれども、済んでしまえば、ほんとにすぐ済んでしまいますね。

ですから、人間が生まれてきてから何百万年になるわけですけれども、医療の発達や科学の発達やいろんなものでどんどん食べ物が増えて、おいしいものをいっぱい食べて、エネルギーを使い放題みたいに使って、人口が百年ぐらい前には二十億ぐらいだったのが今はもう六十億になった。四百万年ぐらいかかって六十億になったとしても、ここ僅か五十年ぐらいの間に四十億ぐらい増えているわけですね。この勢いであ

と四、五十年もしたら百億ぐらいにはなるでしょうね。その時に、食べ物が十分にあるかどうかが問題ですね。

それから、今皆さんも毎日水道の水を飲まないで、あっちこっちへ行くときには、アメリカの水とかフランスの水とかいろんな水をボトルで買って飲んでいるわけですね。ところが今農業用の水が少しずつ減っているみたいです[4]。水が減ってきたら食物が作れない。それから飲む水がなくなったらどうしようもないわけですが、現在でも年間で三千万人以上の人が地球上で餓死しているわけです。それが日本にやってこないという保証はないわけですね。

世界中で食糧が自給できる国というのは、先進国では、アメリカは二〇〇％ぐらいかな、あとは一〇〇％ぐらいか九〇％ぐらい、日本だけは三〇％ぐらい。日本は車とかコンピューターとかそういうものを海外へ売ってお金を儲けて、その儲けたお金でいろんな国から食糧を買い入れているわけですけれども、その食糧を今輸出できる国が、これからもずっと輸出できるかどうかわからない。つい四、五年か十年ぐらい前までは中国は食糧を輸出する国だったのだけれども、今は輸入国になったわけですね。人口が十三億あって、そのうち二億ぐらいが日本人と同じような生活を今するようになってきた。エネルギーが沢山要る、ご馳走もたくさん作る。そうすると、他国へ輸出する物が足りなくなってきたわけです。

そういうふうになってくると、お金がいっぱいあっても、買うことができなくなったら、日本人は食べられないですね。なんとかして食糧だけでも自給自足できるようにしておかないと、日本は先進国の中では一番食糧が足りない国なのです。

それに、今は日本やアメリカやヨーロッパの国ぐにが、工業技術や生産拠点を中国とかいろいろな国に移しています。そこの労働賃金が安いからそれらの国に移していますけれども、それらの国が皆その技術を習得して、自分たちが高い賃金を取ってぜいたくな生活をするようになったら、日本からいろんなものを買う必要はなくなってくる。そうすると日本はお金も足りなくなっちゃいますね。そういう時代があるいは何十年もしないうちに来るかもしれない。

今は七〇%ぐらい食糧を輸入して、それで食べ散らかして捨ててしまうのが四〇%ぐらいなのだそうです。こういう状態はやはり続かないと思うのですね。昔のように腹八分で、ちゃんと社会が成り立っていくような道徳とかルールというのを守る、そういうものを新しく作っていかないと日本はやっていけなくなるのではないか。世界中が同じ方向に進んでいるように思います。

気候変化については、今気温がだんだん上がっているのは、石油を使って、炭酸ガスが温暖効果をしているからだというふうに言われているけれども、本当にただそれだけなのか、それとも自然の大きな何か変化があって起きているのかは実際にはわからないわけです。

けれども、

『食糧難と気候の変化というのが次第に人類の上に災害をもたらすだろう』

というご神言が最後にありますから、これはそうなるのでしょうね。そうなると、人間は食べられるだけしか生きられない。今食糧は百億以上は養えるように言っているけれども、実際にそうかどうかもわからないわけですね。

魂に目覚めないと平和はこない

ですから、ご神言で、

『今、一番大事なことは、魂に目覚めるように。皆がいろいろな民族の違いを認め合いながら、調和がとれて仲よくやっていける、それは、魂に目覚めないとできない』

ということです。魂に目覚めれば、自分の欲望とか、身体のこととか、いろいろなものをコントロールして、腹八分でも楽しく、ぜいたくをしなくても楽しく心が充実して生きられるようになる。そういう生活がこれからまただんだんに望まれるのだと思うのです。

人類にとっては、後二、三十年が一つの、大切な時機だと思うのです。今のようにぜいたくに暮らすのでなく、もっとそれを超えて、魂に目覚めて、身体、心、魂が調和がとれたような生活をするならば、これから後百万年か二百万年か知りませんが、人類が栄えて、本当に神様の国がこの世の中に実現する時代[5]が来るのだろうと思うのです。それには、魂に目覚めないとできないと思います。それがこれから何百年かの非常に大事なことだと思います。

それでは、新年のご神言はこれで終わります。

質問（権宮司）　宮司様、「資本主義と社会主義を統合するような」というところですけれども、このおっしゃる「社会主義」というのは、共産主義や、あるいは共産主義に至る過程としての社会主義ではないのですよね？

答え（宮司）　うん、そんなものじゃないよ。

社会主義というのは、要するに人間は、ここに皆さんが集まって一つの社会を作っているわけですよね。ちゃんとルールに従って皆動いているでしょ。そういう社会だね。だから、もしここに百五十人集まっているとして、食べ物が百三十人分しかなかったとすると、百三十人分を百五十人で分け合って、しかも皆が仲よく、自分たちの仕事を精一杯できるようにするのが社会主義だと思う。

共産主義というと、国家が全ての人間、一切のものをコントロールすることで、それは個人の自由とか、個人が社会のために貢献をして、それに応じてお金なり食料を貰うというのとは違うように思う。今言っている社会主義は、そういう共産主義とは全然違う。共産主義には決してならないと思うよ。

というのは、共産主義のように、人間を物、体だけというふうに考える、そんなことはありえないのです。人間は魂をもっている、それが一番肝心なことだから、魂に目覚めて、そしてその魂に目覚めた智恵と、社会に対する奉仕、それからものを創りだしていく創造力、そういう社会的な存在性というものを人間は元々もっているわけです。それに根差した社会主義ということですね。

皆で揃って世界平和のお祈りを

七日と二十二日におみそぎで皆さん神社に集まるでしょう。その時に、テロとか地震、そういうものが起きませんように、起きても、実害がないようにという、そういうふうなお祈りを皆さんでしてもらいたいと思います。またこの頃、杉江君[6]が先導してやっているような「世界平和のお祈り」、これも根府川で、たとえば二カ月に一回とか、そういうお祈りをぜひ続けてください。

というのは、根府川はちょうどプレートの境い目のようなところに乗っかっているところですが、そういうところや、火山がいっぱいあってマグマが動いているところというのは、土地の持っている一つの力があるのです。そういう土地のもっている力の強いところで、そして道場として清められているところで皆さんがお祈りをすると、皆さんの一人ひとりが自分の家でお祈りするよりもはるかに強い力ができて、いろいろな災いを防ぐ力に変わると思うのです。

では、今日はこれでお終いにしましょう。

皆さんどうぞよいお年を。

（玉光神社機関紙「光の便り」第一八四号）

註

(1)それほどでもないので、安心をしました

著者は「二〇〇四年の、人類にとっての大きな災い」についてしばしば言及し、世界平和を祈り続け、弟子たちには「正しい清い信仰をもって、大きな試練を乗り越えるように」と説き続けた。

〇四年の元旦祭後の講話を終えた後、「〃それほどでもない〃というご神言の意味は、近来世界で心配されているような、〃大量破壊兵器を用いた世界戦争〃のような大きな災いではないという意味である。しかし各国において、さまざまな災害は起きるであろう。また、私自身の身にも、何か起きるのかもしれない」と周りの者に語った。

なお、「〇四年の世界的に大きな災い」については〇五年元旦祭後の講話において、「二十数年前に、私と家内と権宮司の一博の三人だけで根府川道場でお行をしていた、その時にご神言がありました」と語っている。

(2)北朝鮮でミサイルを作ったり、いろいろありますが

この年、イランはウラン濃縮関連活動を再開した。北朝鮮も秘密裡に核開発を進めており、翌二〇〇五年二月には核の保有を認め、〇六年七月弾道ミサイルを発射、十月には地下核実験を実施した。

(3)二月と十月は日本にとっては一つの危ない時期だなと思った

二〇〇四年二月八日、自衛隊本隊が、イラク人道復興支援特別措置法に基づいて、イラク入りした（陸上自衛隊先遣隊員約三十人、航空自衛隊本隊二百三十人）。

〇四年十月二十三日には、新潟県北魚沼郡川口町（現長岡市）の直下を震源とする、マグニチュード（M）6・8、最大震度7の地震（新潟県中越地震）が発生、その後もM6を超える規模の大きな余震が数回発生、余震回数も多く、群発地震的な様相を呈した（死者六十八人、重軽傷四千八百人余）。

（4）今農業用の水が少しずつ減っている

農業用水は、水の需要の最も大きな部分を占め、人口増加に伴う食糧増産に対処するため、世界各国では灌漑農業用水を過剰に汲み上げた。その結果、世界各国では地下水位が大きく低下し、地下水の枯渇は、作地面積の減少、水質の汚染、生態系の破壊、河川水源利用権をめぐる地域紛争などの原因となっている（「二〇〇一年」の註（4）を参照してください）。

（5）神様の国がこの世の中に実現する

玉光神社で、「どのようなお祈りの場合でも、お祈りの初めに必ず心に念じてから祈るように」と指導されている祈りの詞、『顕界と霊界に霊的進化と調和がもたらされ、この世に神の国が実現されますように』をふまえた言葉。玉光神社経典『御神訓』を参照してください。

(6)杉江君
当時玉光神社祭員の一人であった杉江俊郎氏。

主なニュース

〈国際情勢〉
イラク、サウジアラビア、スペイン、ロシア等でのテロ、他に大量破壊兵器等の拡散、貧困、気候変動、感染症等の地球規模の深刻な諸問題への取り組みが主要な課題で、特に中東地域の平和と安定に焦点が当てられた。北朝鮮核問題は六者(米・韓・日・朝・中・露)会合や国際原子力機関(IAEA)での外交努力が北朝鮮の対応で具体的進展はなく、イランのウラン濃縮関連活動の再開で国際社会の懸念が高まった。イラク復興の国際支援やアフガニスタンの新憲法発布等、再建への道は未だ不安定である。経済は原油価格高騰や鳥インフルエンザの悪影響はあったが概ね回復基調であった。

〈国　外〉
・鳥インフルエンザで死者相次ぐ　(一月二十七日)
タイ保健省は、鳥インフルエンザ感染が確認された北部スコータイ県の男児が死亡したことを明らかにした。タイで死者二人目、ベトナムで確認された六人とでアジアでの死者は八人となった。中国でも発生が確認された。

・モスクワで地下鉄爆破テロ　（二月六日）
・スペインで列車爆破テロ　（三月十一日）
マドリードで、国際テロ組織「アル・カーイダ」と連携があるとされる集団による大規模列車爆破テロが発生、乗客ら百九十一人以上が死亡し、千人以上が負傷の大惨事となった。欧州大陸でも、テロの悪夢が現実のものとなった。
・露・北オセチアで学校占拠事件　（九月一日）
北オセチア共和国のベスランで、武装集団が始業式直後の学校を襲撃し、生徒や父母らを人質にして占拠、チェチェン共和国からの露軍撤退などを要求。露特殊部隊が学校に突入・制圧したが、死者三百三十五人、不明二百六十人に達した。
・アテネで百八年ぶりに五輪開催　（九月十七日）
・NY原油が史上最高値を更新　（九月二十八日）
・米大統領にブッシュ氏再選　（十一月二日投票）
・スマトラ島沖地震でインド洋に大津波　（十二月二十六日）
マグニチュード（M）９・３、最大三十四メートルの津波が発生し、犠牲者総数が十五万人を上回った（その後の推計では二十二万人超に）。

〈国　内〉
・陸上自衛隊本隊、イラク入り　（二月八日）
イラク復興支援特別措置法に基づいて、陸上自衛隊の先遣隊約三十人と、航空自衛隊の本隊二百三十人を派遣。
・小泉首相再訪朝、拉致被害者家族が帰国　（五月二十二日）

・新潟県中越地震　（十月二十三日）
M6・8の地震があり、同県川口町で震度7を観測。十一月十一日、避難生活者は一時十万人を超え、ストレスなどから急死する人も相次ぎ、死者は四十人になった。

二〇〇五年（平成十七年）

神の国が実現されるまで
―― 神と自分に正直であれ ――

今年のご神示を皆さんに伝えるのは、よいことと悪いこととが入り混じっているから、お正月早々どうしたものかなと思ってなんとなく迷うのですが、やはり伝えた方がいいのかなと思うので、ご神示を書いておいたのを読むことにします。

二〇〇四年の災害と神様のご経綸

今まで、いろんな宗教者による予言とか、ノストラダムスの、一九九九年には世界が破滅をするという予言とか、いろんな予言がありましたが、そういう予言を聞いても私はなんとも思わなかったのです。しかし二十数年前に、私と家内と権宮司の一博の三人だけで根府川道場でお行をしていた、その時に、

『二〇〇四年には、人類文明の争い、地球環境の変化が生じる、人類にとっての大きな危機となろう』

というご神示を戴きました。

そのご神言について伺いました。

この二、三年は、テロの各国への波及、イラク戦争、今までにないほどの多くの、そして大きいハリケーンとか台風、つい一週間ほど前にはスマトラ沖で大地震と大津波がありました。(1)

そういう天災と人災が相次いで、地球も人類も苦しみましたが、神様には、二十年前にそういうご神言があったのですから、

「すでにお分かりになっていたのに、どうして防いで戴けなかったのですか」

と神様に伺ったわけです。

そうしたら、次のようなご神言がありました。

『地球も人類もいつかは滅びる。しかし滅びる前に、物の力を発揮させ、――物の力というのは、自分だけで固まって他のものを壊してしまい、自分自身も壊れてしまうわけですが、――そういう、物の魔的な力を発揮させ、それを通じて、神の力が物の力を秩序ある状態に進化させ、地球と人類を、――人間だけではなくて、地球その

ものをも人類をも真に霊性に目覚めさせる、そのための過程として必要である』

というご神言なのです。

『神の国がこの世に実現するための、必然的過程である』

というご神言なのですが、どっちにしても、有り難いような有り難くないようなご神言ですね。そういうふうにならないと神の国と、霊界と顕界との間の調和の達成ができない。要するに悪魔を蔓延るだけ蔓延らせて、そして、その悪魔の力を神様のお力によって正しい信仰に導かせる、あるいは、霊性を人間や地球の中に目覚めさせるということが神様のご経綸で、今はそういう魔的なものが蔓延る、

『それが必然的な過程である』

とおっしゃるわけなのです。

そうなっているのならば、受け入れざるを得ないと思うのですけれどもね。


「互いに殺しあう人類は、存続するに値するのでしょうか」


二番目に伺ったのは、今は、人殺しだのなんだのが平気で行なわれている。

たとえばアメリカは、アメリカの国を守るため、あるいはキリスト教を守るためには、アラビアのイスラム教国を戦争でやっつけても平気であるというふうに、各国ぐ

にが自分を守るために、あるいは自分の文明とか政治とか経済の組織を守るために、或る意味で皆戦っている。そしてアラビアのイスラムの人たちは、自分たちが徹底的に抗戦ができるためには、テロしかないわけです。

それはちょうど、私どもが第二次大戦の終戦前には、もう打つ弾がなかった。だから、敵であるアメリカの海兵隊やら戦車が上陸して来た時には、ランドセルぐらいの大きさのかばんに火薬を入れて、火をつけていつでも飛び込めるようにして、たこつぼ(2)という、人間がやっと入れるぐらいの穴を垂直に掘って、その中に隠れて、アメリカの戦車がやってきたらその戦車の中に飛び込んでいって、自分も死ぬが、向こうの戦車をやっつけるという肉弾戦争(3)の訓練をだいぶしたのです。アラビアのテロの人たちが今やっているのと同じですね。

そうやって、イスラムの人たちはテロで抗戦をする。そして自分たちの宗教を絶対とし、キリスト教は魔教であるという信仰を確かめる、あるいはイスラム国家を打ち立てるために戦争しているわけですが、

「こういう人類が生存して存続するのに値する存在なのでしょうか」

と、神様にお伺いしたわけです。こんなに戦争ばかりしてお互いに殺しあうような人間は生きる価値があるのでしょうか、と伺ったわけですが、そうすると神様が直ち

に、

『値しない』

というご神言だったのです。

――こういうことを言うと具合が悪いかもしれないけれども、そういうご神言ですから……。私もお伝えする前にやはり迷いますよね。

百年ないし二百年の後に

『百年ないし二百年の後、一つの破局を迎え、浄化される』

というご神言ですが、

「それはどういう形になるのでしょうか」

というふうにもう一度お伺いしましたら、

『原子力の悪魔的な使用とか、テロによる爆発等――これは人災ですね――、それから、地球の温暖化、――あるいはそれだけではない、何か他に原因があるようですけれども――、そういう自然の災害で何十億人かの人間が死ぬ。そして、百年ほどの後、物質文明に偏った科学とか資本主義の限界が次第に明らかとなり――今そういうのが少しずつ明らかとなりつつありますが、まだ、皆、科学についてゆく、物質文明に酔っているように思うのですが——、今世紀の終わりごろにはそういう限界がさらにはっきりする』

DNAの組み換えとか、いろいろな治療が今できますが、何十億年かかってできてきたDNA、それができるまでにはずいぶんいろいろな動物あるいは植物の生態系の中で一つの長い間の準備があって、いろいろな他のものとの関連で出来上がったDNAを、簡単に人間が組み換える、そういうことも、必ず、だんだんに、いい面と悪い面、弊害、つまり死ぬとかあるいは病人ができるもととなる、そういうことが次第に明らかになると思うのです。

そして、

『人間が次第に霊性に目覚め、その目覚めた人たちが生き残って、平和な地球社会のための、宗教と科学と政治・経済の統合したような地球社会ができるのには百年から二百年かかる』

というご神言でした。

その時にまた生まれてくるのは大変ですね。だけど、そういうことが必要みたいですね。

近未来の世界
――国と国、あるいは各国国内における貧富の差の拡大と社会不安、宗教間の争いの激化

三番目は、今年とか、近未来のことについて伺いましたら、

『あと五年ないし十年間は、アメリカ、日本、中国の経済は発展をする。しかし、世界中で貧富の差が非常に大きくなる』

ということです。

ですから、貧乏人と金持ちとの間には非常に大きな差ができて、社会不安ができてくる、あるいは年金の問題にしても何にしても。

次は、

『世界の宗教間の争いは激化して、それに基づく争いが各国で生じる』

ということです。

日本は島国で、外国からは、飛行機でやってくるとか船でやってくるとかしないと日本には入れませんけれども、国土がつながっているところでは、例えばアメリカではメキシコからいっぱい密入国者が来ますよね。どんなに防いでも防いでも、地続きだとやって来るのです。捕まえて戻すけれども、夕方になるとまたやって来る。私た

ちが住んでいるサンディエゴ(4)の近くでは、ずーっと国境に鉄条網のようなものが二重に張ってあるけれども、それを破って皆やって来るのです。道路沿いには、夜間に道路を車で走っていてそういう人たちを轢き殺したらいけないというので、注意する看板みたいなものがいっぱい立っていますが、それでもやって来るのです。日本では周りが海だから、泳いで来るわけにはいかないですね。そういう意味では安全かもしれないけれども、日本でも、あるいは今年起きるかもしれないですね。

そして、

『自然環境はますます悪くなる(5)』

ということです。

自然環境の悪化と災害、食糧不足

悪いことばかりですね。あまりいいことはないから……。

そして、

『嵐とか大雨、地震が頻発して、大気汚染、温暖化、海水汚染が広がり、食糧不足が始まる』

ですから、今からよく自分たちで用意をしておかないといけないと思います、食糧不足になったらどうしたらいいかと。

イスラム、アラブ諸国とキリスト教圏との争いの拡大

そして、

『イラン、イラク等のイスラム、アラブ諸国とキリスト教圏との争いはさらにこの五、六年、十年の間に世界中に広がる』

アフガニスタンでは暫定政権ができているけれども、未だに昔の部族同士の争いはやまない。暫定政権はただの傀儡にすぎないようなのがどうも実態のようですね。

『霊性に目覚め、神と自分に正直であれ』信仰ある者の生き方

最後に、

「それでは、私たちはいったいどうしたらいいのでしょうか」

ということについて伺いました。

さっきも言いましたように、自分だけがよければ他は壊れてもいいというのが物の原理ですが、国とか個人とかがそういう形で働くとき、それは魔的なもの、魔神です

よね。今、イスラムでもキリスト教でも皆そういう魔的な性格を帯びて、それが相争っているように思います。で、そういうのではなくて、

『霊性に目覚めよ』

というご神言がありました。

では、霊性に目覚める努力はどうしたらいいかというと、それは、神様と自分に正直であれということです。

神様を騙すことはできない。しかし、自分を騙すことはできますね。ですから、自分に正直であるようにということが、霊性に目覚めるためにはとても大切なことなのです。

そして、自分の今の仕事を通して、人の役に立つことを精一杯するということ。そうすれば、自分とか相手の人とか、あるいは、住んでいる自然とか社会とかというものを、いつの間にやら、自分の中に包めるような大きな存在といいますか、そういうものになることができる。

そうしたら、そこが魂の世界なのです。

ですから、

『神と自分に正直であれ。そして、今の自分の仕事を通して人の役に立つことを精

一杯行ない、人をも自然をも社会をも包みこめるような大きな魂に目覚めよ。そして、お互いに思いやりのある人に成長すれば、自然に、魂に目覚めることができる。そういう霊性に目覚めた人、魂に目覚めた人が、地球人類社会を実現することができる』

というご神言です。それができた人たちだけが生き残れるのだということですね。皆さんも、信仰をもっているのだから、お蔭信心ではなくて、霊性に目覚めるようにね。

初めはお蔭信心でもいいのですよ。だけど、お蔭を戴いて、ああ、神様はいらっしゃるのだなということが実感できたら、次は、自分にも神様にも嘘をつかないで、自分のする仕事が人や自然の役に立つように、ただ精一杯働けばいいのです。

それだけでいいのです。

そうすると、人も自分も社会も自然もくるんだような大きな自分にいつの間にか成長ができる。それが「霊性に目覚める」ということなのです。

『霊性に目覚めるように』

というご神言、そして、

『そういう人たちが本当に神の国をこの世に実現することができる。生きるのに、存在するのに値する人間である』

『今の社会も、人間も、会社も、存在するに値しない』

というご神言でした。

自分だけがよければ、他は滅びてもいい、そういうのは魔性ですよね。そういう魔性のもとでは、争いが起きるだけのことですから。

「霊性に目覚める」とは

以上が今年のご神言でした。

「二十年も前に、二〇〇四年にはいろいろな天災や人災が起きるというご神言があったのに、どうして防いで戴けなかったのですか」

と、つい、人間の立場では考えてしまいますね。

スマトラ沖の地震では十万人以上、あるいはもっともっと沢山の方が亡くなっているみたいですね。家も自然も壊れるし、大変で、世界的な規模で救援が必要ですね。日本の新潟の地震も、各地の台風の被害も大変でした。(6) アメリカのハリケーンも凄かったみたいですね。(7) いつものハリケーンの何倍も強くて、沢山家が壊れて、人も沢山亡くなったようです。中国では日照りで飢饉で何十万人という人が亡くなったと伝えられています。

二十年も前にそういうご神言があって、神様には分かっていらっしゃるのだから、なんとかして戴けなかったのかなと、やはり人間の立場で思ってしまいます。しかし、以上のようなご神言でした。

善なるもの、あるいは霊性に目覚めるためには、――一粒の麦[8]も、その麦が死なないと新しい麦が出てこないわけですね。一粒の麦が死んで、新しい穂が出てきて、新しい麦の粒が沢山できるわけですが、一粒の麦がいつまでも一粒の種であったのではしようがないわけです。種の形としては死なないとね。

そういうのが「霊性に目覚める」ということだと思うのですが、そのためには、今言ったように、自分の仕事を一生懸命に、それが人や自然の役に立つようにというふうに働く。それから、人や自然に思いやりをもって、人や自然と調和を保っていくように働く。霊性が目覚めるためには、それが一番大事ですね。

それでは、今年のご神言を皆さんに伝えるのはこれでお終いにします。

ＣＩＨＳ創設の目的
――魂の実在を科学的、学問的に証明する新しい学問を創る大学院大学

一月五日にはもうアメリカの方へ出かけます。今年を最後にして、もうアメリカの大学の学長を辞めたいと思うのですが、五日に出かけて、四月の末か五月の初め頃には帰ってきます。そしてまた夏に出かけて、四カ月ぐらいいるようになるかもしれないけれども、今年はしようがないと思うのです。そんなに長いことアメリカでいたくないと思うのですが、大学を創って、霊性というもの、スピリチュアリティというか、人間は魂をもっているのだということを、科学的に、あるいは学問的に証明あるいは明らかにする、そういう新しい学問や科学を創って、アメリカで大学院として認可されたわけで、今までに七、八十人ぐらいの博士が出たわけですが、そういう人たちが大学もしくは社会で中核的な重要な指導者として働けるような基盤を作ってあげたいと思っているのです。

結構忙しいですね。

では、これで終わりにします。

ご苦労さまでした。

（玉光神社機関紙「光の便り」第一九六号）

註

（1）つい一週間ほど前にはスマトラ沖で大地震と大津波がありました

二〇〇四年、スマトラ沖でマグニチュード（M）9・3の地震（スマトラ島沖大地震）、最大三十四メートルの津波が発生。被害は十四カ国以上で死者総計は推定二十二万人以上（邦人四十人以上）を上回った。

（2）たこつぼ

タコツボとは、タコを捕まえるための素焼のツボ。縄をつけて海底に沈め、タコが入るのを待って引き上げる。野戦の際に、敵から身を隠すために縦に深く穴を掘り、その前面に泥を積み上げて敵の攻撃を防いだ穴を、タコを捕まえるタコツボにたとえて言ったもの。

（3）肉弾戦争

肉体を弾丸の代わりにして敵陣に突入する戦法。

（4）私たちが住んでいるサンディエゴ

著者が一九九二年に設立し学長・教授も務めていたＣＩＨＳは、アメリカ・カリフォルニア州サンディエゴ郡エンシニタス市にあり、著者は、毎年二回のＣＩＨＳ滞在のために、ＣＩＨＳにほど近いところに居を構えていた。

ＣＩＨＳでの講座、研究、講習会その他に興味をお持ちの方は、ＣＩＨＳホームページ（www.cihs.edu/）をご覧下さい。

（5）『自然環境はますます悪くなる』

二〇〇三～〇九年、七年間の世界の大災害の実例を調べてみると、寒波、熱波、台風水害、豪雨水害、竜巻、内陸地震、海底地震、山林火災、疾病等、それぞれの項目について各年間に差異はあるものの、災害全体数は増加の傾向を示し、災害の大きさも被災者の数も深刻化しているのが認められる。

ごく数例を挙げてみると、〇三年七月のヨーロッパ西部、特にフランスにおける酷暑は、ヨーロッパ全体で死者・行方不明者は三万とも五万とも言われ、パリだけでも一万と言われた。平年を一〇度以上上回る酷暑のため、森林が広域で光合成を停止した。〇四年十二月のスマトラ・アンダマン地震はＭ９・１～９・３、死・不明者数は三十万を超え、負傷者数数十万、被災地はスマトラのみならずスリランカ、インド、タイ、南アフリカまで及び、当時、世界史上最悪の津波被害と言われた。〇五年十月のＭ７・３～７・６のカシミール地震（死・不明者八万六千超）、死・不明者二十二万～三十万と言われる一〇年一月のハイチ地震もあった。アメリカにおける巨大ハリケーン、竜巻の被害も大で、ギリシャ、アメリカ南西部、オーストラリア、ロシアでの山林・森林被害も大であった。加えて、〇三年のＳＡＲＳ（新型肺炎）、〇四年の鳥インフルエンザ、〇八年のコレラ（アフリカ中南部で死者千五百超）、〇九年の新型インフルエンザも脅威であった。

（6）日本の新潟の地震も、各地の台風の被害も大変でした

二〇〇四年十月二十三日、新潟県中越地震（M6・8）。新潟県で震度7の地震が発生し、さらに断続的に震度6級の余震が襲い、死者六十八人を数えた。（「二〇〇四年」の主なニュース〈国内〉参照）

〇四年九月二十九日、台風二十一号が上陸、三重県宮川村で大規模な斜面崩落による土砂災害が発生し死・行方不明者七人など、日本全国で合計二十六人が死亡、一人が行方不明。十月二十日、台風二十三号が上陸、死・不明者九十八人。

（7）アメリカのハリケーンも凄かったみたい

二〇〇四年九月十六〜二十六日、ハリケーン「アイバン」は米国に上陸、ルイジアナ州、ミシシッピ州、フロリダ州に甚大な被害を与えた。メキシコ湾岸の石油施設も大きな被害を受け、石油価格高騰原因の一つとなった。

（8）一粒の麦

新約聖書、「ヨハネによる福音書第十二章二十四節」に伝えられている、キリストの有名な言葉。

『はっきり言っておく。一粒の麦は地に落ちて死ななければ、一粒のままである。だが、死ねば、多くの実を結ぶ。』

キリストの、この世での最後の夜の言葉と伝えられている。

主なニュース

〈国際情勢〉

依然としてテロの発生や大量破壊兵器の拡散という脅威にいかに取り組むのかということが国際社会の主要な課題とされた。新型インフルエンザの出現と脅威は、伝統的な脅威とは異なる課題であり、国際協力が重視される必要性が明確になった。ロンドンやインドネシアのバリ島における同時多発テロの発生、核問題では北朝鮮、イランいずれも解決への具体的な見通しはたっていない。米国のハリケーンやパキスタンでの大地震等では、前者は被災者が黒人の貧困層に集中、後者は被災者救援が政治的要因で遅れる等、巨大災害の他の側面を見せた。

〈国　外〉

・ブッシュ米大統領が二期目就任　（一月二十日）
就任演説で「世界平和実現のための最良の道は、全世界に自由を拡大することだ」と宣言。世界に残る圧政打倒と民主化実現を最優先課題とする方針を示した。

・北朝鮮が核保有認める　（二月十日）

・NY原油が高騰、初の六十ドルに　（六月三十日）
米国内の旺盛なガソリン需要、大型ハリケーン「カトリーナ」でメキシコ湾の石油生産施設ほとんどの稼働停止、世界的な原油需要の増加傾向と産油国供給余力の限界などで原油価格は高止まりし、一バレル（百五十九リットル）六十ドルに達した。

・ロンドンで同時爆破テロ　（七月七日）
ロンドン中心部の地下鉄構内三カ所とバス一台の計四カ所で、連続して爆発が起き多数の死傷者が出た。アル・カーイダ系組織のパキスタン系英国人四人の自爆テロで、死者五十五人。二十一日にも地下鉄三駅の車両内とバス計四カ所でほぼ同時に爆発が起きた。
・米南部に超大型ハリケーン襲来　（八・九月）
この年は米国にとって水害の年となった。カトリーナ、リタ、ウィルマの大型ハリケーンが相次いで上陸。死者数は千人を超え、被害対策にかかる政府の財政負担は千億ドルに上る見通し。被災者が黒人の貧困層に集中したことで、米国が抱える人種と貧困の差といった問題に改めて焦点があたった。
・パキスタンで大地震　（十月八日）
・仏の暴動、全土に拡大　（十月二十七日）
パリ近郊で起きた移民の若者暴動が全国に広がった。十一月には政府は非常事態を宣言。リヨンなど各地で夜間外出禁止令が施行された。
・中国で鳥インフルエンザ死者　（十一月四日）

〈国　内〉

・JR福知山線で脱線、百七人死亡　（四月二十五日）
兵庫県尼崎市のJR西日本・福知山線で、快速電車の前四両が脱線。一、二両目がマンションに激突し大破。多くの乗客が車内に閉じ込められ救出・収容作業は難航。三十日死者は百七人に達し、JR発足以来、最悪の惨事に。負傷者は五百四十九人に上った。

・衆院選で自民圧勝　（九月十一日）

・郵政民営化関連法案が成立　（十月十四日）

国営の日本郵政公社は二〇〇七年一〇月に解散し、郵便、郵便貯金、簡易保険の郵政三事業は民営化した四つの事業会社に分割して引き継がれることになった。

二〇〇六年（平成十八年）

変革の年に大切なこと
――魂に目覚め、神様に頭を垂れて生きる――

それでは、今年の年頭に伺ったご神示をお伝えしましょう。新しい一年、あるいはその年からの世界や日本、あるいは地球や宇宙について、年頭にご神示を伺うのはもう止めにしたいと、ここ数年思うのですが、皆さんにご神示を伝えるのが数十年にわたって玉光神社の一つのしきたりになっているので、お伺いを今年もいたしました。

今年は大きなことについてのご神示が主で、それぞれの皆さんの日常の事柄について守るべきことというのは、二つ、一番お終いにご神言がありました。

宗教をもつ人間とは

まず最初に、人間が生まれてから四百万年か、あるいはこの頃の説では、いわゆる原人が生まれてから七百万年ぐらいになるということです。それ以前には、地球が出来てから四十億年ぐらいの間は、地球には人間はいなかったわけです。

『二十一世紀にはいろいろな宗教の争いが起こる』

というご神言が二十四、五年前に（根府川道場で）あり、二〇〇一年にアメリカでテロがあって、ニューヨークの貿易センターが潰されてしまった。それから今でもずっと、イラク、イラン、あるいはいろいろなところで、テロ、宗教に基づいた争いが起きています。

しかしその一方で、だんだんに、そういう争いをもたらすものが宗教ではないという考えが、世界中の人に浸透しつつあるように思うのです。ですから、今、世界的にテロが拡がってはいるが、それでも、その争いを超えて、人間とはいったい何か、つまり宗教をもつ人間とはいったい何か、というのが問われる年だと思うのです。

科学や資本主義で、人間がまるで物になってしまっている今の物質文明が、人間の心の中から、道徳や、いろんな意味で社会性をなくしてしまった。そういう時代風潮の中で、

『人間とはいったいどういうものかというのが問われる初めの年になる』

というご神言です。

自然を敬い、自然との共存への模索

『人間と自然との共存を探す年の始まりになる』

人間と自然とが共存すると言っても、人間の都合がいいように環境を変えるとか保つとかというのではないのです。

境内の地主様のお社(1)の横にキンカンの木(写真)があるでしょう。あれは、亡くなったお代様(2)が非常に可愛がっていらして、もとはこの妙清会館(3)の真ん中辺りの土地の斜面に生えていました。この妙清会館を建てるにあたって、その木を今のところ、つまり向こうの地主様のところに移したのです。そうしたら一週間か二週間のうちに枯れてしまった。枝でも幹でもポキンポキンと折れるようになって、葉も落ちてしまって枯れたのです。

それで、或る日神様にお願いをして、三本の幹があったけれども、そのうちの一本を握って「どうぞこの木が生き返りますように」というふうにお願いをしながら力を送ったら、数日後に、握った幹のうちの一番土に近いところから新芽が出てきたのです。それが成長して、今のようにいっぱいキンカンがなっているのです。

もう一つは、この会館の後ろの辺に、古い信者の人たちは覚えていると思いますが、山椒の木が二本ありました。そのもう少し奥に穴が掘ってあって、台所のゴミ捨て場になっていた。その後ろの辺に木戸があったのです。ところで、山椒には棘があるでしょう。或る時、清光先生[4]が棘にひっかかって痛かったのだと思うのです、「ほんとにこの山椒の木はしょうがない、一本も要らない」というふうに言われたわけですね。すると二本のうちの一本の山椒の木が、三日ぐらいしたら枯れてしまった。

やはり、木に魂があるのです。

もう一つ、木や石に魂があるという話をすると、それはインドの厚生大臣の下で働いていた、わりあいインド政府では上の方の人が、大きなマンションに住んでいた。土地の広さは一千坪ぐらいあって、このお宮全体ぐらいの大きな館が建っているが、それを拡張したいと思った。場所はボンベイで、英国のエリザベス女王が港に着いたときを記念してクイーンロードというのか、女王の首かざりと称えられている美しい通りが海に面してある、その通りの、海に面した側にそのマンションがある。その持ち主のPさんが、いろんな国政の問題とか家庭の問題とかを伺いにみえた時に、じっとPさんの顔を見ていると、大きな樹の木の精が出てきた[5]のです。

木の精というのは、人間の格好をしているが、人間とは違うのです。先日伊豆高原の「池」という所で、山の斜面にある神社[6]にお詣りした際に、そこの神様が出て来られたけれども、山の神様も、人間とは違うのです、人間の格好をして見えているけれどもね。硬い、冷たい感じで、男のような姿をしていられた。インドの木の精の場合は女のような感じでしたね。

それで、インドの木の精は、「切らないでほしいとPさんに伝えてください」と言って、泣いて出てきた。不思議に思って、「今、木の精が出てきて、切らないでほしいと訴えているが、あなたの住まいの門の脇に、菩提樹の大きな木がありますか？」と訊いたら、そのとおりの木があって、マンションを拡げたいので切ろうと思っている、とのことでした。それで、「その木が出てきて、泣いて、切らないでくれと言っていますよ」と言ったら、すぐ自宅に電報を打って、切らないことにしたらしいのです。

そのように、木にも魂があるのです。そして、見えるわけです。

さっきの山の神様、山の魂も、人間に似たような形でみえるけれども、死んだ人の魂がみえるのとは感じが違うのです。硬い、冷たい感じがするのです。

それから、マウイ島にある神社の土地[7]の、一万坪ぐらいの土地の真ん中の三千坪ぐらいのところに、将来道場を建てたいと思って、花崗岩の大きな石を四つ四角に置いて、その真ん中に大きな岩だか石だかを置いた（写真）のです。マウイへ行く度に、その石に手を添えて、「ここの土地が行をするのにふさわしい土地であるように、清浄に保ってほしい」と頼むわけですが、こうやっていると、力が満ちるのです、石にも。

人間は自然を自分がしたいようにいじくり回して変えたり、いろいろするわけですが、自然そのものにも魂がある。まして地球そのものには、大きな、神様というか、地球の魂があるわけだから、地球と人間とが共存できるように努めないといけない。今の生物学者とか環境学者が、人間の利益を守るために森林を切らないようにとか自然を保持するようにとか説くが、そういう、人間中心の考え方でなくて、

『自然を敬い、自然と共存するという、そういう年の始めになる』

というご神言です。

経済、資本主義体制の一大変革

次に、今インターネットや携帯電話その他ができて、情報が即時に広範囲に伝えられるようになったために、政治とか資本主義とか、あるいは国家体制を改変する一大変革が始まる年だということです。(8)

『人間社会は、情報の即時の広範囲な迅速な伝達によって、経済、資本主義国家体制を改変する一大変革の始まり』

これからどのくらいかかるか、五年かかるか十年かかるか分からないけれども、ともかく経済とか政治とか国とかいう枠を越えた、大きな強力な世界組織のようなものができる始まりである、というご神言です。

社会的規制に基づいた自由主義へ

次に、

『競争の末に、神の摂理で一大調和がもたらされるという、資本主義を支えるキリスト教的対立の思想と資本主義が、社会的規制に基づいた自由主義に変わる年の始めである』

今の資本主義というのは、イギリスで、二百年か二百五十年か、アダム・スミスか誰だったか忘れたが、キリスト教の小さい国の中で学者が考えた考えに基づいて今の民主主義、個人主義ができたわけですが、勝手自由ではなくて、社会性と資本主義あるいは個人主義、そういうものが調和できるような、そういう経済、政治、あるいは宗教が基本になって、新しい国家あるいは経済、政治のあり方が始まる、そういうものを模索する年の始めになるというご神言でした。

人類の物への欲望による自然災害の多発

もう一つ、これはあまりよくないことですが、
『人類の物への執着、欲望が、インターネットその他によって地球的な規模で拡散をすることによって、地球環境・社会に大きな変化が生じ、人類のそういう大きな欲望が自然災害を多発させるような年になる』(9)
というご神言でした。
ですから、今年も地震とか山火事とかいろんなことが起きると思うのですが、しようがない、自業自得ということですね。自然を自分勝手にできると思っている人間への、大きな、地球の神様というか、地球の魂の一つの報いのようなことになっちゃうと思うのです。

アジア圏の経済的発展

今までは、「人間は何か」とか「地球は何か」というふうなことのご神言でしたが、その次は、小さくは、
『経済的にアジア・ブロックが発展する年の始まりになる』(10)
ということです。

ですから、日本もアジア・ブロックの中に入らないでアメリカ一辺倒だと、だんだんに衰えていくようなことになると思うのです。

物に慣れ、魂を忘れる風潮

もう一つは、

『日本とアメリカは経済的にはあと数年発展する。しかし、人は物の生活に慣れて、魂を忘れる度合いが日本でもアメリカでもさらに進む』

というご神言です。

ところが、先日の私の傘寿の祝い[11]に来日してくださった、元コスタリカ駐日大使のロハスさんのお話や、私が何回かコスタリカの大学に講義や講演に行って[12]学者や政治家と話したときの感じでは、コスタリカでは、アメリカ流の民主主義、あるいはアメリカ流の資本主義というのは入れないということでした。コスタリカの人びとは、物の豊かな生活を追いかけるのではなくて、物の生活はこれで十分というのではないけれども、腹八分のような生活で豊かにできる、それ以上は求めない、決してぜいたくにならないというのが、カトリックの信条に基づいた国策らしいのです。それで、中米でもコスタリカだけは戦争が起きないということです。国の中で政治とカトリックという宗教が結びついて、社会、人間の考え方に、神を信じることが根付いているところでは、物の豊かな生活だけを追いかけるということはないとのことなのです。日本もアメリカも、豊かな物の生活だけを追いかけることが今は全てのようになっているが、そういう生き方では物を自分勝手に使い放題にしているわけだから、必ず、地球の魂の、或る意味ではしっぺい返しがあると思うのです。

これは自分で招くことだから、仕方がないなと思います。

人も自然も神様の力なしには生きられない
(肉体の苦しみを超えてきた八十年)

そこで、今年の、皆さんが守ることとして、

『人間も自然も創造神の力なしには一瞬も生きられないことを自覚し、人と自然の中に神が生き、支えていることを思い、人をも自然をも拝める心を互いにもち、自然と共存するように』

というご神言でした。

私は今まで神様のお傍に仕えて大方八十年になりますが、その間に、神様に一生懸命に信仰したからいいことばかり起きたかというと、非常に辛いことの方がむしろ多

かった。[13]

小さい時には、父親があまり給料がよくなかったのと身体が弱いのとで、母親と僕との生活費は、母が旅館に働きに行って、洗濯をしたり繕い物をしたりするような仕事をして、毎月十円もらって、その十円で二人が生活していたわけです。本当に母も辛かったと思うのです、村で三十歳の若さで助役を務めていた父親が亡くなるまでは、お嬢さんで育っていたわけですからね。そして小さな四畳半で親子三人が住んでいたから、大きくなったら東京へ出て偉くなって、十階建てのビルを建てて楽をさせて孝行するから辛抱してください、というふうに母親に言ったのを覚えています。

十歳の頃父母が離婚し母が上京して神様とお代様にお仕えするようになった後、継母が来て、ずいぶんいろんなこともあった。挙句の果てに、特攻隊に行ったわけです。

身体だけを見ても、私の今の身体は普通の人と違って傷だらけなのです。十カ所ほど傷がある。特攻隊に入る前に耳の手術を三回して、長いのは五時間ぐらいかかった。ノミと金鎚で、耳の後ろの骨が腐っているのを削ったのです。小さい時に専門の医者に連れて行けばなんでもなくて治ったと思うが、小豆島でそういう医者がいないものだから、中耳炎が悪化して、だんだんに骨が腐ったわけですね。このまま放っておいたら、あと半年もしないうちに脳の中までばい菌が入って脳膜炎になって、一週間もしたら死ぬことになると言われた。それが十八か十九の時でしたかね。それで父親に、手術させてもらいたいと頼んだのです。

最初の医者が下手くそで、骨を削ったのだけれども、腐っているところをもう一つ削りそこなったのです、痛かったけど。五時間もかかった三回目の手術のあとは、傷がなかなか塞がらなくて、耳の後ろに穴があいたままで、息をするとそこからも冷たい空気が入って、寒いし、喉が痛いし、本を読もうとすると頭が痛くて目がまわる。それで休学したのです。

世話してくれる人がいないので、父方の祖母が呼んでくれて、父親の里[14]に行ったのですが、田舎のこととて、働かないで食べるわけにいかない。だから冬の間三カ月ほど、朝三時に起きて、十五キロか二十キロぐらい山の峠を三つほど越えて、急斜面の山[15]で大きな木の木こりに行ったわけです。初めてする木こりで、上方で木の枝がからみあうと自分の方に倒れてくるから、そうなると下敷きになって死ぬよりしようがない。

そういう辛い目をしながら、ときどき、なんで神様はこんなえらい目に遭わすのかな、小さい時にはお祭りというと饅頭をくれて、有難い、いい神様だったのに、大きくなるにつれてなんで神様はこんな辛い目にばかり遭わすのかなと思って、どこかで神様を恨む気持ちが強かった、その当時は。

三回手術したので、左側の耳は全然聞こえないのです。右側も鼓膜に大きな穴が開いていていてよく聞こえない。両方とも聞こえない。今聞こえているのは、骨が音波で震えるので聞いているわけです。左側の骨はほとんど削ってしまっているから、薄くなっているでしょ。だから、骨は右側に比べると振動しやすい。その骨の振動で音が聞こえるのです。補聴器を退けたらほとんど聞こえない。

耳の手術をしたのは、第二次大戦が終わる前年の一年の間に三回手術したわけです。要するに、神様の心の痛みが知らないうちに僕の上にうつったのだと思うのです。あの戦争だって、元を正せば、石油の争奪戦にすぎないのです、アメリカと日本あるいはドイツと。今のエネルギーは石油ですから、石油を元にして、世界中で戦争をしているわけです。

その次は、サイパンに行って、玉砕した人たちや民間の人たちのお祈りをした[16]、その後で胃がんになったのです[17]。

それから、一昨年は心臓の手術を受けた[18]。二十五、六年前に『二〇〇四年になると、宗教の争い、テロ、あるいは大きな天災地災、そういうものがいっぱい起きるようになるから、そのお祈りをするように』というご神言がありましたが、その年に心臓の手術を三回したわけです。年の初めにはカテーテルの手術を二回、五月にはバイパス手術と、結局三回したわけです。

去年の七月には、あっちこっち切ったために、筋肉や関節が弱ったのか、ヘルニアが起きて手術を受けた[19]。

結局、身体の中は、耳が三回、痔の手術[20]、胃がん、心臓の手術は三回、ヘルニアもしたわけだから、結局十カ所ほど身体中に傷があるわけです。バイパス手術では、胸骨を真っ二つに切っちゃったので、ひっつくのに一年以上時間がかかった。今でも、傷のところが、朝起きたときにぎゅっと締まるように痛い。そんな時は外の温度を見ると零度以下なのです。冷えると凄く痛いですね。

ときどき思うのですが、もう神様の道具になるのはこの生で終わりにして、この生が済んだら神様のところに引き取って戴きたい、あとはもう生まれて来たくないなと、本当にそう思うのです。ですから、妙光之神様のように祀ってほしくない[21]、神様のところにすぐ行ってしまって、それでお終いになりたいと思うのです。

そういうふうに、身体中傷だらけでポンコツなのです。こういうふうにポンコツの身体になると、寝たり起きたりで、なかなか動けないのが普通のようですね。ところが、毎朝、朝行をして、チャクラの呼吸法(22)をして神様にお力を戴く、そうすると元気が出て、一日中また動けるのです。

だから、人間というのは、自分でご飯を食べて生きているのではないのです。こんなにポンコツになっていても、人一倍今でも働いている。今月十八日にアメリカに行って、学生の授業とか、大学の運営とか、その他いろんな仕事がいっぱい溜まっているのを片付けてこないといけない。しかしそういうふうにできるのは、身体だけが自分で、人間は身体だけだと思っていたらとてもできないと思うのです。食べる物もそんなに沢山はもう食べられませんからね。

ということは、いつも思うのですが、朝、神様からお力を戴いて生きているからできるのです。

神様に頭を垂れて感謝して生きるように

誰でも皆、神様のお力が一瞬たりとも退いたら身体も魂も生きてはいられないのです。皆、神様のお力によって生きているわけです。だから、それを思って、いつでも神様に向かって頭（こうべ）を下げて、

「今日一日、一生懸命働けますように」

「寿命を全うできますように」

「人のために働くことができますように」

「自然を敬って、自然を大事にし、自然と共存できる人間になれますように」

とお願いすることが大切ですね。

自分も他の人も自然の土も全て神様のお力によって、神様がその中に入ってそれを支えて生かしてくださって成り立っているのです。他の人も自分も同じように神様に生かされていて、神様が他の人も自分も創りだして、その中で働いていてくださるから生きていることができるのだということは、他の人も皆、神様の力を自分の中にもっている、あるいは神の働きが皆の中で働いているということなのですから、他の人をけなしたり怒ったりするのではなくて、他の人をも神様を拝むように拝めないとだめなのです。そうしないと仲よくなれない。

他の人の中にも神様がいらっしゃるということは、元のところでは自分も他の人も同じだということだから、神様をとおして他の人を信頼するということが本当に大事だと思うのです。

自分と同じように、他の人も神様のお力が働いて生きている。神様の力を皆さんがもっているのだから、皆さんを拝む、そして信頼をする、そういう生活の態度、生き方を皆さんにしてもらいたいと思います。それが大事だなと思います。それが足りないから、こんなふうに戦争ばかりすることになってしまうし、物を、まるで人間が自由自在に使ってもいい道具のように思うから、自然災害がいっぱい起きるようになってしまうのです。

そういうふうに、人を愛し、人の中にある神様を拝み、そして人の中にある神様も自分の中にある神様も同じだから、お互いに信頼し合う、愛し合うということ、そして、自分がすることで相手が助かるように働くということが一番大事だと思います。

このごろ、ナノテクの本を読みながら、よく思うのは、物の世界では、光の速さといっても、一秒間に三十万キロかそこらで、しれてますね。太陽まで行くのに九分か十分かかかる。ところが霊の力というか、神様から戴いた力は、距離に関係なく、瞬間にピュッと相手に届くわけです。それから、さっきの話のように、枯れかけた木を生き返らしたり、それからインドの木の訴えも瞬間に分かるわけです、お祈りしたら。インドまでは一万キロ近くあるでしょう、それが瞬間に分かるわけです。そういうのを、この世的な量子理論の式を使って考えてみると、霊の世界の質量というか、それはゼロなのです。無いのです。この世的にみれば、質量は無い。ところがエネルギーは無限大なのです。おもしろい計算ですね。

そういう、われわれの世界とは全く違った質量やエネルギーをもった霊的なエネルギーや質量が、この世的なエネルギーに、朝の行をしていると、チャクラをとおして、チャクラの呼吸法をとおして、転換される。その力で生きているわけです。私のようなポンコツの身体になってもこんなに元気で生きられるというのは、神様の力によって生かされているという証拠がここにあるというわけですから、皆さんもチャクラの呼吸法を習うといいですね。

チャクラの呼吸をすると、元気になって、ボロ頭もよく動くようになるし、身体がポンコツであちこち痛くても、――本当に傷の痛みというのは、ぎゅっと身体が締まって息ができなくなってしまう。それでもこうやって皆に一生懸命に話ができるというのは、神様に生かされているということなのです。

そういう神様のお力とこの世的な力とは、全然質の違ったものなのです。そういうのがチャクラをとおして転換されて、――毎朝、行をとおして神様のお力を戴いて、チャクラで転換してこうやって生きているわけですから、皆さんも真似をしたらいい、せっかく教えたのですから。

チャクラの呼吸法というのを知らない人は、倉谷さん初めヨーガの講師[23]がいますから、習ってください。朝行に来ればときどき直接に教えますが。

ちょっと話が長くなりましたが、神様によって生かされているのだから、他の人も同じなのだから他の人を信頼し、また、神様によって生かされているのだから寿命が尽きるまでは決してへこたれないで、一生懸命に人のために働くようにしてください。そして神様にいつでも頭を下げて、神様に生かされていることを感謝する、そういう信仰心が大事だと思うのです。信仰心がない人は、悪いことばかりするようになってしまう。「悪いことをしている」という良心がないから、平気でするようになってしまう。

では、今年も皆さんにとっていい年でありますように。

神様に戴く至福

今年もいろいろなことが起きるかもしれないけれども、決してそれに負けないように。自分の仕事を人や世の中の役に立つように念じて一生懸命にしていると、それをとおして自分のカルマが成就するし、霊的に成長できるのです。人類がいつまでも生きられるということはあり得ないのです。必ず滅びる。

しかし滅びた時に、何もない状態になるか、それとも神様のところに行けるか、そして本当に霊的な至福を得られるかどうかは、この世で何回も生まれかわってくるけれども、生まれかわり死にかわっている間に、どういうことをしてどういう成長をしたか、それによって決まるわけですから。皆は至福というのがどういうものかよく分からないと思うのですが、本当に具合のいいものですよ。人間の幸福とは比較にならないものがあるのです。

それでは、これで年頭のご神示を伝えて終わりにしたいと思います。ご苦労さまでした。

（「玉光神社機関紙「光の便り」第二〇八号）

註

（1）地主様のお社

地主様のお社は東京都三鷹市井の頭の玉光神社境内に一九五三年に落成した。年大祭は五月十五日。

なお、地主大神お社建立の由来については、前出の『玉光神社教祖自叙傳』一六八頁、及び本山博『死後の世界と魂　土地の神々』（宗教心理出版 二〇一一）八三頁、二〇九頁）を参照してください。

(2) お代様

著者の教母、玉光神社教祖の本山キヌエ師（一九〇九・三〜七四・四）。著書に『玉光神社教祖自叙傳』（一九七五）、『歌集 神に召されて』（一九七三）（いずれも宗教心理出版）がある。

(3) 妙清会館

玉光神社の活動の一環として、講義、研究会、集会のために増設された会館。一九九〇年五月に地鎮祭、九一年三月完成。三鷹市の教育委員会の調査により、この場所が六〇〇〇〜八〇〇〇年以前の聚落遺跡の祭祀の場所であることが、多くの出土品から判明した。後に挙げる「参考」を参照してください。

(4) 清光先生

著者の生母、余島シズエ師（一九〇五・一〜二〇〇二・一）。一九三六年上京してより、神審者として玉光大神、お代様に仕えた。

(5) 大きな樹の木の精が出てきた

玉光神社機関誌「みさきわけ」二十七号掲載の講話においても、著者は以下のように語っている。

「去年（一九八二年）の秋インドへ行ったけど、その時の旅行のマネージをしてくれたのは、インドのボンベイの大分金持の奥さんで、インドの保険会社で大分地位の高い人なのです。五階建ての大きなマンションを持っており、奥さんはやり手で、社会的地位が高いが、すぐ病気になる。この人が二、三年前に研究所のことを聞いて、身体を治してもらいに来て、御神占もお願いをした。それでみると、身体が弱い一つの原因は、姑がひどく厳しくて、嫁と姑のいがみ合いがあったみたいで、亡くなった姑が非常に怒っているのが一つの原因だった。もう一つは、木の大きいのが見える。そしてその木が泣いているように見えるので、「自分の家にある木を切ろうとか何か、相談をしているか。」と聞いたら、「マンションの前にある木が大きくなって邪魔になるから、切ろうかと思っている。」と言うので、切ったらいけないと伝えたことがある。木を切らなかったのと姑の霊を弔ったのとで、すごく体が元気になった。それでずい分喜んで、インド政府に働きかけてお金を出さすから、ガンジーの記念のために作った病院と大学へ、AMIをもってきて、経絡のあることや、経絡の働きを整えることで病気が治ること、またその方法などをぜひ教えてほしいと言うので行ったのです。このインドの人の場合は、木の精というのがほんとうにあるという実例ですね。」

(6)伊豆高原の「池」という所で、山の斜面にある神社

伊東市池二三八一―一の「山神社(さんじんじゃ)」。一六〇〇年末から一七〇〇年初期頃の創建で、池の地の鎮守の神として尊崇されている。前出の『死後の世界と魂土地の神々』(一五〇〜一五二頁)を参照してください。

（7）マウイ島にある神社の土地

著者が、広く内外の行を志す人々のための国際的修練道場建設を目的として、ハワイ州のマウイ島に一九九一年に買った土地。（石の写真参照）

（8）政治とか資本主義とか、あるいは国家体制を改変する一大変革が始まる年

様々な分野で言われているグローバリゼーションがより進展していく状況の中に、大変革への兆候が見られる。一九九〇年頃に現代の「グローバリゼーション」は始まったと言われているが、それは、従来の国家や地域の枠組みを超えて「人・モノ・カネ・情報」が移動することで「経済・文化・思想・人材の結びつき（統合度・相互依存性）」が強まる現象である。特にインターネットやIT技術の進歩により、カネと情報の国際的な流動化が加速されている。それに伴って取引の機会は世界中に広がり、販売―流通―生産は国家を超えて地球規模で考えられるようになり、経済のグローバル化が急速に進み、多国籍企業（特にIT企業）が世界経済を支配するようになっている。経済のグローバル化や金融のグローバル化によって資本もグローバル化するような状況に、資本主義そのものが大きく変貌する可能性を指摘する論者も出てきた。例えば『資本主義の終焉と歴史の危機』（水野和夫著、二〇一四年刊）など。このことは実際の経済財政政策をより推進させるために内閣府に設置された経済財政諮問会議のとりまとめ資料においても、二〇〇六年から「グローバル戦略」や「グローバル化」といった項目が登場し、資本主義そのものが変貌していく大変革への予兆を感じさせるものとなってきた。

(9)自然災害を多発させる

「主なニュース」〈国際情勢〉にみられるように、この年（二〇〇六年）も世界各国で大きな自然災害が多く発生した。特に被害の大きかった災害としては、
一月　ウクライナ寒波（死者・行方不明者五百八十九人以上）
二月　フィリピン・レイテ島集中豪雨（死・不明者千七百～一万二千人超?）
五月　インドネシア・ジャワ中南部地震（死・不明者五千七百人超）
六月　中国南部台風水害（死・不明者八百～九百人）
七月　インドネシア・ジャワ南部海底地震（パンガンダラン地震マグニチュード（M）7・7死・不明者八百五十人超、津波）
八月　エチオピア大雨水害（死・不明者九百人近）
十一月　フィリピン・ルソン島台風水害（死・不明者千人超）
なお、二〇〇七年にはアメリカ南部竜巻被害、インドネシアにおけるデング熱（四～十一月、東南アジア全体死者千六百人以上）、パキスタン・サイクロン被害、南アジア各地大雨水害（死・不明者千三百人以上）、日本・新潟県中越沖地震（M6・6）、北朝鮮大雨水害（死・不明者六百人?）、ギリシャ山林火災、ペルー南部沖海底地震（M7・9～8・0、死・不明者五百人超）、スマトラ南部海底地震、アメリカ南西部山林地震、バングラデシュ・サイクロン水害（死・不明者三千人超）などが相次いだ。
自然災害ではないが、〇六年七月十一日、インド・ムンバイで列車の同時多発テロが発生、約百八十人が死亡、約八百人近い人が負傷した。七月五日には北朝鮮が七発の弾道ミサイルを発射し、十月九日には核実験を行なった。鳥インフルエンザも死者

は百人を超えた。

(10)『アジア・ブロックが発展する年の始まりになる』

共立総合研究所の報告によると、一人当たり購買力平価GDP（USドル）をみると、シンガポール、香港、台湾、中国等の経済力が際立っている。特にシンガポールは二〇〇五年にはアメリカをも追い抜いている。また、アジア諸国間の比較では、中国の他、インドの国内総生産（GDP）の大きさと成長率が目立つ。

世界の輸出額に占める東アジアの輸出は二〇〇〇年代に入り急増し、九〇年には欧米向けが四六・八％を占めていたが、〇八年には三四・二％に低下、東アジア地域内は四一・五％から四五・二％に上昇、生産財別にみると、アジア地域内では中間財シェアが二二・六％から三〇％へと上昇、特に電気機械は四・二％から一〇・二％へと上昇、アジア地域内ネットワークの発達を示している（内閣府ホームページ、独立行政法人経済産業データベースより作成した報告）。

(11)先日の私の傘寿の祝い

二〇〇五年十二月十一日、センチュリーハイアット東京で積年の友人ラーマクリシュナ・ラオ博士（インド・アンドラ大学元学長、ヒューマンサイエンス&サービス所長、CIHS教授）、元駐日コスタリカ大使クリスチーナ・ロハス氏、石川達也東京歯科大学元学長、小田晋筑波大学元教授（日本犯罪学会会長）他の方々によるシンポジウムの後、祝賀晩餐等が行なわれた。

(12)私が何回かコスタリカの大学に講義や講演に行って

著者は一九七七年と二〇〇〇年にコスタリカに招かれて行っている。

(13)非常に辛いことの方がむしろ多かった

幼いころの貧しい生活、父母の離婚と父の再婚、父の実家（香川県木田郡三木町氷上）での淋しく辛い日々、三回にわたる左耳の大手術に至った経過と大手術後の療養中の木こり生活、それに続く海軍予備学生としての入隊等については、本山博『随筆集　思いつくままに――ある科学者・宗教者・神秘家の記録』①②（宗教心理出版　二〇一三）を参照してください。

(14)父親の里

著者の父高崎勝次氏の生家。

(15)急斜面の山

香川県木田郡三木町小蓑、県道四一号沿いの、谷へ向かって下る急斜面。

(16)サイパンに行って、玉砕した人たちや民間の人たちのお祈りをした

一九九三年七月十七日より二十日にかけてのサイパン島での慰霊のお祈り。玉光神社会員五十名と共に、マッピ岬（バンザイクリフ）、地獄谷、サイパン神社、五根高地、軍艦島等の激戦地を巡り、日本より持参した供物、現地で調えた供物を供え、修祓、祝詞奏上、慰霊のお祈りを行なった。詳細は『玉光神社サイパン島慰霊五十年祭記』（本山博監修・宗教心理出版　一九九四）を参照してください。

(17) その後で胃がんになったのです

二〇〇三年サイパン慰霊旅行に先立ち、著者は七月十六日に例年どおり、玉光神社「施餓鬼祭（現・救霊祭）」を斎主として斎行、十七日朝サイパン島へ出発、帰国後間もなく、この年三度目となる胃の内視鏡検査を受けた（新宿・クマガイサテライトクリニック）。その後十月十九日までＣＩＨＳ滞在、十月二十二、二十三日の小豆島玉光神社大祭斎行、十一月に四度目の胃の内視鏡検査を受け、続いてＩＡＲＰ年次大会会長として、講演、公開討論会を務めた翌日、癌細胞検出の知らせを受けた（手術は翌年一月）。

(18) 一昨年は心臓の手術を受けた

二〇〇四年一月、慶應大学病院でステント挿入手術。さらに同年五月、ＣＩＨＳ出張往途に立ち寄ったハワイで狭心症発作、ホノルルのクイーンズホスピタルで冠状動脈二本のバイパス手術を受けた。

(19) ヘルニアが起きて手術を受けた

二〇〇五年慶應大学病院で鼠径ヘルニアの手術を受けた（七月十五日）。なお一〇年には胃癌手術痕の腹膜の綻び、及び手術縫合部の腸の癒着の手術も国際医療福祉大学三田病院で受けている（四月二十二日）。

(20) 痔の手術

一九七六年十月。

(21) 妙光之神様のように祀ってほしくない

三鷹市井の頭の玉光神社、及び香川県小豆島の玉光神社には、豊玉照妙光之神（教祖本山キヌエ師）のご社殿がお祀りされてあるが、著者の度々の遺言により、玉之光照大御子神（著者）のご社殿は、本宮にも井の頭の神社にもお祀りされていない。

(22) チャクラの呼吸法

著者は一九六五年に玉光神社会員を対象として「七星会」を結成し、ヨーガ行法、ヨーガの理論、東西の宗教書・教典などについて指導と講義を行なった。ヨーガ行実習では呼吸法の基本として、「チャクラの呼吸法」を重んじた。現在、「チャクラの呼吸法」の実際については、ＩＡＲＰ本部及び各支部の各クラスで専門講師による指導が行なわれている。またヨーガ行法とその理論については、本山博『密教ヨーガ』（一九七八）、『チャクラ・異次元への接点』（一九七八）、『チャクラの覚醒と解脱』（一九九〇）、『現代社会と瞑想ヨーガ』（一九九五）（いずれも宗教心理出版）等を参照してください。

(23) 倉谷さん初めヨーガの講師

ＩＡＲＰ本部講師倉谷清美氏他ＩＡＲＰの諸本部講師及び各地方支部講師。各種クラスと講師、講習内容についてはＩＡＲＰホームページをご覧ください。あるいは東京都三鷹市井の頭四―十一―七、宗教心理学研究所内ＩＡＲＰ本部（電話〇四二二―四八―三五三五）にお問い合わせください。

主なニュース

〈国際情勢〉

核問題等では北朝鮮が核実験実施を発表し七発の弾道ミサイルも発射した。中東問題ではイラクの治安悪化に歯止めがかからず、新国家の姿が見いだせず、レバノン・イスラエル国境地帯でシーア派ヒズボラの奇襲攻撃からレバノン紛争が発生した。アジアではタイで十五年ぶりの軍部クーデターで、タクシン政権が崩壊した。世界的な感染症問題として、鳥インフルエンザのヒトへの感染が拡大し、新型インフルエンザ出現の脅威が増々高まった。インドネシア・ジャワ島では五月に陸、七月に沖で地震が発生し、大きな物的人的被害を招いた。

〈国　外〉

・ジャワ島地震、死者六千人　（五月二十七日）

インドネシア・ジャワ島中部の古都ジョクジャカルタ周辺で、マグニチュード

6・3の強い地震が発生、死者約六千人、負傷者約三万八千人。

・インドで列車同時テロ　（七月八十一日）
インド西部の主要都市ムンバイの鉄道駅や走行中の列車内の計五カ所で七回の爆発がほぼ同時に起き、約百八十人が死亡、約七百七十人が負傷した。爆発は乗客で混雑する時間帯に起きており、地元警察は「爆弾テロ」と断定した。

・北朝鮮が核実験　（十月九日）
核実験に先立つ北朝鮮の七月五日の弾道ミサイル発射では、ノドン、スカッド、テポドンの計七発に及んだ。その後日本では九月に安倍内閣が誕生し、安倍首相最初の外遊先は中国・韓国であったが、その最中に北朝鮮は地下核実験を実施した。日本政府は直ちに日本独自の追加制裁を決定し、国連安保理も対北朝鮮制裁決議を全会一致で採択した。

・米中間選挙で民主党勝利　（十一月八日）

・鳥インフルエンザ、死者百人超

〈国　内〉

・飲酒運転で三児死亡——懲戒免職広がる　（八月二十五日）
福岡市東区の海の中道大橋で、市内の会社員の乗用車が飲酒運転していた福岡市職員の乗用車に追突され、博多湾に転落、会社員の車に同乗の三児が死亡。この事件を契機に飲酒運転が社会問題化した。

・安倍内閣が発足　（九月二十日）

参考

八千年も前からの聖地

「いろんな石器は、今の地主様のお社の所から出たのですが、それとは別に、今、妙清会館の玄関広間の右手奥に、流しがあるでしょう。妙清会館が建つ前には、あの辺の所に貝塚があって、雨が降るとよく貝が出てきたのです。その貝は、今の日本の気候よりはもっと暖かい所で採れる貝なんです。地球は一万年ぐらい前に氷河期が終わり、八千年ぐらい前には、今より暖かかったんですね。

二、三年前、この妙清会館を建てようということになった時、この辺り一帯は遺跡指定地になっているので、建築にかかる前に、三鷹の教育委員会の方から発掘専門の方が調査にみえたのです。その時いろいろなものが出て来て新たにわかったのは、地主様の時代よりさらに古く、六千年から八千年も前から、この池の周りには大きな聚落があった。井の頭の水は湧水で、こんこんと水が湧き出て、何千人もの人が生活できたんですね。聚落の規模は深大寺のそれより大きく、大酋長がいて、深大寺その他の酋長たちと交流があったようです。

その頃、住まいは池の周りの斜面を上りきった所にあって、傾斜の所には祭壇があった。当時すでにもうシャーマンがいて、お祈りをしたり、祭政一致の状態だったようですね。ヒミコとか、神功皇后の例でわかるように、日本ではずっと祭政一致が行われていたわけです。

遺跡というのは、大体千年で三十センチぐらいの地層の差で出るんですわ。深大寺の植物園や、ここの公園の御殿山の方へ行ってみるとわかるが、木がいっぱい茂っていると、木の葉がたくさん落ちて腐植土になっているでしょう。それが千年で大体三十センチになるんですね。

で、それで大体何千年ぐらい前のものかがわかるのだそうです。

それで、この妙清会館を建てる時にも、いろいろな層から、いろいろ出たわけですが、出て来たものからわかったことは、ここが一万年近い前の大昔に人間がここに住み着いた時からずっと、絶えず神様をお祀りしていた祭壇の跡だったということなのです。写真に石がいっぱい写っているでしょう。これは、祭壇に供えるための魚やケモノを、石焼き芋ではないけれども、石焼きにした石なのです。化学分析やらレントゲンやらの調査の結果、肉汁や魚油の付着していることがわかったそうです。

次の写真の土器は、以前の、ホールの玄関入口のすぐ前から出たのです。調査の人たちが、もっと何か珍しいものが出るかと期待したのに出て来ないと言って、あんまり満足できないような様子なので、「じゃあ、みてあげよう」と言って立ったままでじっとみると、下の方にツボのようなものがみえる。で、「あそこを掘ってごらん。下の方に何千年か前のツボのようなものがみえる」と言ったら、「そうかな」って顔をした。初めは、たいてい皆そういう顔をするんですよ。ところがこれ（土器）が出て来たのです。

これは、非常に珍しいものなそうです。取っ手が付いていて、やっぱりお供えをするのに、何かを炊くというか、要するにお釜のようなものらしい。その頃もう火を使っていたんですねえ。

これが出て来ると皆非常に喜んで、私が、「これはウチで出たんだからウチに下さい」と言ったら、「これはもう、とても珍しいもので滅多に出ないからあげられない」って、持って帰っちゃった。でもいろいろ、出て来たものや、この辺りの昔のことを教えてくれました。

そしてわかったのが、この地は、何千年もの大昔から、このお宮の土地は、絶えず神様をお祀りしていた神聖な場所であった、ということなのです。大切なのはそのことなのです。

（中略）

ところがここに妙清会館を建てることになり、三鷹市の教育委員会の方から遺跡調査の人たちが来て調べたことで、それがわかったわけですね。祭壇に供えるためのいろんな物を調理するものとか、特別の釜とか、お供えするために魚とかケモノを石焼きにした石がいっぱい出て来た。そしてここが、八千年も、一万年も昔から幾代にもわたって神様をお祀りしつづけた神聖な場所だということがわかった。この時に初めて、五十年ほど前にこの土地を神様がお宮として定めていると仰せになったほんとうの意味が、やっとわかったのです。」

（玉光神社機関紙「光の便り」第七〇号、一九九四年六月より抜粋）

二〇〇七年（平成十九年）

愛と超作

自然と人間を愛するように

皆さん、明けましておめでとうございます。

それでは、昨日伺った、今年のご神言を皆さんにお伝えしましょう。

八つ項目がありまして、一つは、

『自然と人間を愛すること』[1]

というご神言でした。

今、自然が、温暖化現象その他で空気がだんだん暖かくなって、熱帯の辺で起きていた低気圧とか嵐とか、そういうものがだんだん上に上がってくるようになりましたね。北海道の辺までも嵐あるいはハリケーンのようなものが届くようになった[2]ということは、だんだん、空気が暖かくなって、湿気を含んだ暖かい海の水蒸気といいますか、そういうものがずーっと高緯度の方まで上がってきて、嵐が世界中で吹くようになった。特に熱帯に近い地方ではそういう現象が大きく、ハワイでは去年は大雨による大洪水が起きて、ホノルルは水浸しになって車がひっくり返ったりしたみたい(3)ですね。そういうことは今まではなかった。北海道にハリケーンが届くようなことも今まではなかったわけです。

これからそういう現象がもっと激しくなるのかどうかということですが、人間が勝手に、自分だけの豊かな生活を求めてエネルギーを使いすぎる、あるいは温暖化現象を作り出すというのが、自分の生活の中に大きくはね返ってくるようになって、人間の生存というのが危うくなる可能性もあるわけです。

ですから、今世紀の間にどのように人間が自然と付き合っていくかということが、一番大事なことだと思うのです。

人間と人間との関係でなくて、地球そのものが大きな変化をして、人間が住めなくなったのでは元も子もないわけですから、そういうことによく注意を払った政治や経済や科学、そういうものが出来てこないと困ると思うのです。

そういう、一つの、いい方向の人間の心がけが、今年は少しは世界中で進むように、というご神言がありました。

気候変化と嵐の増加

二番目のところでは、

『自然界で温暖化による気候変化と嵐が増加して、人びとが苦しむ。嵐への用意を怠らないように』

というご神言ですから、嵐が来るとの予報があったら、皆さん、今までの嵐よりははるかに雨の量も風の強さもひどいみたいですから、嵐への対策によく注意してください。

——地震のことはあまりご神言がありませんでしたから、大丈夫なのかもしれませんね、よくわからないけど。

霊性への気付き

三番目が、

『人間の霊性、社会性、道徳性、個人性が世界中で進展し、よりよい社会、教育をつくる力が増してくる』

「霊性」ということですけれども、私も、魂が在るのだ、それが人間の存在の一番の根源にある、それなしには人間というものは身体をもつことも心が働くこともでき

ないのだ、ということを、なんとか科学的に証明をしたいと思って、五十年ほどいろいろやってきました。(4)

去年からだんだんに、世界中の、特に量子力学の先端の学者たちにそれが理解できてきて、今までは、実験をする時に、科学者というのは傍観者でしかなく、科学者の心は、実験をしている自然（対象）には影響を与えないと考えていたわけですけれども、それが間違いであって、一生懸命に実験をしていると、細かい量子の世界、原子の世界になるほど、「思う力」によって現象が変わる、つまり実験が成功したり成功しなかったりする確率が間違いなく変わるという、そういう実験結果がだんだん出てくるようになりました。

心と身体、物と自然、あるいは自然と心というのは、お互いにentangled mindといいますか、干渉し合うのだというふうな説が、だんだん量子力学の先端の人たちから出るようになってきました。それだけ、文化というものが変わってくる、人間の心と自然との関わり合いへの理解が変わってくる、自然の中にも心があるのだということを皆が認めざるを得ない、そういう時代にだんだんなってきたように思うのです。

そういうことに基づいて、社会とか教育、政治、経済の中でそういうものが生かされてこないといけないと思うのです。何年か前から、今の金儲けだけの、相手をやっつけても自分の会社だけが儲かればいいというふうな、そういう資本主義のあり方は早晩潰れる、というふうに私は感じ、話してきましたけれども、実際にそういう現象が、もうアメリカでは起きているのです。アメリカでも日本でも、巨大な、しかし自社の目先の利益だけを追っている会社は大きな損をして左前になってきた。ところが、「皆のために、社会の役に立つように」ということを目標にして働いている会社は、アメリカでも日本でも業績が上がってきた。かえって非常に利益を上げている。

霊性、道徳、人間性を包含する経済へ

それで、四番目には、

『経済も、金利を追う資本主義は衰退し、霊性、相互依存、思いやりをもった道徳、人間性を包含する経済に変化していく。金儲けだけの経済は潰れる』

というご神言でした。

前からそういうご神言もあったし、そういうふうに資本主義が変わっていくだろうと思っておりましたが、現在アメリカの中でも大きな変化が起きた。つまり、「これを作ることによって、自分と関係のある会社も成り立っていくように」と考えて物を生産したり、相手を潰すのではなくて、相手も成り立つように考える会社が、非常に

業績を上げて社会的に伸びているようですね。そういう統計的な報告が、アメリカで、ごく最近でしたが、ある本に出ていましたが、変わってきたと思うのです。

そういうふうにならないと、金儲けだけ、自分だけよかったらいいというのは、――昔の宗教でも、民族宗教というのはみなそうですね。年末にイラクのフセイン元大統領が死刑になりましたけれども、政治抗争というよりも、むしろスンニ派とシーア派とに代表される宗教抗争であると言う人も多い。自社や自派、自分だけがよければいいというような考えが勢力を振るう世の中、あるいはそういう社会では、争いが起きるだけで、人間の生き方はお金とか軍備とか軍事力だけでは抑えられない。心から、霊性から問題を改めて考え直して、相手のそういうものを受け入れた上で、そういう人たちが成り立つようにすることが大事だということが、アメリカの人たちにも分かってきたのではないかと思うのです。今度の選挙で、共和党が負けて民主党が勝った[5]というのは、そういうことだと思うのです。

そういうふうに、今、大きな変革がだんだん世の中に起こっているように思うのです。

愛と超作をもって仕事に集中する

五番目は、

『信者は、『愛と超作』の本[6]をよく読んで、自分の霊性、人格、社会性をより進化させるように』

というご神言です。

そういうご神言でしたので、自分の本ですけれども、何を書いてあるのかなと思って、昨日読んでみたのですが、なかなかいいことを沢山書いてあるのですね（笑）。後で二、三の項目を読んでみたいと思いますが、これはごく最近英訳が完成して、多分アメリカで本になると思います。アメリカの人たちにもこの『愛と超作』という考えが、非常に必要だと思うのです。

六番目は、

『人間を生かし、自然を生かし、支えてくださるのは神様だけであることを忘れないで、仕事に愛と超作をもって集中するように』

どうしたらいいかということは、『愛と超作』の本の中に書いてあります。仕事をする時の超作、仕事をする時の愛というのはいったいどういうものかということが書いてあります。

今皆とそこに座っている池原君は、[7] ここのＳＣＩ[8]（南カリフォルニア大学院大学）で修士号を得たあと、アメリカへ行ってＣＩＨＳの事務の方を手伝ってくれた。そして今ＣＩＨＳにもう一度学生として戻って、「超作」というテーマで博士論文を書いている最中ですね。後一年ぐらいしたらできるかな……。

いろいろな宗教の教えと私の説く「超作」とを比較して、僕が言っているのが他と比べてどういうふうな特徴があるか、長所があるかということを、学問的に研究しようと一生懸命にやっている。そのうちに皆に教えられるようになると希望しています。

子どもの躾についてのご注意
――霊性、社会性、自主性と集中力の養成を

七番目は、

『子どもには霊性、社会性、自立性と集中力を養成するように躾けること』

今の子どもを見ていると、本当の愛をもって躾けることができていない。自分の自己愛だけで子どもを育てた、あるいは、子どもを本当に愛するのでなくて、夫婦仲が悪くて子どもの中に憎い主人の面影を見ながら育てたような母親の子どもは、非常に

攻撃性が強くて、それでいて自立性がないのです。甘えてばかり育ったような場合も、やはり自分の自覚というのが案外少ないのです。そういう親に育てられた子どもは、まず一番足りないのは自立性なのです、自分でものを考えて何かをするという。そういうことがこの『愛と超作』という本の中には書いてありますから、よく読むように。

そういう子どもというのは、集中がよくできないようですね。甘やかされて大きくなって子どもを生んだ親の子、あまり本当の愛がなくて、親の自己愛だけで育ったような子ども、なんでもしたいことはさせる、なんでも欲しい物は与えるという育て方で育った子ども、そういう子どもは自立性がなくて、集中力がないみたいですね。それが今、いろいろな問題を起こしているように思うのです。

『子どもには霊性、社会性、自立性と集中力を養成するように躾けること』

というご神言は、今非常に大事な、学校の教師にとっても大学の教師にとっても、——教師というのはだいたい幼稚園から大学まであまり変わらないのです。学問は優れているかもしれないが、本当に狭い自分の中の考えだけで動いている先生も多いようですからね。そこで、自立性とか社会性、霊性、集中力を養成するように、学校でも大学でも、あるいは小学校でも躾けることが大事だと思います。大学生で分数の計算ができないなんて考えられないことですが、でも、実際にそういうことがあるそうですね。

食物についてのご注意
——季節の自然のものを全体で食するように

八番目は、加工食品というのは、ほぼ全てに食品添加物が使われていますね。防腐剤とか、あるいは抗生物質とかを基準以上に入れてないと言うけれども、それに代わるものをどんどん使っているわけですね。

厚生労働省は、他にも漂白剤、保存剤、酸化防止剤等について使用許可基準を設けてその範囲内での使用を認可しているけれども、それがいかに肝臓とか腎臓とかを傷つけるかということが、今のところ明らかにされていない。しかしいっぱい病気の人が増えているわけですね。また、そういう物質が、後になって、糖尿病とか心臓病とかを作り出すもとになると心配されている。だから、

『加工食品は身体に有害な物質を含むから、肝臓とか腎臓、心臓に病気が生じやすい。玄米とか麦、大豆、野菜等で季節の自然の物をなるべく多く摂るように』

というのが最後のご神言です。

吉祥寺駅の下の食店街へ行くと、おいしい物がいっぱいありますね。たくさんの若い人たちが自分で食事を作らないで、あそこに行って買って食べているようです。それらが今言った加工食品で、半分、毒を食べているようなものですね。だから、自然の物をなるべく、――自然の物と言っても、白米のように胚芽のところを退けてしまう、そういうのは、いろいろ身体にとって一番大事な成分を退けてしまって、要するにおいしいところだけを取り出しているようなものだから、そういうものばかりを食べていたらやはり病気になってしまう。糖尿病が増えてしまうわけです。ですから、なるべく自然の物を加工しないで全体で全部食べるようにすることが非常に大事だなと思います。

以上、年頭のご神言をお伝えしました。

本当の愛は人を支え生かす

『愛と超作』という本は一九九六年に出していますから、ちょうど十年前ですね。今も、新しい実験をしたり新しい数学の勉強を一生懸命にしたりして、昔書いたものを読み返す暇がほとんどないのです。それで、ご神言があったので、『愛と超作』を昨夕読み返してみました。今全部読むわけにはいかないから、今の人たちに大事と思う二箇所についてだけ読んでみましょう。六二と八三の項目のところです。

この本は全部で二百ページ以上ありますが、一番最後の項目に「一〇九　四分六から三分七へ」というのがあります。皆さんが生まれてこられたのは、前生や死後の世界で四つ悪いことをして六つよいことをしたから人間に生まれてこられているけれども、よいことを七つにして、悪いことを三つぐらいで収められるように今の生活をしたら、もっと霊的にも人間としても成長ができるという項が、最後の項になっています。

今は六二と八三の項目のところについて話しましょう。

六二というのは「共感と愛」という項ですね。

私が十歳の時、清光先生[10]が神様のご神言で東京に出られて、その後に継母がみえた。まだ清光先生がいらした時にも、小学校三年生頃からあっちこっち親戚の家にやられたりして、あまり愛のない家庭の中で育ってきた[11]わけです。だから、大きくなるにつれて、本当に人間というのは信用できない、特に女の人というのはどうも信用できないなと思いながら、大きくなってきた。それで、自分は自分で守るよりしようがないのだというふうに思っていたのです。

それが、神様のところへ戻ってから、お代様に接して、本当の愛というのが人間にあるのだな、それから共感というのか、思いやりというのが、本当に人を愛する時にはできるのだなということがよく分かったように思うのです。

それで、

「お代様は、神様が人間を成り立つようにいろいろとしてくださるのと同じように、無碍無所得というか、自分の何かのために何かするというのではなくて、自分のために何かをするというのではなくて、――ここが大事ですね――ただ私が成り立っていけるようにいろいろしてくださいました。そして、私の奥に動いていて私自身にもよくわからないような感情のようなものまで、よく汲み取ってくださいました。相手と同じ立場でその人の気持ちをよく感じ取るわけです。」（一五一頁）

こういうのが共感ですね。皆さんはどうですか。共感を、子どもたちにも周りの人たちにもできていますか？　難しいけれども、できないとだめですね。

「この共感というのは普通の人間ではなかなかできないのです。本当に相手がどんなふうに感じているのか、相手が人に対してどんなふうにいつも感情が動いているのかということがわからないのです。」（一五一頁）

これがふつうの人間だと思うのですが、どうですか？　なかなか難しいですね。

「特に、自己愛の強い人や、自分の持っている生活習慣が一番いいように思ってい

るようなタイプの人には、相手の気持ちというのがなかなかわからない。」（一五二頁）

こういう人は自分の気持ちの中に閉じこもっているわけだから、相手のことがわからないのですね。

「それでどうしても自分の気持ちや考え方で動くから、人間関係に軋轢ができる。」（一五二頁）

私と継母の場合もそうだったように思います。

「ところが、お代様は自分の生活の仕方などを強制したり押しつけたりしないで、私がどういうふうにしたいと思っているかを感じ取ってくださったのです。そして、その状態で、どういうふうにしたら一番いいかというふうに動いてくださったように思うのです。」（一五二頁）

本当に無理なく、自然にしてくださったように思うのです。

「それともう一つは、私のことを、一つの大きな使命を持って生まれているから立派に育てなくては、というような大きな愛がいつも動いていたように思うのです。本当に人の気持ちをよく感じ取り、相手の気持ちと同じになれる方でした。」（一五二頁）[12]

母のところに戻ってきて、人間というのは本当に愛によって生き返るのだな、人間というのは本当に愛をもつことができるのだなということがよくわかったのです。私も、そういうふうに皆さんに対して接したり動いたりしたいと思うのです、大きくね。

物の世界が出来上がるというのは非常に大変なこと

次に、八三の「ありったけの知恵と勇気と力をしぼって」という項について話します。

私は去年も一年中忙しかったですね。それは私が一生かけて、ここ五十年、六十年の間、「神様はいらっしゃる、魂は在る」ということをなんとかして科学的に証明できるような学問をつくりたいと、そのための研究を続けているからです、実際に神様にいつもお会いするわけですから。それで、その自分の体験から、以下を書いているのです。

「神様が皆をつくり出したり、支えたり、生かしたりして下さるのだって、中途半端ではできないことなのですよ。」（一九九頁）

神様だからなんでもちょい、ちょいとできるかというと、そういうわけにはいかない。

「物の世界が出来上がるというのは、非常に大変なことなのです。」（同）

一週間ほど前に筑波大の宗教学の教授という方がみえて、「自分は文献学的方法で、特に瑜伽行派[13]の理論を追ってきたが、いろいろな学派の人たちの言うことが実際と辻褄が合わない、矛盾が多いように思える。龍樹や空海についての話がききたい」ということでみえたのです。

唯識派[14]が生まれた元は、小乗仏教[15]のいわゆる上座仏教[16]とかいろいろな人たちが、有部論[17]とかいろいろな説を立てるけれども、どうもそれは、現実に物があって、現実の物に入り込んでいってそれを動かすというふうなところが足りない、つまり彼岸の悟りのことばかり言っていて、実際には行を一つ一つ下から重ねていって、霊的に成長していく過程がどうも小乗の人たちには足りないと思う、というのがきっかけになって、大乗仏教[18]の中の唯識派というのが出来たわけです。ユガ派とも言うのですが、ヨーガの行をして、釈尊が摑んだ悟りの世界を自分なりに体験していきたいというのが元だったのですが、ユガ派の人たちが今度はまた、バーチャルな世界というか、「心のみが本当にあるもの」というふうに、物の世界を非常に軽視をする、軽くみる、そういうふうになったのはどういうわけでしょうか、というので、みえたわけです。

いかに心が物をつくることは難しいか

ところが、霊的な成長が進むほどに、物を動かすことができるようにはなるが、しかし物を動かすことが本当にはいかに難しいかということですね。たとえば、ちょっと人の病気を治したりなにかするのは簡単な……いや、簡単とも思わないが、相手の中に入っていって、あるいは力を送って、病気のある場所で病気を治すように、細胞の壊れたのを治すように、あるいは、出血している血管を治すように力を送る。そのとき、送っている力が、送っている場所でどのぐらい具体的に働き、どのぐらいの結果を出しているかということが実際にわからないとだめだけれども、その程度のことでは、嵐を止めたり、地震を止めたりはできないのです。あるいは、カリフォルニアで起きている山火事を、日本から力を送って、湿気のある雨の風が海からずっと内陸に入って火事を止めるようにすることはできない。(19)

そういうふうなのと、ちょっとした病気を治すのとでは非常に違うのです。そうなってくると、霊的に成長すればするほどに、自然をコントロールする、動かす、つくり出すというのがいかに難しいかということがだんだんにわかると思うのですが、たとえばローソクの火をじっと見ていて、心の中でローソクと一つになって、「消えるように」と思うと消える、「つくように」と思うと消えたローソクがまたつく、そういう程度のところで満足して止まると、嵐を止めたり、地震を止めたりというようなことはできないわけです。

ところがカラーナの次元に入っていって、ある程度の病気を治したりいろいろなことができるようになると、「心の通りに物が動く」というふうに、つい思うようになってしまうわけです。

それと、あの世への「悟り」というものをインド人というのは非常に強調するから、そういうものと相俟って、唯識がやはり唯識の段階で終わってしまったわけです。いかに心が物をつくることが難しいかということがわからないところで止まってしまった。物をコントロールするところが、今の科学者で言えば、実験をして集中することによって量子の動きをいろいろ変えることができる[20]、その程度の簡単なところで物と心の問題を解決したように思うと、そこで大きな間違いができる。この点について、筑波の方がまたみえたときに、もう一度よく話したいと思っているのですが。

その方は真言宗のお坊さんでもあるのです、教授でもあるけれども。自分なりに行をして、その行をしたことによって、学説がいろいろ矛盾のあることを言っているけど、どっちが間違いで、どっちの言っていることが正しいかという判断ができるようになった、それをもっと進めたい、ということでした。

そういうふうな、実際に行をした人たちと話し合うというのは、非常に話がしやすいですね。最近、合気道八段で、日本では非常に有名らしい方と話し合ったことがあります。その人の話で、合気道のあるところまでいくと、相手の気と自分の気が合う、そこで相互作用するということでしたが、そういうところは、宗教体験のアストラルの次元の上界とかカラーナの初めの辺でよく起きるわけです。そういう方との話は非常に理屈なしに通じ合うのです。話していても、非常に愉快なのです。

話を元に戻すと、「ありったけの知恵と勇気と力をしぼって」ということ、これをぜひ皆さんに行なってもらいたいと思うのです。

神様でさえも

神様が物をつくる、と言っても、物の世界が出来上がるのは非常に大変なことなのです。というのは、神様でさえも、人間をつくりだすのに四十億年か五十億年かはかかっていらっしゃるわけです。初めから人間がポッ!と出来たって、この地球の上が火の塊だったら、人間は住むことはできないですね。水やら、空気やら、温度がせいぜい零下三〇度からプラス五〇度ぐらいの範囲内でないと生きられない。そして、空気の中に酸素が二〇パーセントぐらいないと生きられない。そういう非常に限られた条件の地球の環境をつくって、初めて生物が出来る。それからだんだん進化をして人間がつくられたわけです。

地球が出来て四十億年ぐらい経った。人間が出来たのはせいぜい七百万年ぐらい前なのです。神様が人間をつくられたのは、ポイ！と出来たわけじゃないのです。何十億年もかかって徐々に環境を整えて、条件を整えて、人間の魂をつくられたわけです。

物をつくるというのは大変なのです。

ですから、ご神言があったとしますね。大学をつくるのでも、ご神言があった。ご神言があったのだから、必ず出来ると確信はあります。だけど、人間としての私は、大学の敷地を決めるだけでも三年ほど、だいたい五十キロから百キロ範囲内のいろいろなところを探し回った。ここがいいかな、あそこがいいかなと、百カ所ぐらい実際に行ってみて、ああ、ここはよくないな、条件が整わないな、学生にとってもよくないというわけで、今のところを選んだのはやっと三年目なのです。そしてそれは、やはりエンシニタス市の中なのです。エンシニタスという土地に縁があるのですね。[21]

そのエンシニタスの中で、大学用地に決めたあたりは、その頃はただの原っぱだったのです。あまり開けていなかった、十五年ぐらい前は。ところがそこへ大学を建ててから周りがどんどん開けて、ショッピングセンターのようなものも五つぐらいできたかな。ショッピングセンターといっても、一キロ四方ぐらいある非常に大きなところですからね。学生がちょっと昼休みに行ってご飯も食べられる、何か買うこともできる、非常に便利なのです。そういうところを見つけるのに結局三年かかったわけです、あれこれ。

そういう努力を一生懸命にしていると、ちょうどいい時期にいいところをみつけられるように、神様が整えてくださるわけです。努力しないで、ご神言があったから、棚からぼたもち式に口を開けて待っていて、ぼたもちが今にも落ちるように思ったら、それは間違いだと思うのです。やはり努力をしないと、できないのです。

しかし、努力をしたからといって、努力がよい実を結ぶかどうか、人間にそれができるかできないかは、できないことの方が多いのです。そこのところを、何か、実際に物をつくったり、会社をつくったり、そういう経験のある人にはわかると思うのですけれどもね。

そういう意味では、

「神様は一生懸命に働いていらっしゃる。中途半端ではない」(一九九頁)

というわけです。

ですから、人間も、一生懸命に働かないと、ものはそんなに簡単にはできないということです。でも、必ずできるのです、『できる』というご神言があったら。最近も、引越して新しく家を建てて新しい仕事を始めようと努力している方があります。新しい家を建てる前に、今住んでいる家を売らないといけない。しかし、今住んでいる家を、亡くなった母親の霊が、売りたくないのですね。それから奥さんの方の家のカルマもあって、なかなかうまく、事が進みそうで進まなかったのです。しかし主人のお母さんと奥さんの家のカルマとのお祈りを一生懸命にしながら、現実にも一生懸命に動いていたら、急に一年半ぐらい経って、事情が好転して、思いがけない良い条件が整ってきた。

超作の要諦
──人間としての自分の、ありったけの知恵と勇気と力をしぼって懸命に働く

ですから、

「超作という時に、『できた結果に執われない』ということにあまり執われすぎると、本当の超作はできない。いつも言うように、超作というのは、本当に自分の心や身体のありったけの知恵と勇気、力をしぼって、そして、『こうなるように！』と強

く思うことです。神様が必ずそれを実現してくださると信じて、努力をして、自分の最善を尽した上で、結果に執われない。」(二〇〇頁)

そうしたら、今さっきの話のように、その人にとって一番いいことが、自然に、予期もしないような形で起きてくるわけです。それをきっかけにして、自分が「こうしたい!」と思っていることができるようになるのです。

ですから、皆、あせらないように。ありったけの自分の人間としての知恵と勇気と力をしぼって、一生懸命にする。そして結果が、どういう結果になっても、それが本人にとって一番いい結果が生じたのだから、それを受け入れる。そしてそれを踏み台にしてまた一生懸命にやっていたら、必ず、自分が「こうしよう!」と思っていることができるようになる。これは間違いないのですよ。

宗教をもつことがものをつくっていく上の一番の基本

そこが、信仰があるかないかの分かれ目ですね。信仰がなければ、できないのです。大きな事業に成功した、裸一貫から成功した創始者、初めてものをつくったような人たちは、皆そういうものを感じて、宗教というものをもっていますね。ところが、いったん出来上がって、雇われの社長が来ると、そういう雇われの社長というのは、案外宗教というのを知らない人が多いのです。そこが、創始者と雇われ社長の違いですね。

　宗教をもつことが、ものをつくっていく上では一番基本になることですね。それがあったら、全てのものは、自分の存在もくるめて神様によってつくられて、支えられているということが分かってくる。そうしたら、自由になれるのです。ああしなければ、こうしなければと思いわずらわないで、いつでも自由というか、一生懸命にしながら、同時に「したい！」と思うことから離れておれるようになる、一番心の底ではね。すると、「これをしよう！」と神様にお願いして、すれば、できるのです。

「しよう！」と思って、それに落ち込んでしまうと、できなくなってしまう。というのは、「しよう」と思っている自分の中に落ち込んでしまうと、周りのものをコントロールできなくなってしまう。自由になっていないとコントロールできないのです。そこがよくわからないと、ものはできない。

　だから、学校はつくったけれども、いつ潰れてもいいと、学校から離れている。することは、誰がみても、ドクター・モトヤマは人の十倍ぐらい働いていると皆が言うほど、よく働きますね。その上で、できてもできなくても、それを受け入れるような自由な気持ちでおれば、必ず神様が力をくださって、できるようになる。できたらいいので、年数が問題ではないのです。

ところが、年数を問題にしたら、年数を問題にする自分、あせっている自分があるから、ものはだんだんできなくなってしまう。そこをよく知ってもらいたいと思います。

では、今日のお話はこれで終ります。

今年は、いいことと悪いことが入り混じっているけれども、まあまあ、二〇〇四年よりはいいですね。

権宮司　長くなって恐縮ですが、宮司様の活動というのは、この玉光神社という一宗教団体の活動ではないと思いまして、宮司様しかできないことをしていただきたいと思って、一年前に皆さんにお頼みして博香基金というのを設立しましたが、お蔭様で大変皆さんにご協力いただきました。ここでお礼申し上げます。

（玉光神社機関紙「光の便り」第二二〇号）

註

（1）『自然と人間を愛すること』

玉光神社の根本経典『十五条の御神訓』には、
『神の愛をもて　人と自然を愛せよ』（第八条）
『人や自然　霊を愛する者は　自ずから成り立つ』（第十三条）
『人や自然を害する者は　亡びる』（第十四条）
と記されている。「参考」①「モノの中にある神性を拝む」を参照してください。

（2）北海道の辺までも嵐あるいはハリケーンのようなものが届くようになった

二〇〇四年の台風十八号は、九州に上陸した後も勢力が衰えずに日本海を縦断した。そして北海道接近時に再発達したために北海道では風が強まり、北海道全域における農業・林業・インフラストラクチャーなどの暴風被害は、数十年に一度ともいえる規模に達した。（〇五、〇六年には北海道に上陸した台風はない）

（3）ハワイでは去年は大雨による大洪水が起きて、ホノルルは水浸しになって車がひっくり返ったりしたみたい

二〇〇六年三月には六週間の雨がハワイを洪水に巻き込んだ。カウアイ島ではダムが破壊され、七人が亡くなった。オアフ島では雨がワイキキの下水道をあふれさせ、結果として何日間も島の南海岸の一部が下水で汚染されたことがあった。

（4）なんとか科学的に証明をしたいと思って、五十年ほどいろいろやってきました

著者は、著書『宗教経験の世界』（宗教心理出版　一九六三：一九九〇年に『超感覚的なものとその世界』と改題された）の序文において、

「母の宗教体験及び私自身のそれを通じて、宗教経験の世界、換言すると超感覚的なものの世界が存在することを体験的に知っていた。この宗教経験の世界或は超感覚的なものが存在すること及び如何なるものであるかを、何らかの方法で、科学的に或は体験的形而上学的に明らかにしようと十有余年来努力をつづけてきた。この努力が、或る時は生理学心理学等による超感覚的なものの探求となり、或る時は超感覚的宗教経験の世界の宗教的行、宗教的体験による超感覚的体験的把握となり、それに基づく形而上学的存在論的解明或は超意識等の面よりの解明となって、その成果が幾つかの論文或は報告となった。」

と記している。

これらの論文あるいは報告は次第に海外においても高く評価されるようになり、六二年にはアメリカのデューク大学のJ・B・ライン博士の招聘を受け研究員・講師として渡米、マクドゥガル奨学基金をその後二年間にわたり授与された。

その後もその研究は世界的に評価が高まり、多くの国ぐにの学会、研究会より研究論文寄稿、来講の依頼を受け、九二年には世界各国の各専門分野の著名な学者・有力者の協力を得て、「人間とは何か、その本質は何か」について、「学際的、科学的、実証的に研究するための大学院大学（CIHS）」をアメリカ・カリフォルニアに設立した。それらの活動の歴史について、自ら「二十二歳から八十八歳になる今日まで、人

間とは何か、その本質は何かについて、六十五年余り、命をかけて探求してきた」と語っている（本山博『随筆集　思いつくままに』② 序）。同書①②には、研究や、生涯のさまざまな出来事について自ら平易に叙述しているので参照してください。また、『本山博年譜』（宗教心理出版）も参照してください。

（5）今度の選挙で、共和党が負けて民主党が勝った

二〇〇六年十一月七日に行なわれたアメリカ合衆国中間選挙で、民主党が上下両院で多数派を奪還。民主党と共和党は、アメリカの二大政党制を構成している。一般的に保守主義の立場をとる共和党に対し、民主党は現代の自由主義の立場をとる。

（6）『愛と超作』の本

本山博、宗教心理出版　一九九六。玉光神社機関紙「光の便り」に掲載された著者の諸講話から、その一部ないしは全体を、テーマに沿って選び編集したもの。

Ⅰ章　「超作」の意味
Ⅱ章　超作は神様の真似
Ⅲ章　宗教とは、神様の真似をして生きること
——真の宗教と魔的な宗教とを区別するもの——
Ⅳ章　愛について
Ⅴ章　愛と超作
——優しい気持は、どうしたら生まれるか——

Ⅵ章　仕事と超作
Ⅶ章　愛を世界に
Ⅷ章　地球社会実現と超作
のⅧ章、一〇九編より成る。

(7)池原君

ＳＣＩで修士号取得の後、ＣＩＨＳ事務長を務めた後、当時ＣＩＨＳドクターコースに在籍していた池原順二氏のこと。

(8)ここのＳＣＩ

ＳＣＩは、著者が一九九一年四月、宗教心理学研究所内に設立・開校した南カリフォルニア大学院大学日本校。当時文部省では学部のない大学院大学の設立を認めていなかったため、アメリカ合衆国・カリフォルニア州の南カリフォルニア大学院大学の日本校を設立した。カリフォルニア州政府の認めたカリキュラムを修了し、論文審査にパスした者は、州政府認可の修士号、博士号が授与された。学長本山博の他に、石川達也、丸山博、藤波襄二、谷美智士、小田晋、湯浅泰雄他多くの各専門分野の権威として知られる学者の方々が教授として参加された。

九三年十二月のＣＩＨＳ本認可に伴い、教授陣、学生もそのままＣＩＨＳ日本センターへの移行が予定されていたが、州政府の法律が改められ、アメリカ国外への大学院大学の分校設立を認めなくなり、ＳＣＩ本校も閉鎖された。閉鎖までの諸記録、学生の成績一覧によれば、九三年前半までに授業は終わり、九四年六月に、カリフォルニア本校学長ならびに日本校学長のサイン入りの学位記（Diploma）が発行されている。

(9) 大学生で分数の計算ができない

『分数ができない大学生――二十一世紀の日本が危ない』（戸瀬信之他著　東洋経済新報社　一九九九・六）。私立大学や国立大学のトップクラスにも、簡単な分数や少数の計算ができない大学生がいる、と発表して話題になった。

(10) 清光先生

著者の生母、余島シズエ師（浄光照清光之神）。本山キヌエ『玉光神社教祖自叙傳』（一九七五）三十一頁、「清光さんとの出会い」を参照してください。なお、玉光神社『教祖御教歌』五首のうちの、

「天地の別れし時ゆ定まるか
　君と吾との深きちぎりは」

は、『自叙傳』四十頁に、「清光さんを思ひて詠める」との詞書を添えて収められている。またこの本の題字は余島清光師の揮毫である。

(11) 小学校三年生頃からあっちこっち親戚の家にやられたりして、あまり愛のない家庭の中で育ってきた

本山博『随筆集 思いつくままに』① 二〇〇頁、二一八頁、二五二頁、二一三頁などを参照してください。

(12) 一つの大きな使命を持って生まれている

前出『玉光神社教祖自叙傳』三三～三五頁に以下の文が収められている。

「博が九歳の歳に、『此の子は十六歳の時に一命を落とすような大病にかかる。その時が越せれば後には大成をなす事ができる。』と仰せになりました。(中略)『今日から吾子博(博を吾子とお呼びになられました)をそちにあずけおく。東京へ連れて行き学問をさせよ。十年の後には博に吾の道を打立てさせん。』との御神言を頂きました。」

(13) 瑜加行派

唯識派とも言う。大乗仏教の二大学派(中観派、唯識派)のひとつで、前五識(眼・耳・鼻・舌・身の感覚)に意識、末那識、阿頼耶識を加えた八種の識が、すべての存在を現象させる(＝唯識)と説いた。

(14) 唯識派

註(13)を参照してください。

(15)小乗仏教

大乗仏教が上座仏教（註16参照）を呼ぶときの呼称。

(16)上座仏教

初期仏教教団が、釈迦没後百年ごろに分裂して出来た一派。戒律の解釈に厳格な態度をとったことで知られる。

(17)有部論

有部とは、上座部から分派した部派である、「説一切有部」の略称。あらゆる現象を生成させる法（ダルマ）自体は不滅であると唱えた。

(18)大乗仏教

紀元前一世紀頃にインドで発生し、中国・日本・チベットなどの北伝ルートで広まった仏教。竜樹の中観派、無着・世親の瑜伽（唯識）派によって確立された。従来の仏教が出家者中心・自利中心であったのを小乗仏教であると批判し、すべての人間を平等に救済し悟りに導こうとする利他中心の立場をとった。

(19)日本から力を送って、湿気のある雨の風が海からずっと内陸に入って火事を止める

これについては、この章「参考」②に所載の「サンタバーバラの大火　世話人・岩渕美代子」（「光の便り」第二六号）、及び「参考」③に所載の「光の便り　号外編」一八二号に詳しいので参照してください。

(20) 今の科学者で言えば、実験をして集中することによって量子の動きをいろいろ変えることができる

最近の量子力学では、脳のマクロスケールでの振る舞い、または意識の問題と量子力学的な性質とが深く関わっているとする考え方があり、量子脳理論と呼ばれている。

(21) 今のところ

ＣＩＨＳの現在地（701 Garden View Court, Encinitas, CA 92024）を指す。一九九四年八月、用地取得、九六年一月本校舎完成、九九年一月第二校舎完成。九二年九月の開校より九六年八月までは、エンシニタス市内の仮校舎を使用していた。

主なニュース

〈国際情勢〉

米大統領選に向け「変化」への期待は、女性のクリントン、黒人のオバマ、少数派モルモン教会信者のロムニー各候補として現れた。パレスチナのヨルダン川西岸地区が世俗派ファタハ、ガザ地区がイスラム原理主義ハマスの支配で分裂、イスラエル和平交渉を難しくしている。韓国の盧武鉉大統領が北朝鮮の金正日総書記と会談したが「発展と平和の宣言」実現は容易でない。ミャンマーの大規模反政府デモの武力鎮圧は、欧米の民主化要求の声を高めた。新指導者、仏のサルコジ大統領、英のブラウン首相、独のメルケル首相が出そろった。

〈国　外〉

・タリバンが韓国人二十三人誘拐、牧師ら二人殺害　（七月十九日）
アフガニスタン南部で、バスで移動中の韓国人キリスト教関係者二十三人が、旧支配勢力タリバンに誘拐され、駐留韓国軍部隊の撤退と、人質と収監中のタリバン兵の「等価交換」を要求。人質二人の殺害後八月三十日に残った人質が開放された。

・サブプライム問題で米経済失速　（七月、八月）米国の低所得者層向け住宅融資「サブプライムローン」の焦げ付き急増を背景に米経済の先行き不安感が強まり、米株安となりそれが欧州やアジアの主要都市にも波及した。

・スマトラ島地震で八十人死亡　（九月十二日）
インドネシア・スマトラ島沖を震源とするマグニチュード（M）8・4の地震が発生。震源はブンクルの南西約一三〇キロメートルの沖合。周辺国は一時津波警報を発令した。

・ノーベル平和賞にゴア元米副大統領ら　（十月十二日）

・中国産品から有害物質、安全性に不安高まる　（十二月）
中国製の「食品」や「製品」の安全性に疑問が高まり、世界中の注目を集めるようになる発端は三月。中国産原料で作るペットフードを食べ、数千匹の犬や猫などのペットが死んだと米メディアが伝え、懸念が広まった。

〈国　内〉

・「年金記録漏れ」五千万件判明　（五月）

社会保険庁は一九九七年一月、基礎年金番号を導入し、個々の加入者と受給者に番号を一つずつ割り当てた。九六年以前には転職等では別の年金番号が付けられる例が多かった。これらの番号は基礎年金番号に統合しないと受給額に反映しない。この基礎年金番号といまだ結びつかず、コンピューターの中で迷子になっている過去の記録件数が五千万件ある。

・新潟県中越沖地震、死者十五人　（七月十六日）

M6・8、最大震度6強。中越地方では二〇〇四年の新潟県中越地震以来のM6以上、震度5弱以上の地震となった。

・参院選で自民歴史的惨敗で与党過半数割れ、民主第一党に（七月二十九日）

年金記録漏れ問題が最大の争点となり、自民三十七議席、民主六十議席を獲得。非改選を合わせて民主百九議席、自民八十三議席となり、自民は結党以来初めて参院第一党の座を滑り落ちた。

・民営郵政スタート　（八月二十六日）

・安倍首相が突然の退陣、後継に福田康夫首相　（九月十二日）

参考　①

モノの中にある神性を拝む

（三十一組長）　今日の組の会では、『霊的成長と悟り』五十九頁の、「モノの中の神性を拝む」というところをテキストにして勉強しました。とてもむずかしくて、皆でいろいろ話しあいました。

（宮司）　うーん、今の人は、そういう、自然とか物とかを拝むような心が足りないんだよなあ。昔は、そうじゃなかったけれど。

でも、ヨーロッパへ行くと、足りない、というよりは、ないわねぇ。自然を拝むということは、ないように思います、今の、キリスト教のヨーロッパにはね。

だけど、二千年から三千年ぐらい前、あるいは、五、六千年ぐらい前に、今のインドとかヨーロッパの言葉の元になるような言語を話していた民族は、西アジアとか中央アジアのどこかからヨーロッパへ入っていったらしいが、その人達は、自然崇拝とかシャーマニズムというのをもっていたのです。

また、今のイギリスのウエールズやアイルランド、スコットランド、あるいはフランスに住んでいるケルト族という民族の人達、それから、イギリスでストーンヘンジという巨石の祭壇を作った人達、その人達も、水とか山とか川とか、そういうものの中にある宇宙の自然の生命力を、神様として拝んでいたのです。

しかし、今のヨーロッパ、特にキリスト教の伝統のあるところでは、キリスト教という砂漠の宗教が入ってからは、そういう自然を神様として拝むということはなくなったのです。

自然と人間とはもともと一つのものだという考え方は、砂漠の宗教にはないんですよ。というのは、砂漠というのは、雨が降らなくなり水が渇れると、生物はどんどんどんどん消えてなくなってしまうでしょう。砂漠の中では、水がなくなると、木でも草でもすべて死に絶えてしまう。ですから、そういう自然の中に永遠に続く生命力があるなんて、皆思えないんですね。

それが日本だと、春になると木々や草や稲が芽を出して、花が咲いたり、やがて実をむすんだり、毎年、時期が来れば大自然の生命が繰り返し繰り返して出て来ますね。だから日本とかインドとか中国とかそういう所では、自然の大生命というのは永遠に続いていて、人間も自然の草も山も川も、皆同じ自然の大生命の現われであるというふうにね、自然に感じるわけです。それで、まあ、日本も含めてアジアでは、そういう自然そのものの中に神様の力を感じとるのです。

実際に皆さんだって、山の中へ入ったり、山の中で小屋を作って野宿をしたりしてみると、自然の大きな、何ともいえない力を感じとれると思いますよ。そういう力を感じとるのには、やっぱり小っちゃな自分の、人間の意識のようなものがあったら、なかなか感じとれない。だから、感じとれないような人は、やっぱりそれだけ小っちゃな人間だってことですね。

ところが、明治以降の、西洋風の教育を受けた人達は、次第に西洋風の考え方の影響を受けて、自然を拝むというような心を失っていった。特に戦後の、アメリカ式の教育を受けた人達は、勝手放題に食べたり、飲んだり、使ったりしたあとは、余ったものはみんな捨ててしまえばいいというふうになってきたように思います。

そういうものの考え方というのは、自然や物には全く心がないという考え方ですね。で、そういう考え方で、結局、自動車は便利だから石油を使えばいい、森林は家を建てるのに必要だから切ればよい、というわけで、使い放題使ったり切ったりしてみたところ、最近になって、空気が悪くなってきたとか、気候が異常になってきたとか、地球そのものが壊れそうになりかけてきて、あわてて、自然と共存しなきゃいけない、なんて皆言いかけてきました。

それは、ヨーロッパでは、自然がどういうものか、つまり、自然と人間とは本質的に同じような心を持っているというのを知らないから、こういうことになったのですよ。で、その付けが今回ってきて、人間の住める地球が壊れてしまうかも知れないという所まで来たわけです。……こんな話でもいいのかな？

（組長）　結構でございます。よろしくお願い致します。

（宮司）　地球が出来てから、四十五億年から五十億年になると言われていますが、今から四億年ぐらい前までは、地球の表面はね、赤茶けた土があるでしょう、あんなふうになっていて、一切、何の生物も存在していなかったのです。地球が出来てから四十億年もたっても、やっとそんなふうだったのです。

空気にしても、地球の出来たその頃はなかったのです。

地球内部からガスがしみ出して来て、だんだん原始大気が出来て、次第に今の大気の組成に近くなっていったのですが、それでも、空気中に酸素分子はなかったのです。地球上に酸素が出来るようになったのは、海が出来、生命が誕生してからなのですよ。

海が出来たのは、地球が出来て四、五億年ぐらいの頃から雨がいっぱい降って、そして海が出来た。海は、遅くとも三十八億年ぐらい前からは確実に存在したと言われています。

その海の中で、いわゆるアミノ酸のようなものが出来て、蛋白質が出来、最初の生命が生まれた。それは、非常に微細な、バイ菌のような微生物でした。生命の誕生は、三十五億年以前にさかのぼれるそうです。

この微生物は、酸素を必要としない発酵によって、外部の有機物をとり入れていたようです。それが次第に進化をして、藻のようなものが出来て光合成をするようになって初めて、酸素が出来るようになった。それは、約二十七億年以前と言われています。

それがさらに進化をして、サンゴとか貝のようなものも出来てきて、それらがまた水の中にある炭酸ガスを吸い取って、それとカルシウムとを一緒にして、ああいう固い殻を作る。

炭酸ガス（CO_2）というのは、酸素のO_2と炭素のCというのがひっついて出来てるわけだけど、サンゴとか貝とかエビのようなのが、この炭酸ガスを吸いとってカルシウムと一緒にして殻を作る時に、酸素を分離する。

こうして酸素が、これらの海の中の生物たちによって、だんだん空気中に出来てきたのです。ですから、空気中に酸素が大分出来るのには、光合成をする生物が出来てから二十億年以上もかかっているわけです。四億年ぐらい前になって、やっと大気中に十分な量の酸素が蓄積してきたところで、今度は地表から十キロないし五十キロぐらい上のところに、いわゆるオゾン層というのが出来た。オゾンというのは、大気中の酸素分子（O_2）に太陽の紫外線が当たると、それが酸素原子（O）に分かれるのです。それが酸素分子とひっついたのがオゾン（O_3）ですね。酸素分子は酸素原子が二つくっついて出来てるわけだけど、そのオゾンというのは、酸素の原子が三つくっついて出来ているのです。

水中の生物たちが陸の上に上がれるようになったのは、このオゾン層が出来たからなのです。というのは、太陽の紫外線のうち、生物にとって有害な成分をオゾン層が吸収するからです。ですから、オゾン層が僅か数パーセント減っただけで、皮膚癌が出来たり、白内障になったり、免疫機能が低下したり、細胞を作っているＤＮＡというのも壊れてしまう。したがって、紫外線がふえると、人間の細胞だけでなく、あらゆる動物や植物の細胞が成りたたなくなるのです。ですから、植物でも何でもみな、オゾン層が未だ形成されてなくて、紫外線が未だたくさん太陽から来てる間は、生物は陸の上に住めなかったわけです。

だから、四億年ぐらい前になって、オゾン層が、やっと十キロから五十キロぐらいの高さの所に、ほんの僅かの量、一気圧の気柱にしたらたった三ミリぐらいの量のオゾンによって形成されて、紫外線が地球の上に多量に入らなくなって初めて、海の生物が陸へ上がれるようになったのです。

こうして陸の上に上がった細胞が分化をして、つぎつぎ増殖が出来るようになって、苔類とかシダ類のようなものが出来て、それから、だんだん木が出来た。それでさらに酸素が出来るようになった。

植物は空気中の炭酸ガスを吸って酸素を出すでしょう。空気中の炭酸ガスを吸って、太陽から来る光のエネルギーでその炭酸ガスと土の中から吸い上げた水分とを化合して澱粉を作る。これがいわゆる光合成ですが、その時に酸素を出しちゃうわけですね。

それで酸素がだんだん増えて、いろんな動物が出来て、進化していって、それでやっと人間が生まれたのが、二百万年から三百万年前だから、地球が出来たのが四十億年から五十億年ぐらいの歴史だとするとね、二、三百万年ぐらい前というと、一日で譬えたらせいぜい一分ぐらいしか経ってないわけです、人間が出来てからね。ほんの僅かの間なのです。

その僅か二、三百万年の間に、人間が、今度はいろんな知恵が出て、まあ、それで、物は勝手に使ったらいいんだというふうに考えるようになってしまった。砂漠で出来た宗教であるユダヤ教やキリスト教では、物は神様から与えられた恵みだから、人間が好きなように使えばいいと考えるんですね。そういう、物と心とが対立をしていて、物は自由に使えばいいというような思想が根底にあって、科学が発達して、戦争する時の道具をうまい事作ってきたわけですよ。

そういう科学の発達によって、人間は今、いろいろな生物たちが三十数億年もかけてやっと作ってきた大気中の酸素を、化石燃料を燃やして多量に使って、炭酸ガスを増やしている。フロン等の使用でオゾン層も破壊されつつある。その上に、木をたくさん切って、森林が減っている。最近では、酸性雨によっても森林が枯れていますね。このように、物をただ物としてみて、それを人間が勝手に使えばいいというようなやり方をしてきた結果、人間はだんだん生きていけなくなってきているのです。

ところがアジアの宗教では、自然の中に宇宙の大生命というか、神様の力を感じとるから、自然を拝むようになる。富士山に登ったって、富士山に登る時に六根清浄というふうに身を浄めて登るわけです。ところが、ヨーロッパの人達だと、山を征服したって言うでしょう。

そういうふうなキリスト教的な思想に基づいて物を見てきて、それで出来た科学が、結局は地球を壊すようになってきているのです。

原子爆弾だって水素爆弾だって、十個ぐらい落ちて、それらの粉塵で地球が覆われたら、もう、何も出来なくなっちゃいますね。食べ物が第一出来なくなっちゃう。太陽の光線が来なくなっちゃうね、暫くの間。何十年か何百年か。

――そんな話は、この本には書いてないですね。

(組長)　ええ。だけど原爆についても、さっき皆で話しあっていたのです。

(宮司)　ああ、そう。

それで、人間がもう一度、そういうキリスト教的な考え方でなくて、人間と自然とはみな神様につくられたものなのだ、だから、人間の中にあるのと同じような魂が、自然の中にも、石の中にも土の中にもあるのだ、というようなことが自覚できるようにならないといけないと思うのです。

ただ、木を切って森を壊したら酸素が無くなるから壊さない、というのではなくて、自然の中、自然そのものに神様の力を感じとるような宗教が出来て、自然と人間とが本当にお互いに隣人同士のように生きていけるような生活態度をこれから作っていかないと、人類というのは滅びるだろうと思います。

で、そういうふうな新しい世界宗教というのが必要なわけです。もう、今までの宗教では追い付かないのです。今までの宗教では、地球を守ることはできないのです。今までの宗教では、人類というのは生き延びることができない。だから新しい世界宗教が、もう、是非、必要なわけです。

仏教の場合だと、仏性というか、絶対の仏様と同じ性質が、石の中にも、草の中にも、人間の中にも、空気の中にも、至る所にあるといいます。そういうふうなところにすべての人間が目覚めて、共存をしていく。そしてさらに、自然の中に仏性というか、絶対の神の力を見出して、それを崇拝するように、他の人間の中にも神様の力とか性質を見出し、また自分の中にもそれを見出して、人間を、五十年か百年か経ったら死んでしまうような肉体だけの面で人間を見ないで、本当にお互いに相手の中に神様の性質とか、仏様の性質があるのが拝めるような人間に皆がなったら、喧嘩しなくて済むと思うのですよ。また、国と国とが争わなくて済むと思いますね。で、そういうふうな宗教が、やっぱり出来なきゃいけないと思うのです。

こういう境地は、一つの悟りだと思うのです。そして、そういうふうに悟りが誰にでも開けるようにならないと、これから先困ると思うのです。悟りというのは、偉い、お釈迦様のような人だけが悟れるんでなくて、誰でも悟れると思うのです。皆、同じ神性をもっているんだから。

ただ、今までの仏教は唯心論に傾きすぎていて、物の世界の、心の世界からの独立性についての考察が欠けていて、そのために、仏教のもとでは、科学は発達しなかった。これからの宗教は、科学をその中に包みこめるものでないといけないと思うのですが、このことについては、『宗教の進化と科学』や『呪術・オカルト・隠された神秘』等の本を読んでください。

今日皆が読んだところでは、こういう点が大事なことですね。

（組長） 初め、さっと読んだ時には、分かったようなつもりでしたが、深く読んでいるといろいろ問題点がたくさん出てきてしまって、皆で話しあっていました。どうもありがとうございました。

（一九九〇・四・一七、三十一組の組の会記録、玉光神社機関紙「光の便り」第二六号より）

参考②

サンタバーバラの大火

世話人・岩淵美代子

六月二十八日午後三時過ぎのことです。社務所に、緊急にお祈りを願うお電話が入りました。横浜市にお住まいのK・K様からでした。

「たったいま、アメリカのカルフォルニア州サンタバーバラに住む娘から、国際電話がありました。〈今、サンタバーバラに火災が発生して、知人の家が次々に焼失してしまっている。前にも火災があったけれど、今度の火事はとても大きい。もう三百軒くらい焼けたのではないかと思うが、非常に乾燥していて水が少ないので、火の勢いが衰えない。自分の家はいまのところ大丈夫だが、だんだん火が近づいてくるようなので、お祈りをお願いしていただきたい〉と言ってきました。以前にご神占をいただいたときに、

『サンタバーバラは土地が汚れていて、これからいろいろ大変なことが起きるから、よくお祈りをするように』というご神言だったのです。娘の仕事の方も大変で、裁判になるかもしれない情況で、この一日、二日がヤマだと申しておりました。どうぞよろしくお願い致します」

お電話が切れたところへ、ちょうど泰子様がいらっしゃいましたので、早速お祈りをお願い申し上げました。泰子様は一時間程お祈りをしてくださった後、研究所の宮司様のところへおいでになり、五時少し過ぎにお戻りになりました。

そして、宮司様もお祈りしてくださり、「白い煙があちこちの家から横流れに風に流されているのが見える。山の方から、家が密集している方へ風が吹いているので、海の方から、家の建っていない山の方へ風向きを変えていただくように、神様にお願いした。一、二軒手前まで焼けるかもしれないけれど、大丈夫だから」とお言葉をいただいたことを、お伝えいただきました。私はそのときふと、「あら、火事の煙は黒いのかと思ったら、白い煙があがっているのかしら……」と思いました。

すぐK・K様にお電話を致しましたら、「ちょっと前に娘から電話があって、風向きが変わったので家は大丈夫だ」と言ってきました。本当にありがとうございます。

ご神占をいただいてから、娘も一生懸命で毎日お祈りをするようになったようで、いまは、もう、こうして自分が一生懸命お祈りをしなくてはすべてにおいてだめだという気持ちで、欠かさずお祈りをしている、と言っております。ご神占をいただいたときには、サンタバーバラは全米一の平和なところだと申しまして、とても信じられない様子でおりましたが、お祈りをする気持ちで毎日を過ごすようになったので、この度もすぐに、お宮にお祈りをお願いしなくては、と気づかせていただけたのだと思います。本当にありがとうございました」と、おっしゃっていました。

その夜、帰宅して十時過ぎにテレビをつけましたところ、ちょうどサンタバーバラの火事のニュースが放映されておりました。火災が起きたのはあちらの時間では夜の十一時過ぎだそうですが、火事で昼間のように明るく、家々の間から、お言葉どおり白い煙があがって燃えているので、あっ、やっぱりと思いました。

翌日、K・K様が感謝のお詣りをなさって、宮司様のところにお礼のご挨拶に伺われましたところ、「感謝祭をするように」とお言葉があり、また、お仕事のことについても、「感謝祭をさせていただいたら、その後、良くなってゆくから」とありがたいお言葉をいただかれました。

K・K様のお話によりますと、現地からその後の情況報告のお電話があって、サ

ンタバーバラの時間で午前一時過ぎに火災はほぼ鎮まったそうです。K・K様は、
「仕事の関係で、娘の家で開いたパーティに出席した方のうち、何人かの方の家も焼けてしまったそうですが、外国の方はそういうとき意外にあっさりしていて、焼けてしまったのに急いで帰ってみても仕方がないからここにいる、とおっしゃって、皆さん割に落着いていらっしゃったそうです。焼け出された方々が娘のところへこれから避難して来るところだ、と申しておりました。大火を鎮めていただいたうえに、娘の仕事のことまで仰せいただいて、本当にありがたいことでございます」と深く感謝なさっていらっしゃいました。

K・K様がご神占をいただいたのは今年の二月のことでした。お嬢様のT・和子様がお守りをなくされたことについてのご相談で、粗末にしたこともなくいつも大事に身につけていたお守りがどうしても見つからないので、どうしたらいいでしょうか、というお伺いでした。

お守りについては、過去にも、他の信者の方々が、危いところを神様のお力をいただき奇跡的に助けていただいたことや救われていない御霊をお救いいただけたことなどを、お守りを通してお教えいただいたことがいろいろありました。また、お守りをなくされた方々のいまの心得違いをお諭しいただいていることも多かったように思います。

そこでK・K様に、何かお心当たりは？とお尋ね致しますと、なくもない感じのお返事でした。そして更に、昨年十一月にT・和子様が友人宅を訪問された際に、車を降りて家に入った一、二分後に、その車にトラックが衝突して車が大破した

けれども、お守りをつけさせていただいていたお蔭でご自身は無事だったこと、泰子様のお言葉で、それ以来ずっと欠かさず毎月一日に土地のカルマのお浄めのお祈りをお願い申し上げていること、そして、その車の修理ができてくるというときにお守りがなくなったので、引き続きその車に乗っていいかどうか、それも心配なので、というお話でした。

そこで私は、遠い米国ではまさかのときにどうにもならないこともあるかもしれないので、やはりその事柄をお教えいただく必要があるのではないかと思いまして、ご神占のお願いをおすすめ申し上げました。幸い、すぐにご神占をいただくことがおできになりました。そのときのご神占では、『今の不動産の仕事を、家族のことなどを考慮してすること。そして、サンタバーバラは、土地が良くないので、これから半年ぐらいの間に、犯罪とか、いろいろ危険な大変なことが起きるから、よくお祈りをするように。車は乗ってもよい』とのご神言をいただかれたそうです。

お仕事のことは、問題が生じかけていたときで、ご神言についてはっきり思い当たることがおありだったので、それからは今までとは方法を変えて仕事をすることになさいましたところ、それまでに何回も探して絶対になかったはずのところから、お守りが出てきたのだそうです。お嬢様は、それ以来ご神言を大変身に沁みてありがたく感じられ、毎日、本当に一生懸命にお祈りをしてこられたそうで、それだからこそ、とっさの場合にお電話でお祈りをお願いすることが胸に閃かれたのだと思うのです。思えば、あのときすっとご神占がいただけたのも、この度の災害をお救いくださるための大神様のおはからいだったのかと思います。この度のことは、宮司様、泰子様のお祈りを神様がお受けくださり、神様のお力が海を越えてはるか米国の出来事にまでたちどころに及ぶことの証しを、まさにはっきりとわからせていただいた出来事でした。妙光之神様が双子の浦より投身されたとき、突風に元の場所まで吹き返された、そのお力と等しい神様のお力をまざまざと感じさせていただくことができ、風向きが変わったとお聞きしたときには、今こそまさにそのお力に身を以って出会わせていただいているのだ、と思わず身震いするほどの感銘を受けました。

お仕事は火事を境にトラブルが急転直下に解決し、今までにない大きなお仕事がまとまったそうで、これも一大事のときに神様の思召しにそってお役に立たせていただいて、なお災難に遭われた方たちのためにもお尽しになったことに対する神様のご褒美なのかしら、と思われます。泰子様がよくよく神様にお願いしてくださっていましたが、そのお祈りと、もう一つは、K・K様、T様が、ひたすらご神言を守って精進なされたので、普通土地の大きなカルマが動くときは、個人はひとたまりもなくその中に巻き込まれてしまうのが常ですが、その中にあっても、このような形でカルマを成就させていただかれたのではないでしょうか。神様は本当においでになるのだろうか、と時としてお思いになる方もおありだと伺いますが、ぜひ皆様にこのことを知っていただきたいと存じまして、筆をとらせていただきました。（合掌）

（玉光神社機関紙「光の便り」第二六号）

六月二十九日付朝日新聞朝刊より

五百戸以上が焼ける、猛暑のカリフォルニア

（ロサンゼルス二十八日＝高野特派員）記録的な猛暑に襲われている米カリフォルニア州南部一帯で火災が発生、二十八日夕（日本時間二十九日午前）までの関係当局のまとめによると、サンタバーバラで約五百戸が焼けたのを始め、三ヵ所で計五百六十戸以上が被害を受けた。放火の疑いが強く、警察当局が捜査を開始した。

参考 ③

南カリフォルニアの火事に思う

（著者）今日は最近起きた南カリフォルニアの山火事についてお話ししましょう。

アメリカに行ってみて思うのは、一七七六年の建国以前から現在に至るまで、ヨーロッパやいろいろな国から、生きていく上で困った人たちが集まってきた国だという事です。自分の国でそれなりに安定して生活している人は、あまりアメリカに移っては行かないと思うのです。

私がアメリカに大学院大学を建てたのも、日本ではとても私がつくった新しい学問は受け入れられない、受け入れられる見込みが無いと、色々な努力をした後でとうとう思ったからアメリカにつくった訳ですからね。

そういうふうに、アメリカに来る人というのは、自分の夢を持っているが、その実現が自分の国では難しいとか、自分の国での虐げられた苦しい生活を逃れて自由なアメリカへ行って金持ちになって出世をして立派になりたい、と願って移り住んだ人が多い。十八世紀にアメリカへ移ったイギリスの農奴のような人たちは、アメリカへ行って自分自身のために自由に思い切り働きたい、そして、金持ちになり出世したいということが大きな夢だったようです。

同時に、貧しい彼らにとって、腹いっぱい食べたいというのも夢だったのではないか。というのは、今、アメリカでは六〇パーセントぐらいの人が肥満なのです。体重が百キロから百五十キロくらいの人が沢山います。女の人でも、日本の力士のように太って、ゆさゆさと歩いている人もいる。

それで、アメリカではブッシュ大統領がよく演説の中で言うように、自分の権利、個人の自由という事をとても大切にする。アメリカは言わばそれで成り立っているような国なのです。要するに自由に勝手に精一杯やれるという事で私もアメリカに大学をつくって十二〜三年になる訳です。

色々手痛い目にも遭って、アメリカは徹底した契約社会、競争社会だという事を実感しました。契約書を作って契約どおりに仕事をして貰う。契約以外の事をして貰ったら余計に給料を出さないといけない。その代わりちゃんと仕事が出来ないときには何時でもクビに出来る。

自由気儘で大食らいのアメリカ人だけれども、能力のあるのと無いのとでは本当に差が出来るから、一生懸命に働くことは働く。日本人みたいに、まぁいいわ、いいわと、互いに庇い合うっていうのはアメリカでは通じない。本当に競争社会だから、能力が無いと食べられなくなっちゃう。しかし、アメリカの国全体が物が豊かだから、食べられなくなっても教会とか町とかが、我々日本人から見ると結構なご馳走をタダで食べさせてくれています。

で、アメリカはそういう国だけれども、今はある意味で自分勝手というのが横行してしまって、四十年ほど前に私がデューク大学に研究員として招かれて行っていた頃と比べると、道徳というものがまるきり無くなってしまったように見える事も多い。

五十～七十歳くらいの人たちのもっているキリスト教的な道徳心が、若い人の中では薄らいできて、平気で人を殺したり悪い事をしたりする者が増えたようなところがある。日本でもそんな傾向がみられますね。

それで、一つはそういう、

『庶民自我の赴くままに誤りて、猶之《なおこれ》を省《かへり》み悔悟《かいご》することなくんば、天変地妖《てんぺんちよう》、必ず目のあたりに発作示現《はっさじげん》すべし』（註・玉光神社経典『玉の光』の一節）ということも、どうも今度の火事にはあるように思うのです。

カリフォルニア州は広さが日本全体くらいなのです。一つの郡は、東京都ぐらいある。だから今度の火事では神奈川県全体の一倍半くらいが焼けたそうです。

こういう広い国で、金さえあれば自由に暮らせるから、そういう意味ではアメリカは暮らしやすい国ですね。しかしその自由が過ぎ、自分勝手が過ぎると、人間はどこかで驕りたかぶってしまう。

日本ではあまりそういう光景は見られませんが、アメリカは、もともと兎や狸や色んな動物が住んでいる所へ人間が入って行って開拓をした。道はちょっとした道路でも広い二車線で、車は八十キロ以上のスピードで走る。そういうところだから、世界の高名な超心理学者を集めての学会に講演者として招かれて、ミネソタのフェッツァー財団の研究所に行った時など、兎だのリスだの狸だの色んな動物が、車に轢かれて、血を一杯出して死んでいるのが、道路上二百メートルおきくらいに点々としていた。

人間が、自分達が生きるために車で走って、動物をこんなに殺して大丈夫なのかな、悪い事を一杯しているんじゃないかな、と、その時そういうふうに思いました。

南カリフォルニアの私の家の辺りでも、大学へ行く道に毎日四～五匹は死んでいます。人間があまり自然に対して、或いは人間以外の動物に対して、横暴であるような気がします。自分勝手というより、人間勝手と言えない事もない。そういうときにいろんな天変地異が起きても仕方がない、これは、自然の因果応報、報いのようにもどこかで思えるのです。

今度の山火事について、もう一つ思うことは、アメリカの先住民族との争いのカルマですね。十年余り前、サンタバーバラに住んでゴルフ場の世話人をしていた元信者の人が、「ここはとても良い所だから、大学をつくるのに良いのではないでしょうか。見に来てください」と言うので、家内と佐藤正恒君と下郡裕次郎君の四人で見に行きました。空港へ降りたとき、「ここは、アメリカインディアンとスペイン軍との戦いで敗れたインディアンたちの、苦しい思いが未だに強く残っている土地だな。だから、大学はつくらない」と私は言ったのです。

ここでは、よく大火が起きるのです。私達が土地を見に行った前年にも、大火事がありました。ここに住んでいた前述の元信者の人から、お宮に「知人達の家も焼失して、自分の家の方に火が近づいてきているから助けて下さい」という電話があったので、すぐお祈りをして、山の方から海岸の街の方へ吹いている風の向きが変わって、海の方から家の無い山の方へ吹くようにお願いしたのです。そうしたら、普通は夜は山から海に向かって吹く風が海から山へと変わって、火事がおさまった。

そのお礼もかねて、街の東方の山地が広く売り出されているので見に来て下さいとのことだったので、四人で行ったのです。

行ってみてよくわかったのは、売り出していた土地は出火の場所のすぐ近くで、その近くの山の方に、戦いに敗れたインディアンの人たち多数をスペイン軍が処刑した場所があったのです。こういう所では、火事とか、いろいろな災いが起きやすい。

今度の南カリフォルニアの大火事は、サンタバーバラの火事とは比較にならないくらい大きい。あちこちで燃えて、全体で神奈川県の一倍半ぐらいが焼けてしまったそうです。

では、ウチの奥さんから、火事と、そのお祈りの経過について報告して貰いましょう。

では、この度の南カリフォルニアの大火について、CIHSでお仕事をされている佐藤正恒さん、池原順二さん、馬場秀樹さん、及び交換研究員としてUCSDにお勤めの塚田信吾さんとのメールの交換を中心にお話し申し上げましょう。第一のメールは、十月二十六日の夜遅く、私からCIHSのスタッフに宛てたものです。

・「昨夜小豆島から帰りました。いつもながら有難いご大祭でした。（中略）ところで、カルフォルニアの火事の心配をしています。此方には詳しいニュースが入りません。皆さんのところ、CIHS等、心配ありませんか、お知らせ下さい」

翌二十七日朝、宮司様は慶應病院に検査のためにお出かけになりました。待合室で長い時間お待ちの時に、同行の小名さんへお宮から呼び出し電話があり、現在CIHS近郷にお住まいの、神社会員の塚田さんが、火事がひどくて呼吸も苦しいほど灰が降ってくるから、お祈りして下さいとのメールを送ってみえたとのことでした。待合室ですぐ先生はお祈りして下さり、「サンディエゴ市の東方のエルカーホンの方が燃えているのが見えるが、CIHSや皆の家の方は大丈夫だから心配ない。明朝もう一度よくお祈りしよう」とおっしゃいました。

翌二十八日、朝行のあとで宮司様は「プルシャの次元の力でカリフォルニア全体を覆ったので、二～三日したら風向きが変わって火事は収まるだろう」と、朝行にみえた人びとにお話しになりました（当日の録音に入っております）。ニュースによると、カリフォルニア東方の山脈を越えて西南の方向に乾いた風が吹いて火事を大きくしたということでした。

・　十月二十八日（現地二十七日）　発信者・池原順二

サンディエゴの火災は、まだ勢いが衰えることはないようです。これまでの（ここ数年間の）森林火災はジュリアンなどの山の方が主でしたが、今回は火の手がどんどん広がって、エスコンディード、エルカーホン、カーニーメサといった主要な生活圏にまで火の手が迫ってまいりました。その付近の住民にも皆避難勧告が出されており、また、サンディエゴ一帯の学校はほとんど閉鎖状態です。ＣＩＨＳも、火の手が上がっているポーウェイから来ている学生のことも考慮して、本日の授業は延期と決定いたしました。

エンシニタスでも、空一面を灰色の煙が覆い、僅かにそれと地表との間から青空が顔をのぞかせているような状況です。朝家を出るとき、車のフロントガラスやボンネットの上にも灰がたまっていました。また、ＣＩＨＳの方では断水になってしまいましたが、幸い妙清センター（第二校舎）の方は水が出ているので、そちらの洗面所は使用できるので職員は業務を続行しております。

また、話は変わりますが、今アルバートソンとラルフの従業員が三週間前からストライキに入っており（待遇改善を要求して）、町中の主なグローサリーストアが実質上閉鎖状態となっており（一応営業はしていますが従業員がプラカードを持って入り口をふさいでいるので、ちょっと入りづらい状況です）、少し異常な状態が続いています（ヘンリーズ、コスコなどは普通に営業しているので、生活上は何の不自由もしておりません。ご安心下さい）。

森林火災といいグローサリーストアの長期ストライキといい、何かがこの地域で起こっているのかとも思われますが、神様にご守護いただけるよう、お祈りしてまいりたいと存じます。
・　十月二十八日　　発信者・本山
昨日塚田さんからとても大変だとの知らせがあり、先生は（註・著者）丁度病院（慶應）でしたが直ぐお祈り下さり、エルカーホンの方が燃えているが、ＣＩＨＳや皆の方は大丈夫とおっしゃいました。

（中略）今朝お宮でお祈りなさった後、あと二～三日で消火するだろうとおっしゃいました。

馬場さんがご存知ですが、私たちが最後に砂漠に行った時、（同行の人に勧められて）エルカーホンのカジノに帰りに皆で寄ろうと先生がおっしゃいました。しかし、実際にはもっと東の方の割合小さなカジノに行かれたので、エルカーホンは今度はご縁が無かったと、それが印象に残っていました。カジノは無事だったのでしょうか。
・　十月二十九日（現地二十八日）　発信者・池原順二
先生からの「ＣＩＨＳや皆の方は大丈夫。二～三日で消火するだろう」とのお言葉をお伺いいたし、とても安心させいただきました。心より感謝申し上げます。こちらでは大変に空気が悪くなり、外は焦げた臭いの空気が立ち籠めて居ります。アドヴァイスいただいた通り、薄い塩水での嗽を心掛けてまいりたいと存じます。

最新の火災情報を地図にてご報告させていただきます。（地図略）
・　十月二十九日（現地二十八日）　発信者・馬場秀樹

（前略）カジノの件ですが、先生方が行かれたゴールデンエイコンというカジノは火災地図で見る限りでは大丈夫のようです。と言うのは、火災の発生地域はこのカジノの西側で、火災の広がりは西向きの風（サンターナ風）によってサンディエゴにもたらされた模様なので、このカジノは大丈夫だと思います。しかし、もう一つのエルカーホンのカジノは、地図で見る限りではかなり危ない状態です。

もう一つご報告があります。池原様からもうすでに報告があったと思いますが、先生方をロサンゼルスまで十月十一日にお送りしたときに、池原様が運転していた佐藤副学長の車がパンクした件です。

副学長の車の左側のタイヤがパンクしたのですが、次の日に思い出したことは、先生がちょうどこちらを発たれる前日に、先生ご自身の車の左タイヤががたがたするから、空気圧をチェックしてくるようにとのご指示をいただきました。車屋に持っていってチェックしてもらったら、空気圧も正常で問題ないとのことでした。

その時点で私も気が付くべきでしたが、副学長のタイヤの不整備を見落としてしまいました。また、有料道路を走っている時に先生はしきりに「池原はついてきているか？」と訊かれ、あるときには電話をするようにとのご指示を戴きましたが、ミラーで池原様の車の確認をできたので（電話を）しませんでした。あとで池原様に伺ったところ、あの有料道路でタイヤがおかしな音をたて始めたとお聞きしました。また、料金所でも先生が車の窓を開けて池原様に何かおっしゃっていたのを思い出しました。

しかし、無事に先生方を空港までお送りすることが出来て、その帰りに最悪の事態になる前に気がついたというのは、本当にご加護を戴いているのだと身をもって実感させていただきました。本当にいつも有難うございます。

・　十月二十九日　発信者・本山

（前略）倉野様からのお知らせでは、エスコンディードの火事は発火点がラモーナということでした。ミレーヤたちのことを心配しています。先生がラモーナは土地のカルマが良くないのでお清めしないといけないとおっしゃっていたのを、池原さんもご記憶と思います。

佐藤さんの車のパンクについては存じませんでしたので驚いています。馬場さんのおっしゃる状況は私も鮮明に覚えています。神様が私達みんな、そして佐藤さんをお守りくださっているのを強く感じました。

・　十月二十九日　発信者・佐藤正恒（日本への帰国中）

（前略）加州の山火事の件ですが、CIHSと倉野さんとに電話をして、現在の状況を聞きましたので、ここにお伝え申し上げます。サンディゴ地区の山火事そのものは今日から収まりつつあるそうでございます。サンタアナの強風で大変に暑く乾燥していたため、ハンターの信号弾により山火事が発生し、それが何箇所かに飛び火して燃え広がったようでございます。灰が大量に降り、それに火が残っていて倉野さんの娘さんのセーターに穴が開いたそうでございます。

空は灰で曇っており、フリーウエイの十五番、八番、五十二番の東側は交通止めになっているそうでございます。

CIHSでは、教師や学生が登校出来ない状態になり、各教師が連絡を取って授業をキャンセルしております。スタッフは半日で業務を止めております。たまたま忙しい者が夕方まで残っておりました。他の大学なども臨時休校になっているそうでございます。ポーウェイ、ラモナ、オータイメサ、ヴァレーセンターなどで山火事が発生し倉野さんの近くまで来たそうですが、今日からは収まりつつあるそうでございます。倉野さん宅には仕事仲間六人が避難しているそうでございます。

・　十月三十日（現地二十九日）　発信者・池原順二

ミレーヤとブルースの家は、無事だったとのことです。なんと火の手が直ぐ近く（数百メートル？）まで迫ったものの、消防隊の必死の消火作業により家は無事だったそうです。空は今朝になって突然すっかり晴れ、空気もとてもきれいになりました。これで安心して建物の外に出られます。

・　十一月一日　発信者　本山

（前略）カリフォルニアの大火につきまして、日本の二十八日朝の朝行の折、〈カリフォルニア全体を「プルシャの次元で」覆ったので、二～三日中には風向きと天気が変わり鎮火に向かうでしょう〉というお話を伺いました。

一昨日（日本の三十日）夜のNHKのニュースで、カリフォルニアの天気予報官が、喜びに満ちた表情で、「天候と風向きが変わった。信じ難いことだ！」と叫んでいるのを見ました。

学長はしかし、この日一日中疲れ切って、「まるで死にそうに元気がない」とおっしゃいました。昔お代様が、世界の大事の折にはお体が優れずお休みだったのを思い出したことでした。

・十一月二日　読売新聞記事の抜粋

火勢弱まる、米の山火事［ロサンゼルス＝森田清司］

米カリフォルニア州南部の山火事は一日、前日夜からの雨と雪の影響で、火勢が大幅に弱まった。消防士らはこの間を利用し、住宅地の周りの枯れ木を切り倒したり、延焼を防ぐための「防火帯」を作る作業に追われた。

同州南部は三十一日夜から気温が急速に低下。ロサンゼルスから約八十キロ東のサンバーナディーンの山間地では、三十度を超えていた気温が一気に0度付近まで下がり、数センチの降雪を記録した。

だが、週明けには再び、高温・低湿の「サンタアナ風」が砂漠地帯から吹く事が予想されている。このため消防士らは各地の現場で、キクイムシの被害により立ち枯れ状態になっている枯木を次々と切り倒し、ブルドーザーを使って防火帯を作った。連邦森林管理局では、「山火事の脅威は一時的に弱まったが、まだ安全なわけではない」として、延焼が予想される地域の住民に対し避難を続けるよう呼びかけた。

・十一月四日（現地十一月三日）発信者・池原順二

カリフォルニアの十一月三日午後六時四十四分現在入手した最新ニュースによると、エルカーホン近郊の火災シーダファイアは九九％消し止められたそうです。また私も、数日前ＴＶのニュースでアナウンサーが「天候が突然変わった」といって、太平洋から巨大な雨雲が渦を巻きながらカリフォルニア上空まで伸びてきている気象図を示しながら、「このように急に気象が変わるのは珍しい」と説明していたのを覚えています（残念ながらこのときの気象図は見つかりませんが）。そのとき私は、本山先生がお祈り下さったお陰で天候が変わったのだと、直ぐに思わせていただき、本当に有難く感激致しました。

また、添付しました地図（略）は、少し古くなりますが十一月一日現在の火災の状況です。既にこの時点で大部分の火が消されていたことが分かります。まさに先生が、「二、三日で消火するだろう」とおっしゃられた通りとなりましたことが、この図からも確認されます。

・十一月四日（現地三日）　発信者・塚田信吾

カリフォルニア州の山火事も、ようやく峠を越えた様です。報道によりますと山間部の火災もほぼ終息しつつあるようです。（中略）

今回、大規模な消防部隊による必死の消火活動は、乾燥した強い山風に阻まれ、効果を上げることはできませんでした。火事が終息に向かったのは人の力ではなく、風向きが変わり、海からの湿った冷たい空気が流れ込み、雨や雪が降ったためでした。朝行の後の、宮司様のお言葉の通り、水曜頃に風向きが変わりました。今回、災害への備え（食料、水、照明、連絡手段）の重要性を改めて痛感しました。（中略）本当にありがとうございました。　合掌　（後略）

・十一月六日（現地五日）　発信者・池原順二

南カリフォルニアの大火災の件につき、続報を致します。まず、最近のニュースによりますと、サンディエゴの火災のうち一番大きかったシーダファイア（エルカーホンを含むエリア）は、十一月四日発表のニュースによると、百％消火されたとのことです。また、二番目に大きかったパラダイスファイア（エスコンディードを含むエリア）は、十一月五日発表のニュースによると九〇％が消火され、今週土曜日までには百％消火される見込とのことです。

・　十一月六日（現地五日）　　発信者・馬場秀樹

火事はおさまりました。私の知っている限りでは最後の火事はジュリアンの方で、消防車が百台近く町を救うために集まり大丈夫だったようです。ひどかった地域はエルカーホン、ラモーナ、ジュリアンの辺りのようです。ラモーナに住んでいるブルースがちょうど先週の木曜日に学校に来ていて、彼らの家の百メートル近くまで三メートルくらいの火柱が迫ってきていたようですが事なきを得たようです。

先週の金曜日十月三十一日ごろから急に寒くなり風も収まり火事の勢いは衰えて収まったようです。火事の被害は焼失面積の累計は約三千平方キロ、犠牲者数も二十人だそうです。焼失家屋は三千三百三十九戸のようです。

エンシニータスは火事の起きた四日後には、その前の空気の悪さや灰の降り積もりがうそのように綺麗に晴れ渡りました。そのため学校の方も月曜日と火曜日は半日で閉めましたが、晴れ渡った水曜日から平常どおり運営して、クラスも通常通り行いました。その他の地域の学校（大学、中高小学校）はその週はずっと閉めていた所もありました。

以上をもって報告とさせていただきます。（後略）

（著者）　私が覆ったのは、サンディエゴ郡のまわりだけでなく、ロスの北からサンディエゴ、メキシコにかけての広い範囲です。

池原君のメールに書いてあるポーウェイとラモーナはエンシンタスの東方の山の台地にあって、アメリカインディアンとの争いがあった所です。二百年かそこら前のことだが、いかに民族の争いというのが消えにくいかというのがよく分かるでしょう。皆さんに土地のお祈りをよくするようにというのはそういう事なのです。

神様のお守りのおかげで安全に暮らしているが、ブルースも、「ラモーナに移ったらよくないよ」と言うのに、移った。移ったあとどうなったかというと、副甲状腺機能低下がひどくなって、身体にカルシウムが足りなくなって、体中の筋肉も神経も凄く痛んで動けなくなった。三カ月ほど病院へ入ったようです。

ラモーナに移る前は、ポーウェイに住んでいたが、そこも、家のすぐ近くにインディアンの戦いの跡地があった。そこに住んでいた時は、ミレーアが身体の具合が悪くなり、相談にみえたのです。みると、ブルースの前の奥さんが憑いている。そこはブルースが前の奥さんと暮らしていた家なのです。それで前の奥さんによくお詫びして、ブルースの為に一生懸命尽しますから二人を守って下さいと言ってお祈りをするように伝えたのです。それで一生懸命お祈りをしたらミレーアの病気は治ったのです。

ところが、ミレーアはこの家に住むのはイヤになったのですね。で、自分の小さな古い持家のあるラモーナに移った。移る時に、ここは土地のカルマが悪いから移らない方がいいと言ったのだが、ミレーアは自分の持家の事になると中々信じられないんだね。しかし、ブルースは一時学校のために一生懸命してくれたし、ミレーアも一生懸命してくれた。で、直ぐ家の手前までラモーナがみんな焼けたけれども、彼らの家は焼け残った。

お祈りは大事ですね。皆にお陰信心で自分が助かるように神様にお願いしなさいという意味ではないのですよ。しかし、いつも神様によくお祈りをしていたら、ミレーアたちの家が焼け残ったように、神様は助けて下さるのです。

地図で見たらわかるように、サンディエゴからロスまでは二百キロぐらい離れていて、実に広い範囲での火事だったのです。その全体をずーっと神様の力で覆った、と言っても皆さんにはよく分からないでしょうね。神様のお力をお借りすると日本全体ぐらいをずーっと覆えるのです。そして、その中に住んでいる人たちを守る事が出来る。それで、東方の山脈を越えてずっと吹いてきた風を止めて、海からの風が吹くようにした訳ですが、その翌日はくたくたに草臥れて起きられなかった。普通は、そういうふうに急には天候は変わらないのですよ。

最初に話したように、余り人間が自分勝手で自分の事ばかり考えて、自然だの動物だのを蹂躙して平気だと、そういう人間勝手な人間は、自然の仕返しを受けるのです。もう一つは、その火事の起きた所は、アメリカインディアンをスペインの軍隊が虐殺したような所で、アメリカインディアンの民族の恨みのようなものが火になるのですね。まだ二百年かそこら前ですから、そのカルマは中々消えないですね。

私がよく行くジュリアンという小さな古い街は、まわりが広く燃えたけれど、必死の消火活動で焼けなかったそうです。ここは海抜千メートル以上の高いところにあって、よいリンゴができて、アップルパイで有名なところなのです。私の家から二百キロぐらいの所で、山をいくつか越えてアップルパイを食べに行くんだが、面白いところなのです。そこは周り中が焼けたけど焼け残った。今度ＣＩＨＳに行ったらまた行こうと思っています。守られたんですね。

ともかく、海の風が吹いてきて、山からのカラカラの熱風が続いていたのが、急に風向も気温も変わって雪まで降った。それで気象予報官が信じられない！と言ったそうです。

しかしそれは、ちゃんとそのように動いたのですから。皆も、神様と一つになって守っているから安心するようにね。ここで話しているのは小さな身体をもった私ですが、神様のところに行けば、カリフォルニア全体、アメリカ全体、或いは日本全体を覆って守っているのですから。以前から二〇〇四年とご神言のある二〇〇四年には、日本でも天変地異が起きないとは限らない。起きないようによくお祈りをするようにして下さい。自衛隊がイラクの方へ行くようになり、日本がテロの対象になっても困りますね。

日本ぐらいテロの対象になり易い所は無いと言われています。治安が悪い訳ではなく、抜けているのですね。警備という点については、総理大臣をはじめ日本人一人ひとりがどこか抜けている。何も起きないようによくお祈りをしないといけないですね。何が起きても、それが最小限で止まるようによくお祈りをしないといけない。

皆の一生懸命のお祈りは必ず届くと思います。是非、皆でお祈りをしてください。

（後略）

（玉光神社機関紙「光の便り」第一八二号　号外改訂版より）

二〇〇七年（平成十九年）十月二十三日

愛・神様の真似をすること

権宮司の思いやり

皆さん、ご苦労様でした。ちょっと話をしましょう。

私が今被っている冠[1]は、上部が平らなんですよ。僕の頭はこういうふうにてっぺんが盛り上がって尖っているでしょ。だから、（冠が）ぐらぐら、ぐらぐらして、ずれたり、落ちる時もある。それで、落ちないようにと思って、ゴム紐を縛り付けてあるので、顎がだんだん痛くなって、一時間も経つとあちこちしびれちゃって、さっき、皆の玉串奉奠のときに、あまり痛いものだから（鼻の下に紐を掛けて）こうやったら（笑）向い側に坐っている祭員の人たちが笑うから、しようがないから元に戻したんだけど、そうしたら権宮司が、これをこうやって外して……。

権宮司　ここにゴム紐があって、（簪に）固定してあるから、そのゴム紐を外したわけです。

宮司　そうしたら、ずいぶん楽になったのね。だけど、あとでまた付けておかないと、お辞儀をすると落っこっちゃう（笑）。それで、こういう冠や、この袍[2]という装束、――これは絹で、重いのね。全体をお腹のところだけで幾重にも（太い紐で）縛るから、お腹が苦しいので、袍でなくて「這這の体」と言って（笑）。誰がこんな変てこりんなものを作ったのかと思ったら、聖徳太子なんだって。

それで、権宮司がゴム紐をこうやって外してくれたのは、自分も同じように痛いわけですね。それで外してくれたわけですが、その底には、僕への、父親への、あるいは宮司への、愛というものがあるわけですね。それで「痛いでしょう」というふうな思いやり、退けてあげて楽にしてあげようという思いやりが出てくる。

そういう思いやりというのは、同じ経験をもっていないと、普通は出来にくいですね。袍を着たり冠を被ったことのない、あるいは烏帽子を被っている人には、その痛さは分からないわけです。

思いやりをもてるとき

だから、思いやりがもてるということは、同じような経験をもっていないと、なかなか相手に思いやりはもてないわけです。また、思いやりが生じても、「あの野郎！」と相手のことを思っている時には、いい気味だ、と放っておくかもしれない。ですから、思いやりという相手への行為には、愛がないといけないのですね。愛があって、相手と同じような経験があると、相手が今どんな痛みを感じているのか、あるいは、心ではどんなふうに思っているのかというふうなことが分かるわけです。

ですから、まず、相手への愛というものが基本にあって、そして同じような経験をもつと、本当に相手の今の痛みとか、あるいは感情とか心の動きとかというものについて思いやりができるわけですね。思いやりをもたなきゃいけないといっても、愛がなくて、同じような経験がないと、なかなか思いやりはもてないのです。

愛の心は神様と同じ心

本当にある人のことを思って、「どうぞこの人がよくなりますように」、あるいは「この人がどうぞ苦しみから離れられますように」、あるいは「カルマが解けて、苦しんでいるこの人の苦しみが和らぎますように、どうぞその苦しみから逃れられますように」という深い愛をもっていると、相手が他人であろうと、自分の身の周りの人であろうと、その深い愛の心というのは神様と同じ心なのです。ですから、同じ経験、同じ体験に基づく思いやりがなくても、――具体的に、「こうじゃないかな、だからこうしてあげたい」という、具体的な思いやりがもし浮かばなくても、相手への深い愛があったら、その深い愛の心は必ずその人や周りの人にずーっと拡がっていって、そして自然にカルマというのは解けてくる。

愛がないと、いくら体験をもっていても思いやりをもっていても、そう簡単にカルマは解けないですね。愛というのが、一番深い、「神様の真似をすること」なのです。神様は愛によって宇宙を創り、愛によって皆さんを支え、愛によって皆さんを生かしてくださっているのだから、愛がないところでは何ごとも生じないし、いかなる存在も成り立たない。

基本は愛
――神は愛と秩序と智慧をもって全てを創り生かし賜う

神様の愛は、智慧をもっている。秩序をもっている。神様は愛と秩序と智慧で創造される、それで物が成り立っているわけです。でも、愛というのが一番基本なのです。

愛があれば、自然に相手の心が、感覚ではなくて、自分に伝わってくるようになる。そうしたら、その伝わってきたそれに従って自然に、「こうしたらいい、ああしたらいい」ということが、直感というか、そういう智慧が自分の中に湧いてくるから、それに従って相手に対応できる。今のケースで言えば、たとえ体験がなくても何がなくても、一緒に並んで坐っていたら、一博の方に本当に愛があれば、自然に、ああ、これは痛いから外してあげようというふうに思うようになる。同じような体験があったら、その痛みが同じように分かりますよね。だから思いやりが、深い同情とかそういう形になる。しかし本当に愛があれば、体験がなくても、思いやりができるようになる。

自然を神様が創られた、ですから自然も、神様の愛によって、秩序によって、智慧によって、創られて生きているわけですね。そういう意味で、自然の中にも魂があるわけです。神様の力、神様の智慧、そういうものが動いていて木が茂り、石があり、山があるわけですから、それぞれの物の中に、人間の次元とは違っているけれども、神様の智慧や愛の力が、つまり魂が、その中に備わっているわけです。

対立の思想・文化と科学

ところが、砂漠の世界では水が足りない。水が足りないと生きていけないでしょう。それから、ヨーロッパでは、穀物が、今は技術が進んだから穫れるけれども、氷河の残した影響で五、六千年前までは穫れなかった。中国とか気候のいい日本ではもう一万数千年前から米を作って、農耕民族になっていたけれども、ヨーロッパや砂漠では穀物が足りない、あるいは食糧が足りない、あるいは水がない。この頃は技術が進んで、海の水を真水に変えることができるようになったから、ドバイとかサウジアラビアのような砂漠の国でも、海に面しているところでは真水をどんどん作って、水洗便所も使えるようになりましたね。しかし海に面していないところでは未だに水も食糧も足りない。だからしょっちゅう争い合う。それが戦争なんですね。

そういう国では、なんとかして自然を改良する、自然を征服するというのが、長い間、その国の人間たちの生きていく手段として、必要だった。何千年、何万年の間の自然との闘いをとおして、だんだん、自然がこういうふうに動いているから、こうしたら自然を征服できる、――たとえば四十メートルぐらい下のところを流れている地下水がある、それがこういうルートで流れ出て、それでオアシスが出来る。だからそのオアシスの元になるところをどのぐらい掘ったら井戸が掘れる、というふうに、だんだんに知恵がついてきたわけです。そうして四、五千年前には井戸が掘れるようになったわけです。というのは、四、五千年前から鉄器を作れるようになり、深い穴を掘ることができるようになったからです。

そういうふうに、砂漠の国、あるいは食糧が足りなかったヨーロッパの国のように、争いを繰り返していた国では、自然を、ある意味では征服する。やっつける。それがだんだんに科学を作り出したわけです。

そういう中で出来た宗教、キリスト教とかイスラム、ユダヤ教というのは、自然と人間、自然と神様、人間と神様、そういうものが対立をしていて、自然を人間がやっつけるというのがその考え方の元になっているわけです。そこで自然に科学が出来たわけです。

科学の力に巻き込まれた現代の諸問題
――犯罪、世界の気候変動、異常気象、地殻変動の頻発

この五百年ほど前から非常に科学が発達して、凄いエネルギーを使えるようになった。電気と磁気というのは、陰と日向みたいなもので、一方が変わると他方も必ず変わるようになる。最近では、ちょっとした磁場の強さを変えるだけで凄い電圧が出来るような、そういうナノテクが発達した。

そういうふうに、自然をやっつける、そして利用するというところで、だんだん科

学の力が強くなって、人間が科学の力を信じ、あるいは科学の力で出来たものを使って、人間が自由自在に自然を動かして使えばいいというふうに、この五百年ぐらいの間、とくにこの百年ぐらいの間に、そういう考え方が非常に強くなったわけです。

その結果どうなったかというと、人殺しをしても平気だし、日本でも今は、親が子どもを殺す、子が親を殺すという事件が再々報じられるようになった。資本主義あるいは科学主義というのが日本へより浸透してくるにつれて、元々平和で皆が仲よく暮らしていた日本が、だんだん、そういう、自然をやっつけて利用するという科学に、ある意味で巻き込まれてきたわけです。

で、今、世界中で、これではいけない、東洋の智恵に学び、魂に今目覚めないと、人間というのは滅びるのかもしれないと言う人びとが多く出始めた。

というのは、今、科学の力で、温暖化現象、嵐とかの気象異常、地震とかの地殻変動が世界の各地にもたらされるようになった。今年の初めにもご神言がありましたけれども、本当に大変ですよね。たとえばオーストラリアでは今までにないような大旱魃で、米の生産高がずっと落ちてしまったし、[3] アメリカでは一方では大雨で、他方では旱魃でトウモロコシがなかなか出来なくなってしまった。日本でも、水田の水が、夏の酷暑によって熱湯のようになって、稲が枯れてしまった所があるそうです。

二、三年か四、五年か前に、ＩＡＲＰの札幌支部の集まりに行ったときに、『近い将来、北海道が、日本の穀倉地帯というか、食糧を供給する宝庫のようになる』というご神言があったので、皆に伝えたけれども、今は北海道で米が沢山出来るようになった。

そういうふうに、大きな、地球の気候そのものの変化が、人間がどのぐらいの割合で生み出したか分からないけれども、起きてきている。ともかく人間の科学の力というのが地球の気候変動に大きく関わっているらしい。さらに地球の気温が変わると水温に変化をもたらし、海流の流れそのものが変わってくる。海水の表面と底の方で温度差があり、それで海流が決まってできていたのが、表面の温度が非常に上がってくると、海水の流れも変わってくるわけです。海水というと、凄い量、凄い重さだから、地球の自転にも影響が出るかもしれない。そういう恐れもだんだんに出てきた。

対立の思想、科学を超えて、愛と調和を

それで、今大事なことは、砂漠の宗教やものの考え方、そこから出発してきた科学を超えて、人間と自然、神様と自然、神様と人間、そういうものが調和をできるような思想、そういう考え方の世界ができないといけないというふうに、だんだんに多く

の人が気が付いてきたのですね。それが今の時代なのです。

皆さんも日ごろ一生懸命に、自分の家のカルマのこととか、あるいは自分個人のことか、あるいは土地の戦争の跡の汚れが浄まりますように、土地のカルマや家のカルマや個人のカルマが浄まりますように、とお祈りされている。そういうお祈りの心が強ければ強いほど、熱心に大祭にお参りをされるようですね。

お金があっても暇があっても健康であっても、それだけでは小豆島ご本宮の大祭には来られないですね。本当に神様へ向いて、神様の聖地であるこの小豆島へ来てよくお祈りをして、自分が今お願いしているカルマがさらに解けるように、さらに霊的に成長ができるようにというのが、この小豆島の大祭にお参りする一番大きな意味ですから、そういうお祈りを続けながら大祭へのお参りを繰り返して来ている人たちを見ていると、だんだんにその人のカルマが解けて、自分もその周りの人もよくなっているように思うのです。

今まで家の中で親子の関係がなかなかうまくいかなかった、心が通じ合わなかったのが、次第に解けてきて、その全体が、お互いに愛し合えるようになった、思いやりがもてるようになった、家の中が本当に仲よくなれるようになったケースが増えてきている。

しかしそれは一年や二年では無理ですよね。十年か二十年経っているうちに、本当に神様の愛の顕れ、それから思いやり、そういうものがだんだん家の中、あるいは個人の中に浸透して、非常に苦しかった時代を乗り越えた家族や個人の人たちが、だんだん増えたように思います。そういう人が一人おると、その家族の内や家族が住んでいる周りに、その人が言葉で言うわけでもないし、特別な行為で示すわけでもないけれども、魂の底にある神様への愛、あるいは人への愛というものが、周り中に、目に見えないけれども、だんだん浸透していくように思うのです。

今年も大祭に来てみて、何年も続けて自分でもお祈りした、祭員たちにもお祈りをお願いしてきた、そしてだんだんにその人のカルマが解けてきた、それでその人が元気にもなるし、家そのものも調和がとれて愛が満ちてきたという人が増えてきたのを、強く実感をした例が沢山ありました。有り難いなと思うのです。本当に有り難いなと思います。

カルマを解くのは愛

今は冠を脱いだから痛くないけれども、冠を被っていると頭が痛くてね。権宮司の私への愛、――言ってみれば、インドの二千年も昔からの弟子で、三、四千年前には井の頭のお宮で弟子でも親子でもあったし、やはり縁が深い。深い縁がありお互いに愛をもっていると、自然にまた親子になったり師匠になったり弟子になったりするのだなと思います。

一方、たとえ悪いカルマであっても、親子になったり兄弟になったり夫婦になったりするのは、それだけの深い縁があるのだから、そのカルマを解かなければ、お互いに幸せになれないし成長もできにくい。しかしそれを解くのは愛なのです。もし今いがみ合っているとしたら、互いにいがみ合うようになるカルマが解けるように、愛をもってお祈りをすることが大事だし、そうしたら必ず解けると思うのです。解けたら、死ぬような者でも助かるし、あるいは大祭にお参りできないようないろいろな都合があっても、自然にこの大祭に参れるような運びになる。何事も、心がまずできないとだめですね。

神様の方へ向いて、神様への愛が深まってくる、周りの人への愛が深まってくれば、必ず大祭にはお参りできると思います。

そういう意味で、大祭に今日お参りできた人、来年またお参りできる人は、非常に幸せだと思うのです。

神様の世界、霊の世界の実在を科学的に明らかにする科学の創設

今、神様の教えが、私の本を通して世界中に拡がってきました。アフリカを除いた国ではほとんどの国で、沢山の本が読まれるようになりました。(4) それだけにまた、私の方にはEメールや手紙が、各国から沢山来るようになりました。また、今日シカゴから参列されているスザンヌ(5)のように、会社の役員をしていたり、ヨーガの教師をしている人、大学で先生をしているような弟子が結構増えて、そういう弟子たちを通して、神様の教えが拡がってきたように思います。そういう人が各国で一人でも二人でもできたら、何千人かの人に拡がっていくわけですから、有り難いことだと思います。

私は空海のように、あるいは日蓮さんのように、あちこち説教をして回ることよりは、今生では、霊の世界がある、神様の世界があるということを、科学的に明らかにしたい、なんとかしてそのための新しい学問を創りたいというのが念願でした。しかし初めの頃は、日本の学会は、それを受け入れようとは決してしなかったのです。

ところが来月の二十二日でしたか、東大とか筑波大とか京大などのいろいろな大学の学者が集まって、キリスト教とか仏教とかを含めて、世界の諸宗教を統合するような論理を創りたいということで、文部科学省がサポートして研究費が出て、そのため

の特別講演(6)をしてほしいというふうに、だんだんなってきた。五十年かかりましたね。

それからまた、私の科学的な研究がだんだん世界中に拡がって、世界中からいろいろな人が勉強に来るようになった。

それは、「人間というのは、身体だけで出来ているのではない、心で出来ているのでもない、魂が元になって出来ているのだ」ということが分かるように、妙光之神様や清光之神様が、子どもの時から行をさせてくださったお陰だと思うのです。有り難いと思うのです。宇宙創造の神様(7)にお会いできるきっかけを、妙光之神様、清光之神様から戴いたように思うのです。

神様とお会いできるには

この皇踏山がそういう一つの聖地、——ご本殿の後ろに、凄い崖があるでしょう、頂上の所。あの山の崖を、夜中に神様が妙光之神様にお下がりになって、『今から登れ、崖のところを登れ』と。

——この辺は以前は真っ暗がりだったのです。家に電燈のない家もあったし、家の数もとても少なくて、周り中自然ですから、月夜ででもないかぎりは真っ暗がりでした。その代わり、私たちの子どもの時には夜目が利いて、星明かりでもだいたい見分けがついたものです。しかしそれにしても、あの崖のところを登るというのは、一つ間違えて転落すれば死ぬわけですからね。ご神言があったら、何事によらず、すぐに命を捨てて従われた、そういう方だから、宇宙創造の神様にお会いできたのだなと思います。

信仰があった、般若心経を何万巻もあげた、ただそれだけでは、なかなか宇宙創造の神様にはお会いできないのです。身を捨ててご神言に従われた、それでお会いできたのだと思います。

そういう母たちに育てられて、私も神様にお会いできて、今こうして大祭で皆さんを神様のところにお招きできるということは、以前はそんなに強くは思わなかったのですが、年が寄ってきたせいか、「よかったなあ」と思うのです。

「大祭に皆が来られてよかった、神様にお会いできるところへ来られてよかった」というふうに、しみじみ思えるようになったのは、それだけ年が寄ったのかもしれないですね。

それでは、今日はこれだけにしましょう。

（玉光神社機関紙「光の便り」第二三〇号）

註

（1）冠

平安時代以降、天皇以下文武百官が朝廷の公事の正装の際に用いたかぶりもの。略装の場合は烏帽子を用いた。（付図参照）

（2）袍

最高の正装である束帯や、それに次ぐ正装である衣冠などの時に着るまるえりの上衣。（付図参照）

（3）オーストラリアでは今までにないような大旱魃で、米の生産高がずっと落ちてしまった

二〇〇六年八月から十月におけるオーストラリアの降水量は、一九〇〇年の観測以来の記録的な少なさとなり、麦や米などの生育に大きな影響を及ぼした。気温も五〇年以降第二位の高温で、さらに事態を悪化させ、〇六年暮れから始まった世界的な食料価格高騰の一因となった。

（4）アフリカを除いた国ではほとんどの国で、沢山の本が読まれるようになりました

日本語書籍名と、出版言語、出版国の大略は以下のとおりである（〈 〉内は出版国以外の流通圏）。

・『密教ヨーガ』『チャクラ・異次元への接点』

英語　　アメリカ〈アジア英語圏以外の全英語圏〉
英語　　インド、〈アジア英語圏：インド、ネパール、スリランカ、パキスタン、ミャンマー、バングラデシュ、シンガポール、タイ、マレーシア、香港〉
オランダ語　　オランダ
ポルトガル語　ブラジル〈全ポルトガル語圏〉
フランス語　　フランス〈全フランス語圏〉
スペイン語　　スペイン〈全スペイン語圏〉
トルコ語　　　トルコ
ハンガリー語　ハンガリー
ブルガリア語　ブルガリア

・『超意識への飛躍』
英語　アメリカ〈全英語圏〉

・『カルマと再生』『輪廻転生の秘密』（一冊に編集）
英語　　イギリス〈全英語圏：二〇〇七年まで〉
英語　　アメリカ〈全英語圏：二〇〇九年以降〉
オランダ語　　オランダ
イタリア語　　イタリア
ブルガリア語　ブルガリア
トルコ語　　　トルコ

ハンガリー語　ハンガリー
ギリシャ語　ギリシャ
ルーマニア語　ルーマニア
クロアチア語　クロアチア
スウェーデン語　スウェーデン

・『ヨガと超心理』『宗教と超心理』『経絡―臓器機能測定について』等（英文論文編集書）
英語　アメリカ〈全英語圏〉
ドイツ語　ドイツ
オランダ語　オランダ

・『現代社会と瞑想ヨーガ』
ハングル語　韓国

・『Ｐｓｉと気の関係』
英語　日本〈全英語圏〉

・『ヨーガの東西医学による研究』
英語　日本〈全英語圏〉

・『東洋医学　気の流れの測定・診断と治療』
英語　日本〈全英語圏〉

・『東西医学による診断の比較』
英語　日本〈全英語圏〉

・『人間と宗教の研究』

403　2007年（平成19年）10月23日

英語　　日本〈全英語圏〉

・『チャクラの覚醒と解脱』
英語　日本〈全英語圏〉

・『神秘体験の種々相Ⅰ』
英語　日本〈全英語圏〉

・『宗教とは何か』
英語　日本〈全英語圏〉

・『存在と相互作用の論理』
英語　日本〈全英語圏〉

・『経絡・臓器機能測定について』
英語　日本〈全英語圏〉

・『超感覚的なものとその世界』
英語　アメリカ〈全英語圏〉

・『催眠現象と宗教体験』
英語　日本〈全英語圏〉

・『宗教の進化と科学』
英語　アメリカ〈全英語圏〉

・『場所的個としての覚者』（仏陀の悟り）
英語　アメリカ〈全英語圏〉

・『スピリチュアリティの真実』

(5) スザンヌ

ＣＩＨＳの学長講義を熱心に受講している聴講生の一人。シカゴ在住。ＣＩＨＳにおける学長特別講座には、広くアメリカ合衆国全土、ヨーロッパ各地、中東諸国より受講生が出席した。

(6) そのための特別講演

十一月二十二日、千年持続学の確立：心性の持続性に関する学融合的研究プロジェクトで「宗教体験の哲学的研究と生理心理学的研究」と題して講演した（於・筑波大学東京キャンパス）。

(7) 宇宙創造の神様

『啓示された人類のゆくえ』〔Ｉ〕二一六頁「一九八九年　地球社会化へ向けて」、二二二頁「宇宙創造の神」、二二四頁「宇宙創造神の、玉光大神様としてのお働き」を参照してください。

二〇〇七年（平成十九年）十月二十二日

「白衣」と「同行二人」

日本全国いろいろなところから信者の方たちが集まり、前夜祭、そしてこのご祝宴に参加されて、有難く感謝もされ、また楽しくも思われたことでしょう。

高松から島へ渡る船の中で思い出したのですが、五十年ほど前、この小豆島のお宮を建てる前の年でしたか、妙光之神様と、信者有志の方たちも加え、戦争中の必勝祈願(1)のお願ほどきのために、小豆島の八十八カ所を回りました。(2)戦争中のご祈願のお礼のお参りをまだしていないので、もう病気がだいぶ重くなっていたが、それでもどうしても行くと言うので、私も母を車椅子にお乗せして、ぐるーっと回ったわけです。途中で熱が出て、いつ帰れるか分からないなと思ったりしたのですが、やっと双子の浦の八幡様のところまでお参りできて、その時に『ご本宮を小豆島に建てよ』というご神言があったわけです。

それから半年か一年も経たない時に、いよいよ母の子宮筋腫が大きくなって手術をするよりしようがないというわけで、手術をしたわけですが、その時に、医者に、「霊能者というのは非常に過敏なので、麻酔薬は三分の一か五分の一でいい」と言うのに、普通の半分ぐらい注射したのですね。そうしたら、手術の後意識不明になって、生きるか死ぬか分からないような状態が二週間ないし、もうちょっと続いた。その時に、病室で二十日間ほど、全然夜も昼も寝ないで母の看病をして、最後の一週間は断食をしてお祈りをしました。その断食が済んだ一週間目の満願の日に、朝坐って行をしていますと、目前に、龍が二匹、ずーっと昇天するのがみえたのです。その時、「あ、これで母も治るし、ご本宮も建つ」と思ったのです。そうしましたら、その朝、母の目が覚めたのです。

目が覚めた時に、今でもいつも思い出すのですが、「メロンが欲しい」と言うのです。で、メロンを差し上げたら、それがとってもおいしかったらしくて、「ああ、おいしい！」と言って半分ぐらい食べてしまって、それから生き返ったのです。それで、これなら神様のご意思通りに小豆島のお宮も建てられるに違いないと思いました。

そうしたら、今の上庄にいた信者さんが、「自分がもっている山を寄付しますから、どうぞ皇踏山にお宮を建ててください。お代様も皇踏山で行をされていたご縁があるから、他のところへ建てないで、ぜひこの皇踏山に建ててください」と言われるわけです。それで、母の病気もどうやら半年か一年ぐらいのうちに本当に治ってだんだん元気になってきましたから、いよいよ建てましょうということで、三十二の時でしたか、皆さんにお願いをしたり、あるいは自分たちの私財も全て売ってしまって、ご本宮を建てることになったわけです。

私は今八十二ですから、三十二というとちょうど五十年経ったわけですね。二年ほど前に『ご本宮を小豆島に建てるように』というご神言があったけれども、借金はあるし――今の物価にすれば何億かあったわけですね――、母がどうなるのか分からないし、『お宮を建てよ』というご神言がある以上どうしたってしないわけにはいかないから、本当に苦しかった。三十ぐらいから三十二、三ぐらいで、自分でしたいと思う勉強も、その頃どうにか学会から少しずつ受け入れられるようになって、ドイツで、ドイツ語で書いた論文がドイツの学会誌にも載ったけれども[3]、神様に、「こんなにあれもこれも[4]一杯肩にかかって、ちゃんとできるのでしょうか」と伺ったら、『できるから、やれ』というご神言があるのです。

皆さんも、もうどうしていいのだか分からない、いっぱい借金だらけになった、あるいは、しようと思うことがなかなかできない、どうしてもしないといけないのだけれども、自分に力があるのかどうか分からない、そういう時に、神様から『やれば、できる』というご神言を戴いたら、私のこの話を思い出してください。五十年前のその時には、借金だらけで、母の病気は治るかどうか分からない、ご本宮も建てなければいけない、自分の勉強もしたい、この四つが肩に大きくドスンと乗っかったみたいでしたけれども、神様のご神言を信じて、「やればできるのだ！」と思って一生懸命にやったら、ご本宮も二年ほどかかりましたけれども建ちましたし、母も病気が治って、それから十年ぐらいは本当に皆さんのために、また、私たちのために、一生懸命にお祈りをしてくださったように思います。

今、私の横に書いて張り出してある「同行二人」というのは、お遍路さんの笠などに必ず書いてある言葉ですが、これは、お遍路さんが小豆島やあるいは四国の札所を回る時に、一人だけで回ろうと、何人か連れだって回ろうと、どんな場合にも、皆それぞれ一人ひとりの人に、弘法大師が一緒に行って守ってくださっている、それはどういう時代に変わろうと、どういう民族の人がお参りしようと、そういう人たち全ての人たちの中に入って、その魂を支えて一緒にお回りくださっているという意味なのです。それが、「同行二人」ということなのです。

それで、神様のなさっていることは、皆さん一人一人が本当に神様の方へ真っ直ぐ向いて、自分の与えられた仕事、あるいは、どんなに困難であってもしなければいけないことを一生懸命にしていると、神様は、本当に「同行二人」で、皆さんを創り、皆さんの中で同時に働いてくださり、助けてくださっているわけです。そして同時に神様は、われわれ人間には分からない高いところ、一切のものがそこで消えてなくなるようなところ、しかし非常に普遍的に、在るとか無いとか、生まれるとか消えるとか、そういうものを超えたところで、いらっしゃるのです。

それは私たちの言葉では表せないから、「不生不滅」、「生まれることもないし滅びることもない」というふうな言葉で表現するよりしようがないのですけれども、そういうところでいらっしゃるから、同時に一切のものを創られて、創られた物の中に入って、物を支え生かしてくださっている。と同時に、全く超えたところでいらっしゃる(5)。

で、霊の次元であっても、あるいはもっと悟りの次元にいった人であっても、全て、神様はそういう大きな、存在を超えた世界、神様のご本地と言えばご本地と言える、全ての存在を超えた世界から、自らを神でない形に変えて、それら全てを創られた。そしてそれら全ての中に、――皆さんの中にも、石ころの中にも、地球の中にも、神様が働いていてくださる。

そういう神様との一致を、空海は実際に体験されたと思うのです。それで「同行二人」、つまり「皆の中に私がいつも働いているのだよ」とおっしゃった。それは、絶対の神を体験をした、そういう人で初めて「同行二人」と言えるわけなのです。

「同行二人」であらわされる神様のお働きは、神様は皆さんの中に入って皆さんを助けてくださる、あるいは皆さんが生まれ生きてきたその意味が成就できるように支えてくださると同時に、皆さんが今の状態からより高い霊的な次元に上がれるように働いてくださっているわけです。

より高い霊的な次元に上がっていくのには、神様の力が入ってこないと、そこへは行けないのです。怠けたままで、食べたい物は食べる、したいことはする、そういうだけでは、神様のお力は、その人を、したいことをして、食べたい物を食べたいという次元でも支えてくださってはいますけれども、もし人間の本質的な霊的な部分で成長したいと思う時には、神様の高い次元でのお力を戴かないと成長できないし、神様のお力を戴くためには、白い着物を着ないといけないのです。

つまり、皆さんはいろんな着物を着ているわけですね。皆さんの体質、性格、そういう自分のあり方は、自分の前生からの行為、カルマによって、自分で今のあり方を決めている。それがいろいろな体質とか性格を作っている、つまりいろいろな色をもっているわけです。そういう色、つまり個性とか体質とかあるいは前生からのいろいろな能力とか、そういうものを全て離れて、白い色になってしまうと、今の自分から離れることができる。そうすると、神様が最初に人間を創ってくださった玉、魂の、光が輝くようになる。つまり、いろいろ食べたり、したりしたいと思っている自分をやめて、神様の方へひたすら向いた状態が、白い着物を着た状態ですね。その時に神様のお力が、もっと高い次元でずーっと人間の中に入ってくると、その人はぱっと成長ができるわけです。

で、この前日祭で白い着物を着るという意味は、今言ったような、赤い色や黄色い色や紫色やいろいろな色がついている自分のあり方をやめて、初めに神様が創ってくださった、何の色にでもなれる白い魂に還って、神様をお迎え申し上げ、神様のお力を戴いて魂を成長させて戴くという意味なのです。白い色なら、赤も塗れるし、紫も塗れるし、何でも塗れる。紫色のところへ赤色を塗っても、本当に赤い色は出ないですね。何にでもなれる色、それは白しかないと思うのですが、そういう白、いろいろな色を捨ててしまった、自分の個性とか体質とか前生からのカルマとか、そういうものを、自分で、たとえ一時であっても捨ててしまった状態をあらわす白い着物でご本殿に上がって、神様にお下り戴いて、今日のお祭り、また、明日のお祭りにお参りして、皆が高い次元の神様のお力を、人間の、神様から戴いた元の状態でお受けさせて戴く。それがご本宮での前日祭であるし、大祭のお祭りなわけです。

そういう意味で、多くの方がたにぜひ、この大祭にはお参りしていただきたいと思うのです、信者であってもなくてもね。

空海が言われた「同行二人」というのは、神様がいつでもそれぞれの立場のところで働いてくださっている、どんなことがあっても神様は皆さん一人一人の中でいつも働いてくださっている、ということなのです。

ぜひ、分かってほしいと思うのです。

また初めの話になりますけれども、五十年前に、ご神言があったからご本宮を建てなければいけない、母は死ぬか生きるか分からない。三週間ほど不眠不休で看病して、最後の一週間は断食をして、朝二時間ぐらい坐って、最後の満願の日に二匹の龍がみえて、ああ、これでお宮も出来る、母も治る、と思った。その、断食をして一生懸命に神様の方へ向いた私の状態が、ちょうど、白い着物を着ている状態なわけです。

そういうふうに一心になったら、神様は必ずその人にふさわしいものを与えてくださるのです。それが神様なのです。「同行二人」、それを信じて、毎日励んでほしいと思います。

それでは、今日はこれで終わりにしましょう。

（玉光神社機関紙「光の便り」第二三〇号）

註

（1）戦争中の必勝祈願

一九四三年八月。本山キヌエ『玉光神社教祖自叙傳』、玉光神社組長会記録担当編集『玉光神社七十年の歩み』を参照してください。

（2）お願ほどきのために、小豆島の八十八カ所を回りました

一九五六年十月。註（1）に記した資料に詳しい。

（3）ドツ語で書いた論文がドイツの学会誌にも載った

一九五七年“Das Religios Erlebnis und Sein”がマールブルク大学の学会誌に掲載され、評価された。

(4)こんなにあれもこれも

玉光神社本宮の建設が香川県小豆島で始められたのは一九五七年である。神社境内用地決定、買収、建設許可認可を得るための交渉、建築業者決定、神社設計と工事監督等のため、著者は五九年の本宮落成式までに、毎月小豆島に出張した。その間五七年六月、科学基礎論学会で「超感覚的なものと科学」と題し講演（京都湯川記念館）、玉光神社で月毎二回の祭事（感謝祭、月次祭）と七星会指導（瞑想行とその理論の講義）、科学基礎論学会誌「科学基礎論研究」への論文寄稿、マールブルク大学学会誌への論文寄稿、五八年には東京文理科大学記念賞受賞記念講演、井の頭玉光神社境内の地主大神ご社殿建設、皮電計の設計製作と皮電計による霊能者・非霊能者の生理学的検査、脳波計設計製作及び瞑想時の脳波の測定等の研究の他、教母本山キヌエ師の東大病院への手術入院の、約一カ月に及ぶ付き添い等を行なった。

(5)同時に、全く超えたところでいらっしゃる

本山博『宗教経験の世界』（宗教心理出版 一九六三、改題『超感覚的なものとその世界』一九九〇）六「宗教経験と存在」等を参照して下さい

二〇〇八年（平成二十年）

大きな転換への気付きの年

今年は、いいことも悪いこともご神言がありました。

和を尊び自然と共存する生き方へ

まず一番最初にご神言があったのは、これからの世界の人びとの生き方についてのお示しでした。

『アジアの生き方——和を尊ぶ、自然との共存の生き方が次第に力を増すであろう』

四百年ほど前のヨーロッパでは、食べる物もわりあい少なくて、ヨーロッパ各国はしょっちゅう争いばかりしていたのです。ですからヨーロッパでは、戦争が非常に得意だし、武器も優れている。そして食糧と土地を得るために、アジアとかアフリカへやって行って植民地を沢山作って、そこから食糧とか工業用原料その他を安く持って帰って、今度はそれを加工してアジアやアフリカの国に高く売りつけて、そして科学というのがだんだん発達をして、今まで四百年ほど続いてきた。それに伴い、政治も民主主義とか、経済も資本主義というのがここ百年ぐらいずっと続いてきたわけです。

それが今、いろいろな意味で破綻を始めている。いつ潰れるかはまだよく分からないけれども、今世紀中には、資本主義というのは全く変わった何かにならないと、世界はやっていけないと思うのです。そのときには、

『アジアの生き方、すなわち、聖徳太子が〝和を以て貴しと為す〟と言われたような、人間が互いに和を尊び、さらに自然と共存する生き方、そういうアジア的な生き方がこの百年の間に増して、世界が大きな転換をするであろう』

とのご神言なのです。

この生き方は、今までずっと大神様が私たちにお示しくださっていたお教えそのものなのですね。

ヨーロッパ流の資本主義にしても民主主義にしても、今の世界のいろいろな状況、出来事を見ていても分かりますように、競争が基になっている。イスラムとかキリスト教はユダヤ教を基にして砂漠でできた宗教ですが、砂漠での生活というのは、人間

が厳しい自然をやっつけていかないと生きられない。そういう厳しい環境の中でできた文明は、争いの文化なのです。仲よくやっていくというのではなくて、相手をやっつけて争いをして、そこで経済も政治も成り立つような、そういう政治や経済で、それから工業、科学、そういうものは自然をやっつけるのであって、自然の中に魂をみる、自然と共存をする、ということが元々欠けている文明なのです。

そういうものが今世紀中には行き詰まる、今のままではやって行けない、ということです。

和を以て仲よくできるためには

自然と共存する、あるいは「和を以て貴しと為す」といっても、和をもって仲よくやっていくためには、いつも神様の御教えの中にあるように、自分が考えたことを人に押し付けるのでは、本当に和をなすことはできない。

それから、相手を自分がみた限り、理解した限りで相手と和をもって仲よくやって行くということも、なかなか難しいですね。

本当に相手がどういうふうに考えて、何を欲しがっているのか、相手を成り立たせるためには何が一番必要かという、相手の立場に立って相手を知る、それが一番大事で、それをお互いにすることによって、お互いに助け合う、仲よくすることが本当にできるようになる。

自分が理解した相手ではなくて、相手の立場に立って相手を理解した、そういうお互いの相手に対する理解があって初めて和ができる。その時には、お互いに自分の考えで相手を利するのではなくて、相手の立場に立って相手を理解する。ということは、このときには既に「自分」という枠を超えて、自分の考えとかあるいは生き方とかという枠を超えて相手と一つになれるような立場でお互いに動くわけですから、自然にそこに和ができるわけです。

そこのところが非常に難しい。

今の西洋の文明では、相手を理解するのではなくて、たとえば資本主義にしても民主主義にしても、イランとかイラクとかアフガニスタンとかトルコとか、そういうところへ自分たちの資本主義や民主主義を「いいもの」として押し付ける。相手はそれに反発をして、自分たちのイスラムの教えこそが一番正しい、と言う。そこで戦争になってしまうわけです。そういうのが、今の西洋の、科学を基本にした、あるいは西洋のキリスト教とかイスラム、ユダヤ教を基本にした世界観ですが、そういうものではもう今は行き詰まってきたわけです。争いばかりが世界中に蔓延して、決して平和にならない。

和を尊ぶアジア的な生き方、大神様の御教えの、和を尊び、自然と共存する生き方、これは神様のお下がりになってからの一貫した御教えですけれども、そういう生き方、世界観がこれからは力を増すであろう、というご神言でした。そして、科学に溺れて、物だけを追いかけているような人間の生き方が、自然に、霊的なものに目覚めてくるような生き方に変わってくるというご神言です。

資本主義の変化、異常気象の増大、食糧難の始まり

二番目のご神言は、

『資本主義の変化が始まる』

それはどういうふうになって始まるか、皆さんが世界や日本を見ていたら、だんだんに理解できると思います。実際に、そういう変化はもう起きているわけですからね。

次は、

『異常気象がさらに深まる』

西洋流の考え、あるいは自然をやっつける考えというのは、自然を自分の思うまま

に道具に使って、自分の生活を利するという考えですね。

今までエネルギーを使い放題に使って暮らして、石油にしても電気にしても何にしても、自然のエネルギーを使い放題使ってきたら、とどのつまりは温暖化現象で、異常な気象変化が沢山起きるようになった。地震も起きる、嵐も起きる、そういうのは、自然を、「尊い何か、われわれと一緒に共に共存するもの」と考える考え方が欠けているから、こういうことになったわけです。

それで、その異常気象が今年はさらに大きくなるというご神言です。

ですから、地震とか嵐とかいろいろな災害が増えると思うのです。

次は、

『食糧難が、徐々に始まる』

というご神言でした。

アメリカでも（世界各地でもそうですが）、近ごろは洪水地帯と乾燥地帯が入れ替わったり、極端に二極化したり、日本でも、米が秋田や九州で穫りにくくなって、北海道の方で穫れるようになった。オーストラリアでは二年続きで旱魃で、トウモロコシとか小麦がほとんど穫れなくなった。そのために、食糧難が今徐々に始まっている。

今日の新聞を見ましたら、中国とかインドなどの国がどんどん工業化されて豊かになり、贅沢になってきて、電気エネルギーを使う量も物を食べる量も非常に増えてきて、人口が増え、食糧が足りなくなってきたという記事が出ていました。こうなってくると、日本は食糧自給率が四〇％ぐらいですから、輸入しようとする小麦の値が上がったりトウモロコシが上がったりする。しかし、さらに、日本が外国から食べる物を輸入しようとしても、向こうの国の食糧が少なくなって輸出をしなくなったら、日本は干上がってしまいますね。

そういうことが徐々に今年は始まる。もう、始まっているわけです。

だから、日本の、米作りを止めている休耕田とかをだんだんに復活をするような政治をしないと、日本人は食べられなくなってしまいます。今、百円で食べられる物が二百円になったら、給料が倍になればいいが、ならない時には、食べられないわけですね。だから、昔のように、小さな空間、空き地があったら、そこで野菜を作るような、何か工夫をしないといけないですね。

宇宙からの大きな事変

次のご神言については、どんなことが起きるのか、今はよく分からないのですが、

『人びとを霊性に目覚めさせる変化、大きな事変が、宇宙から生じる』というご神言でした。

今の人間は、「人間」という高等な生物が住んでいるのは地球だけだと思っているけれども、そうでないかもしれないですね。

今の人間は物に落ち込んでしまったような、ある意味では科学に毒されたというか、資本主義のような競争社会で、非常にストレスが多い、不安定な世の中に住んでいて、そういうところでは、皆が鬱になったり、あるいは、給料を得るために皆がよく働くのだけれども、物を追いかけることだけに毎日を費やして疲れ果てている。

そういうところでは、本当の社会性、あるいは、和を尊び、自然と共存するというようなことは育たない。それができるのには、魂にだんだん目覚めることによって、魂こそは、愛と智慧と、物を新しく創っていく創造力との源泉であるし、魂がないと、人間の身体もひと時といえども生きることはできないということが本当に分からないと、できないわけですね。

ですから、そういうことが次第に皆が分かるような、何か、事変が起きるのかもしれない。

今の地球の人間ではどうしようもないですからね、物ばかり追いかけていて。だから、宇宙のどこかで、何かが起きるのかもしれない。そういうことがあり得るとも思うのです。

今、こんな小さな地球の中で、人間が一番偉いように思っているけれども、もっと優れた、霊的に成長した何かが他の宇宙にいるかもしれない。霊の世界に行けば――アストラルの世界で、この世との間を行ったり来たりするような、そういう霊の世界というのは、ほとんどこの地球にひっついたようになってあるけれども、カラーナの世界というか、神様から戴いた「玉の光[2]」の世界に入っていくと、なにも地球に縛られて霊の世界があるのではなくて、いろいろな星にも行けるのです。そういう世界へ行ったことのある人、霊的にもっと成長した人は、地球以外にも、人間より進んだ何かが住んでいる星があるかもしれない、そういうものを知ってるわけですね。

そういうところと行き来ができるようになったらいいと思います。できるかもしれないですね。

あるいは、異常気象がもっと起きて、食べる物が半分か、あるいはうんと減るようになるのかもしれないし。

どっちにしても、「今のままではだめだ」ということに人びとがだんだん気付き始めるのが、今年の特徴のように思います。

玉光神社では、人間の霊性ということや、魂ということ、――ただ、社会的に道徳として「こういうことをしたらいい」という教えを説くのでなく、魂のあるということ、魂はどういうものか、カルマはどういうものかということを、ずっとお代様（妙光之神様）の代から皆さんに教えてきたわけですから、そういうことをよく理解して、霊の世界、あるいはもっと高いところへ行けるように、信仰を深めてほしいというのが、今年の私の希望です。

エネルギーの体系としての人間を科学的に明らかにする研究と、そのための学会創設を願う

――私も今年で八十三歳になります。アメリカの大学（ＣＩＨＳ）も今、グレードを上げるための手続き[3]がだんだん進んできました。新しい学問というか、人間の身体、あるいは人間の存在というものを、今はＤＮＡとか分子とか、そういう次元だけで、つまり物の次元だけで見ているけれども、人間をエネルギーの体系として見て、そのエネルギーの流れるチャンネルを、科学的に証明しようとする研究も進んできました。日本でも、学術会議がスポンサーになって、私の研究について講演を依頼するようになってきたし、アメリカでもヨーロッパでも、私の書いたものがだんだんに研

究者の間で研究されるようになったから、そういう研究（人間をエネルギーの体系としてみて、そのエネルギーについて科学的に明らかにする研究）をする学会を、今年か来年には、ぜひ、ヨーロッパとアメリカ、日本で創りたいと思っています。

来年からは、お宮の仕事も大学の仕事ももちろんしますけれども、自分の勉強をもうちょっと、いつまで生きるか分からないが、仕上げたいと思っています。勉強というのはきりがないもので、でも、おもしろいですね。ま、それは来年からの話で、今年は、ともかくアメリカの大学とお宮のため、皆さんのために一生懸命働きたいと思います。

あと四、五年すると、なんとか、今の研究が纏まるといいと思っているのです。

では、どうもご苦労さまでした。

（玉光神社機関紙「光の便り」第二三二号）

註

（1）聖徳太子が〝和を以て貴しと為す〟と言われた

「和を以て貴しと為す」は、推古十二年、聖徳太子（厩戸皇子）の制定とされる十七条憲法の第一条の冒頭「和を以て貴しと為し、忤ふること無きを宗とせよ」を指す。

（2）神様から戴いた「玉の光」

玉光神社教祖御教歌

『教へにも　我なきわれにかへりなば
　玉の光の　身にぞかがやく』

神様から戴いた「玉の光」とは、全ての存在を創り、その中で働き助けてくださると同時に、今よりより高い霊的次元に上がれるように働いてくださっている神の御力のこと。「二〇〇七年十月二十二日」の講話「白衣と同行二人」を参照してください。

（3）グレードを上げるための手続き

合衆国アメリカの大学ないしは大学院グレードに関しては、「州政府よりの正式認可」と「連邦政府教育省からの正式認定」の二種があり、ＣＩＨＳはカリフォルニア州政府より正式認可を受けた大学院大学である。連邦政府よりの正式認定を受けると、学生は連邦政府の奨学金支給を受けることができる。

このためＣＩＨＳでは二〇〇七年より、「州レベルの認可」から「連邦レベルの認定」を得るための条件、手続きを具体的に調査し、努力してきたが、そのためには、学術水準だけでなく、組織、財政を含め総合的な水準を整える必要があり、〇七年時点では学術水準以外は力が及ばなかったが、再度挑戦し、一七年現在、ＣＩＨＳは連邦レベルでの認定を得るための第一次審査に合格している。

主なニュース

〈国際情勢〉

困難な多くの課題、気候変動問題・地域紛争・大量破壊兵器拡散等に引き続き直面した。ロシアではメドベージェフ大統領、プーチン首相の異例の「二頭体制」がスタート、台湾では八年ぶりの国民党政権での馬英九総統、パキスタンではムシャラフ大統領辞任で対「テロとの戦い」が不透明、中国のチベット族大暴動への武力鎮圧は国際批判を招いた。ソマリア沖アデン湾の海上交通では海賊行為が多発・急増、大規模な自然災害では各地で甚大な被害が生じた。米国のサブプライムローン問題からの金融危機は経済に深刻な影響を与えた。

〈国　外〉

・チベットで大規模暴動　（三月十日）

中国チベット自治区の区都ラサの中心部で、大規模な民衆暴動が発生、放火や暴行などで多数の市民が死傷。二十五日、インド北部ダラムサラに本拠を置くチベット亡命政府首相は、当局の鎮圧による死者は百四十人に達したと語った。

・ミャンマーでサイクロン被害、死者・行方不明者十三万人超す（四月二十七日～五月三日）
ベンガル湾で発生し五月二日にミャンマー・エーヤワディー川デルタに上陸して非常に大きな被害をもたらした。
・中国・四川大地震発生、被災者一千万人の未曽有の大災害（五月十二日）
中国四川省汶川を震源とするマグニチュード8・0の地震が発生。震源断層は巨大で被害は広範囲。死者・行方不明者約九万人、負傷者は約三十七万五千人、被災地域面積は日本より広い四十四万平方キロメートル、被災人口約四千六百万人という甚大な被害をもたらした。
・インドネシアで鳥インフルエンザの死者百人超す（八月七日）
鳥インフルエンザウイルス「H5N1型」による死亡者がインドネシアで相次いだ。日本の厚生労働省の研究班は八月、世界に先駆けて、医師ら六千四百人を対象に大流行前（プレパンデミック）ワクチンの大規模接種を始めた。
・米証券大手リーマンが破綻、米国発の金融危機が世界に波及（九月十五日）
米証券大手リーマン・ブラザーズが経営破綻し、ニューヨーク株式相場が急落したのを受け、続発して世界的に金融危機が波及した。
・米大統領選でオバマ氏勝利、米史上初の黒人大統領誕生へ（十一月四日投票）
・インドの商都ムンバイで同時テロ、邦人一人含む百六十三人死亡（十一月二十六～二十九日）

〈国　内〉

・東京・秋葉原で無差別七人殺害　（六月八日）

東京・秋葉原の交差点で、男が通行人をトラックではねた後、ナイフで次々と切りつける通り魔事件が発生。派遣社員の男は現行犯逮捕されたが、被害者は死者七人、重軽傷者十人にのぼった。

・洞爺湖サミット、温室効果ガス排出量半減の長期目標　（七月九日）

・福田康夫首相が突然の退陣表明、後継は麻生太郎首相　（九月二十四日）

・ノーベル物理学賞に南部陽一郎・小林誠・益川敏英各氏、化学賞には下村脩氏（十月）

二〇〇八年（平成二十年）十二月十二日

信仰と行と霊的成長
（朝行後の講話から）

一、霊的成長と自立のできる信仰

霊的な成長と自立

今朝は、霊的成長と自立のできる信仰について、五分か十分か話しましょう。

一般の新興宗教や一般の宗教に入る人というのは、自我が弱い人も多いのです。そして自立ができない。だから自分の考えで何かをするということがなかなか本当にはできなくて、どこか頼るところが欲しい。で、「こうしなさい、ああしなさい」というふうに霊能者のような人が言うと、それに「はい、はい」とついて行く場合が多い。

そして周りの本当の状態が見えない人が多い。自立ができる宗教というのは、密教に属する、瞑想その他をして、小さな自分をだんだんに超えて、霊的な成長をするための宗教です。霊的な成長ができると、自分の考えていることも周りの人が考えていることも合うようになるのです。一致ができる、調和ができるようになるのですね。

自我の強い人は自立ができていない

ところが、自分の中にこもっていて、他と合わない、いわゆる「自我の強い」人は、結局は弱いのです、小さな自我を守っているから。そういう人の意見は、他の人とは合わないのです。他の人の意見が取り入れられない、合わない人というのは、要するに自立ができていない人なのです。

本当に自立ができるようになると、だんだん大きくなって、他の人も自分の中に包めるように、自然も包めるようになるから、自然のことも、魂の動きも分かるし、他の人の意見、考えも分かるようになる。それらを包むことができる。そして自分の言うことと他の人の言うこととが、自我の次元ではなくて、より大きな次元で、広い次元で一致ができるようになるのです。

だから、他の人の言うことが入れられないということは、自立のできない自我があるということ。本当に自立ができたら、大きな自分に自然になっているから、他の人の意見は「そうだな」と思ってすぐ受け入れられる。また、自分の思うことが他の人にも受け入れられるようにならないと、本当の意味で自立できていることにはならないのです。

自立のできる人を育てるのが本当の宗教

宗教というのは、そういう、本当に自立ができる人を育てるのが本当の宗教なのです。

ところが、「これしろ」「あれしろ」と言われて、「はい、はい」と皆がする、そういうのは、霊能者の宗教かもしれないけれども、本当の意味での宗教ではないのです。お陰信心の宗教なのです。そういう宗教団体が結構多い。『スピリチュアリティの真実』[1]の中にもそういうことを書いてあるのだけど、皆どうもよく分からないようです。

自立ができるということは、他の人の意見も入れて、他の人と調和ができるという、それが本当の意味での自立なのです。広い次元、それから高い次元、いろいろなところになれるような人というのは、自立ができている。そういう場合は、真理が分かるわけだから、他の人が言っていることが間違いならば、「それは間違い」と分かった上で、その人はその考えで今生きていられるのだから、その点を認めてその人を支えてあげられる。

そういう、真に自立ができている人の傍では、何も言わなくても、自然に他の人がついて来るようになるはずなのです。ならないということは、自分が自我の中に落ち込んでいるにすぎないのです。

行の目的は、自立のできる広い自分になること

ただ坐って、瞑想してるだけでは、なかなかそうはなれないけれども、ご神前に来て神様の御力を戴いて、日々超作できるように努力して、自立ができるような人間にならないとね。それが行の目的なのですよ。

他の人の意見と合わない、受け入れられないということは、小さな自分という自我が強くて、本当の意味での自立ができていない。広い自分になっていないのです。神様の力を戴いて「我なきわれ」になることが、できていない。だから、光が輝かない(2)のです。

今のところは大事なのですよ。よく理解するようにね。「ああしろ、こうしろ」というようなところへ行って、「はい、はい」と信者を従わすような霊能者宗教というのは、本当の宗教にはならないのです。

霊的成長をして自立のできた広い自分は、相手を生かすことができる

本当の宗教というのは、一人ひとりが皆神様のところへ行けるように霊的成長をして、広い自分、自立ができる広い自分になれるように導く宗教です。自立できた広い自分になれば、他の人の意見も、いいところを全部、ああ、そうだなと受け入れられるのです。そして、居るだけで、相手のことを思うだけで自分が相手を生かすことができるようになる。何もしないで、思っただけでは、この座布団一枚だって作ることはできないでしょう？　しかし、そういうことができるようになるのです、支えてね。

ここのところ、体調が優れないので自室で坐っていたが[3]、今朝ご神前で坐ったのは、以上の話を皆に伝えようと思ったことの他に、もう一つは、広島の小松君[4]が、肺が不全で、炭酸ガスと酸素の交換が肺で十分にできない。酸素吸入しないと動けないらしいのですね。長い間一生懸命に行をしてきたが、家族の家のカルマが非常によろ

しくないんですね。そういうカルマも解け、小松君が今苦しんでいる状態が、だんだんよくなるように、神様の御力を戴いて、小松君の魂をここへ呼んで、治してやろうと思って今日は坐ったのです。小松君は、広島の大学を出て、高校の数学の先生をして、広島の支部長をしていた。年が寄ってくると、皆身体にはいろいろなことが起きますね。

――さっき話したことをよく心得るようにね。人と意見が合わないということは、そして自分の意見を主張しすぎるということは、小さい自我を強くもっていて、広い自分になって、本当の意味で自立ができてないということなんですよ。

神様に近づいていっている人間をつくるのが本当の宗教

本当の宗教というのは、自立ができる、霊的に成長ができて自立ができる人間、神様に近づいていっている人間をつくるのが、本当の宗教なのです。「あれしろ、これしろ」と言って、信者を「はい、はい」と従わせるような宗教は、弟子を人間としてではなくて、自分の道具にしてしまうのです。自立ができてない弱い人がそういうところへ行きたがる。そして集団を組みたいのです。教団の大小によらず、本当に自立ができてる人が多いかどうか疑問ですね。小さい霊能者宗教も多い。

るのです。

玉光神社では、神様が、皆が自立でき、霊的成長できるよう、導いてくださっているのです。

自我が強くて、人と合わないというのは、本当の意味での自立のできる、人の意見を本当に受け入れられて、よく理解ができて、一緒に働くことができる人間ではないということなのです。よく分かるようにね。

二、お陰信心では霊的成長できない

信仰とは神様に向いて、神様の真似をすること

信仰というのは神様に向いて、神様の真似をすることに徹しないといけないですよ、お陰を求めるんじゃなくて。お陰を求めるのは、最初はそれでもいいけどね。しかし自分をよくみつめて、自分から自由になれないと、本当に神様の方へ向いていけない。だから、いつまで経ってもお陰を求めている自分があるような、そういう宗教では、いつまで経っても、信仰かもしれないけれども、霊的進歩はないですね。

ご神前に来て坐ることは大事ですね。そういう点では、＊＊さんは、いろいろあっても、ともかく立派だと思います。ただし、成長するようにね、せっかく坐ってるの

だから。だんだん自分がなくなるようにね。なくならないと、成長は起きないのです。

三、神様のお名前

今日は一つだけ話をしよう。泰子もよく聞いておいてね、大事なことだから。

神様が最初にお代様にお下がりになった時に、

『神には名もない。それから、在る、ということもない。しかし、そち（お代様）には、『玉光大神』という名前で下がる。宇宙創造の神が『玉光大神』として下がるのは、そちと後継者にだけである』

というご神言があった。これは大事なことです。

ですから、もし他の宗教の人が「お代様」とか『玉光大神様』という名前を騙って人集めをしている場合は、その人は嘘を言っているのです。

キリストは宇宙創造の神を『父なる神』として拝まれたわけですね。だから、神様は、キリストには『父なる神』なのです。釈尊には、たとえば「無」という形ね。観音経を信じている人、法華経の人には、観音経あるいは法華経に書かれている、それが神様なのです。

だから、一つの宗教が成り立つときに、それぞれ、例えばイスラムの場合には『イスラムの神』としてお下がりになった。だから、イスラムの神が『玉光大神』というふうにはお下がりにはならない、そういう名前ではね。イスラムの神としてお下がりになるわけです。

ですから、他の宗教の神を名乗って、もしいろんなことを言う場合は、それはインチキなのです。そんなことはあり得ないのです。

或る人間が、男として生まれる、女として生まれる、そして名前をもつ。その名前でみなお互いに認識しあうわけですね。それぞれにみな、与えられた何かがあるわけです。

宇宙創造の神は『玉光大神』としてお代様にお下がりになった。宇宙創造の神様はいろんな所で、いろいろな形で働いてくださるわけですね。或るところでは或る名前を持ってその教祖にお下がりになる。ですから、他の宗教の教祖は玉光大神様やお代様のお名前を名乗ることはできないし、もし名乗るとしたら、その人は本当には宗教はわかってないのです。

では、人間は絶対の神様そのものにお会いできるかといったら、会えないのです。

それから霊能者では会えない。もっと高いプルシャの次元、あるいはそれを超えた世界へ行かないと、神様そのものには会えない。そのときの神様は、存在はないのです。[5]名前も無いのです。つまり「不生不滅。不増不減」というふうに、増えることもない、生まれることもない、死ぬこともない神様、そういう神様には名前がないのです。存在もない。だから、そういう神様にそういう次元で会える人というのは、まれなのです。

そういうことをよく解るといいんですけどね。

これは大事なことなのですから。

（二〇〇八年十二月十二〜十四日）

註

（1）『スピリチュアリティの真実』
本山博（ＰＨＰ研究所　二〇〇八）

（2）「我なきわれ」になることが、できていない。だから、光が輝かない

玉光神社教祖御教歌

『教へにも　我なきわれにかへりなば　玉の光の　身にぞかがやく』に拠った言葉。

（3）体調が優れないので自室で坐っていた

著者は三鷹市井の頭の玉光神社にいる限り、毎朝七時半から八時半まで神社幣殿で坐行を行ない、坐行後、拝殿に参集し坐行を行なっている信徒に講話を行なった。しかし二〇〇八年十一月、体調不良により年末までのすべての予定（ＩＡＲＰ会長特別講習会、国際健康科学会年次大会、ＩＡＲＰ各支部「囲む会」）をキャンセル、十一月十四日には「重篤な顔面三叉神経ヘルペスにつき失明のおそれあり」との医師の診断で、三鷹市杏林大学病院に緊急入院した。退院後もしばらくの間、朝の坐行は自室書斎で行なった。

（4）広島の小松君

当時、長い間玉光神社「広島組の会」組長、ＩＡＲＰ広島支部支部長を務められていた小松収氏。

（5）そのときの神様は、存在はないのです

本山博『宗教経験の世界』六「宗教経験と存在」、特に「㈦横の関係、縦の関係、絶対無について」を参照してください。

二〇〇九年（平成二十一年）

愛と道徳、真の宗教の確立へ

それでは、今年の年頭のご神言を書いておきましたのを読んで、少し説明を加えたいと思います。

世界の政治・経済の動向

初めに、

『自由と規制が柔軟に働きあう政治、経済の樹立を、世界の国ぐにが共同で樹立する動きが始まる』

『そのためには二ないし五年かかる[1]』

というご神言です。

「自由主義経済というのが潰れる」ということについては、もう既に、十年か十五、六年前から、あるいは二十年ぐらい前からか忘れたけれど、何度も繰り返し皆さんにもお話ししてきました。

自由気ままな、バーチャルな株やお金が現実の物と釣りあわないような世界、インターネットが出来て以来の、株の空売りとか先物買いとかで、実際には物が百しかないのに、二百も三百も株が動き回って遂には五百、千になったら、現実の物と株とのつながりがつかないから、潰れるのは当たり前のことなのです。

「現実」をよく見た上で、「現実」をよく知らないと

皆が、たとえば「自分はこうこう思うから」と言う。しかし、思ったところで、その思いは自分の思いであって、バーチャルなのです。現実はどうかという、現実がよく分からない人がいくらそういうふうに、

「こうしたい、ああしたい、こう思う」

と言っても、ものはできないのです。現実をよく見た上で、現実をよく知らないと、決して、ものと自分の考えとが一致しない限りは、ものはできないのです。

もっと先になって、皆が自分というものから本当に自由になって、そういう自分が思うとものが自然にできるようになる、創りだすことができるようになれるのならば

また話は別なのですが、しかしそんなになれる人は、今は、この中にはまずいないですよ、そういう人は何千年か何万年に一人しか出ないのだから。

では、アメリカのような自由経済、つまり民主主義というか、自由に競争させる、そういうのと、中国のように、もう頭から規制をして、その中で或る程度自由に自分が動けるというのと、どっちがいいかというと、どっちもよくないのです。しかし、アメリカ式の方が、誰にでもインターネットなり何なりで情報が届く。しかし中国では届かないのです、隠されてね。大部分は隠されてしまっているから、実際の現実は分からないわけです。

先験的悟性によって得られた認識だけでは現実は動かない

カントは、二百年ほど前に、

「人間は、感覚をとおしていろいろな現象が一、二、三、四、五というふうに、あるいはA、B、C、Dというふうに起きていくのを知覚する。人間の中には、その一、二、三、四、五の中に何かつながり、法則があって、因果関係があるに違いないと秩序づけて認識できるような、人間が生まれつきもっている先験的な悟性というのがあって、それによって、その中にいろんなつながりをみつけていく」

と言っています。

しかし人間が先験的な悟性によって得た認識が現実に合っていないときには、人間は現実を動かすことはできないのです。自分が一、二、三、四、五と理解していても、現実は一、五、十、八、二十と飛んでいるとしたら、これはもう一、二、三、四、五ではだめなのです。

人間は感覚をとおして知覚したものを意識化して、概念、観念を形成する。そういう概念や観念を、自分の中にある先験的に具わっている悟性範疇というか、そういうものでいろいろな因果関係として纏めていくわけですね。

しかし纏めたからといっても、それはただのバーチャルの世界なのです。それが実際に現実と合っているかどうかは、実験をして、その上で、現実と自分の考えや理解とが合っている・合っていないというふうに、まず体験あるいは実験によって確かめて、初めて明らかになる。科学なら必ず実験をして確かめるわけですね。科学でなければ、例えば魂があるかどうかということは、体験をしてはじめて分かるわけです。そういう体験の内容と現実とが合ったときに、現実を動かすことができる。

科学と宗教の違いは、科学は、現実に物を動かすといっても、道具を作らないと、あるいは道具を使わないと、できないのです。歯医者であっても、歯の材料や治療道具を使わないとできない。レントゲンを撮らないとできない。

ところが、霊的に成長して、自分と対象とが一つになれるようなところに達すると、物・対象をも含んだ自分、即ち、小さな、対象と対立している自分を超えた世界にだんだんに入っていく。すると、物そのもの、対象そのものの本質が分かるようになる。それが自己否定の過程なのです。

自己否定というのは、今ある自分の生き方を死んでしまわないとできないから、難しいのです。皆、今ある自分の生存欲を満足させるために、こうやって自由社会を作ったわけだけど、それが潰れてきたわけですね。現実は、そんなものでは通らないのです。

人間の知恵も自由も非常に限られたもの

民主主義ではオープンで、誰でもが何にでも参加できる、秘密がない、そして、自由に何でもできると言うけれども、しかしカントが言っているように、人間の知恵というのは本当に限られたもの、それから自由、それも限られたものなのです。それなのに、いかにもなんでもかんでもできるように思ったのが、イギリスの経済学者の誤りだったわけです。それに気がつくまでに百年か二百年かかかったわけです。でも、今潰れてしまったわけですね。

では、中国式がいいかアメリカ式がいいか。それは、オバマ氏[2]のような名もなかった人がアメリカの大統領になれるように、オープンで、皆の総意がそこで結集できるような、そういう国の方がはるかにいいと思うのです、自由に振る舞えるし。

しかし人間の自由というのは、さっきも話したように、限られたものなのです。皆だって、ここに酸素が空気中に約二〇％あるわけですが、一八％になってごらん、脳波にシータ（θ）波というのが増えてきて、ボーッとなって、寝てるんだか起きてるんだか分からないような状態になる、酸素がたった二％減るだけでね。酸素が五分間、もし入らなかったら、間違いなく脳細胞というのは死んでしまうのです。

人間の自由は規制がかからないと発揮できない

このように、人間の生は非常に限られているわけです。食べる物がなくてもだめ。水がなくてもだめ。そういう限られた存在なのに、無限に自由になんでもできると思うのが、土台間違っているのです。

それなのに、自由になんでもできるかのように思いこませてしまった源、それは人間の欲なのです。いっぱい贅沢な生活がしたい、いい物質的な環境を築きたい（科学というのは大体そういうものですね）、その欲望から、物のいろいろなメカニズムを調べて、物をいろいろ改良する。

しかし大事なことは、科学がいくらナノテクで分子だの何だの調べて、例えばＤＮＡだのを調べてみたところで、ＤＮＡを実際に動かす力、或る条件が整うと、四つの塩基がいろんな組み合わせになって、或る蛋白質を作る、その蛋白質を作る力そのものは、ＤＮＡにはないのです。或る条件がそろうと、或る蛋白質ができる、しかしその力そのものを作り出す力は、人間には作れない。そこを間違えないようにしないといけない。それが人間の限界なのです。科学を信じたって、科学は何も作り出すことはできない、改良するだけなのです。

ですから、自由といっても、無限の自由というのはどこにもないのです。人間の自由には規制がかからないと、本当に自由を発揮できないし、発揮できても、それも限られた自由なのです。

規制は現実の発展・変化に応じて変わるべきもの

その規制が、いっぺん決まったら百年も動かないということは、あり得ない。そんなに百年も人間の社会が変わらないことはあり得ないのです。今、インターネットを見ても何を見ても、一年経ったらずいぶん変わるわけですね。

僕の身体だって、三年前、あるいは心臓の手術(3)をする前はもっと元気があったけど、今はだんだんに、その日の天候や気温によっては、すぐにもうひとつ元気にならなくなった。考える力、神様と一つになって考える力は全然変わらないけれども、身体を動かす力、あるいは身体の脳を使って書いたり読んだりする力は、――細かな文字を長時間読むと目が疲れて凄くくたびれるのです。それから、皆さんの話を聞くと、聞くことそのもので凄くくたびれちゃって、三時間が限度ですね。去年十月に、日本でやっている「囲む会」のような会をＣＩＨＳで二日続きでしたわけです。神経生理学者の医者とか、各専門分野の学者とか、一般の人も、いろいろ集まって、それぞれ、程度の違う質問をするわけだけど、それを、レシーバーをかけて聞く。ところが英語は周波数が高いから私には聞きづらい。ですからそれぞれの人の質問を聞くだけでくたびれちゃうのです。答えは、知っている限りはすぐ出てくるのですけどね。そういうふうに身体はボロになっちゃった。

ですから、なんでも、不変のものはないのです。だから、規制をかけたからといって、いつまでもその規制が動かないような規制だったら、決して人間の社会は幸せになれない、人間もね。

だから、常に現実の発展・変化に応じて規制を変えて、発展ができる、枠があるけれども、その中で自由に動けるような何かを作る、それが政治、経済のこれからの大きな課題だと思います。

それができないようなら、やはり人間というのは亡びるよりしようがないと思うのです。温暖化にしても何にしてもね。

対立の宗教のもとでの争い

その次は、

『キリスト教系の宗教は、自然との基本的対立を超えて、自然と共存、自然の内に魂を見出す宗教に変容を始め、仏教系宗教は、精神に対する自然の強さを認めるように変わる』

キリスト教においては、神様、人間、自然というのは全く違うものなのですね。そういう意味では、神様だって、人間や自然に制約されているのです。自由だ、自由だといっても、決して自由ではないのです。

また、人間と自然とが別のもので対立しているから、人間が自然をうまく使えるようにしないと、人間の生活が成り立たない。砂漠とか、寒冷の地、ドイツでもイギリスでも、ヨーロッパで寒いところというのは農地があまりないのですね。そういうところは、自然を克服しないと人間が生きていけない。そこで科学が出てきたわけですが、そんなに違って対立しているのが、なんでお互いに作用しあうことができるかという、そういう論理が、ユダヤ教にもキリスト教にもイスラムにも、全然ないのです。

そういう宗教ではだめなのです。テロが起きるのです。キリスト教はイスラムを二百年も、十字軍というのを作ってやっつけたわけですね。で、未だにけんかをやっている。イスラエルとパレスチナの戦争も四千年も前から続いている。

ユダヤ人というのも、アラビアの砂漠の一種族なのです。今のイラクの山麓で始まったとされる農業がメソポタミアで発達して文明が開け、多数の都市国家も出来た。しかし各都市国家間の争いの中で農地を失った部族の一つが、四千年ぐらい前、神様が定めたという地を求めて、メソポタミア南方のウルから北上し、さらに南下してカナンの地、今のイスラエルのところまでやってきたわけですね。

そのころの民族の対立というのが、四千年かかっても未だに消えない。今イスラエルがガザを空襲しているけれども、あれこそ、四千年続いて未だに熾烈な争いを起こすカルマが原因ですね。なかなか消えそうにもない。

それは、ユダヤ教もキリスト教もイスラムも、対立の宗教だからです。対立の宗教というのは、「自分が一番よくて他のやつはまずい」ということになったら、イスラムとキリスト教は合わない、キリスト教とユダヤ教も合わない、ユダヤ教とイスラムも合わない、というふうに、同じ旧約のアブラハムの神様を皆信じているのに、三つは全く違った宗教として対立している。違った宗教ではない、似ているのだけれども、熾烈なけんかをするのです。「兄弟相せめぐ」というやつです。

人間の魂と自然の魂との相互作用を認める宗教へ

だから、自然と対立しているのに、なぜ自然と人間とがお互いに相互作用できるかという、そういう論理を作らなければだめなのです。これはもう本当に、日本にも哲学者が、ヨーロッパの哲学を習ってドクターになった哲学者が腐るほどいるけれども、一人もその点を解決できていないのです。誰もそこのところに気がつかない。ボロ頭だな、やはり。哲学ではどうしようもないと思うのです。

人間だけですね、魂があって、天国へ行けるのは。人間だけで、自然は行けない、――そうじゃないのです。自然の中にも魂があって、それではじめて人間の魂と自然の魂が相互作用できるのです。

そういう宗教に変わってくる。変わらないと、いつまで経ってもテロは止まらない。そういう宗教に、宗教自体が自然に変容を始める、というご神言でした。

「精神」に対する「物」の力の強さを認める宗教へ

では、仏教はどうかというと、仏教のところでは科学は全然起きなかったわけです。花火とかなんとか中国では出来たけれども、科学にはならなかったわけですね。火薬にしたり、あるいは砲弾にしたり、そういうふうなものにはならなかったのです。

釈尊も、人間が生きていること、個人でおること、人間であることそのものが苦の原因なのだ、だから、人間であることをやめる、霊であることをやめる、あるいは菩薩であることをやめる、そしてその先のところでどこへ行くかということを追求して行をされた。その当時のヒンズー教では「非想非非想」[5]というところまではいくけれども、それ以上はヒンズー教では教えてくれなかったのです。

そして自然の中にある魂、それは認めてるような、認めてないような、はっきりしない。つまり釈尊にしても、自分の苦というものを超えるのにどうしたらいいかという精神的な面、精神的に成長していく、そういうことが主になっていて、自分が身体をもっている、そういう身体なんかは全部否定をする。粗衣粗食で行をするわけですね。断食もする。

　そういう、物を否定する方向に動いて、精神的なものにばかり、悟りの世界にばかり目が向いていて、悟りを開いたのだけれども、物がどれだけ強い力をもっているかというのが、唯識の人にも分かっていない[6]のです。

　アラヤ識[7]で想ったら自然に物は出来るのだと言う。先に話したような、想いというバーチャルなものと現実の物とは、ひとつもつながらないのです。それが唯識論の大きな欠点なのです。

　皆もよく考えるようにね。分かればいいのだけど。今半分も分からない、一割も分からなくても、そのうち、来世かその来世かになったら、あの時こんなことを聞いた、と目が覚める時が必ずあるでしょう。

　それが、

『仏教系宗教は精神に対する自然の強さを認めるように変わる』

　つまり、自然の独立を認めるようになるというご神言なのです。

　そういうふうにならないと、科学は出来ないのです。だから、仏教系の中ではけんか、――テロは起きないけれども、科学というのは進まないわけです。

自然災害と、食糧自給自足の備えを

四番目のご神言は、

『自然災害は起きるが、心配はない』

というご神言ですから、地震があっても、台風が沢山あっても、まあ、大きな心配はないみたいですね。有り難い。

五番目のご神言は、

『食糧の自給自足化が進み、贅沢はやめなければならない』

昭和四十年ぐらいの生活水準になったら、自給自足ができるし、腹一杯は食べられる、うまくなくてもね。

私たちの世代は、七歳のときに日支事変（日中戦争）が始まって、大東亜戦争（第二次世界大戦）というのが終わるころ、僕は予備学生で特攻隊になったわけだけど、ともかく腹一杯食えるというのが有難かった。何であってもいいのです。芋であろうとご飯であろうと、何でもいいから腹一杯食えたらいいなあと思っていた。だからお百姓様々で、終戦直後の頃は、私たちもお百姓の家にカゴを下げて稲城の辺まで、お米を分けてもらいに行った。

そういうことを皆さんはしたことがないでしょう。スーパーへ行けば何でもあるから。恵まれすぎているのです。しかし、そういうことはだんだんできなくなります。食べ物が足りなくなったらどうしようもない。

日本は今いろんな物を輸出してお金を儲けて、それでいろんな国から食糧を買っている。けれども、食糧を輸出していた国の人口が増えて、もうお前の国には売らない、となったら、自分の国の中で自給できるだけの物を作らないと、一億の人間が飢えて五千万人に減るかもしれないわね。養えるだけしか生きられないのだから、これはしようがないことですね。

愛と道徳、真の宗教の確立へ向けて

六番目は、

『人間が愛をもって、他人、社会が成り立つように働く道徳、真の宗教の確立が始まる』

たいていの人間は、自分のことばかり考えて、自分を中心にして、自分の周りや会社がよくなるようにとだけ思っている。これは物の原理なのですね、自分だけがよくなればいいという。それで、自分だけではどうにもならないことになると、いろいろな会社も皆合併をするわけです。日本だけの合併では間に合わないから、アメリカの会社とも、他の国の会社とも合併したり、いろんなものに投資をする。そうしないと、今の贅沢な生活もできない、そうしないと自分の会社も存続できないわけです。それだけ、欲というものが、グローバリゼーションというものを推し進める一つの原因になったわけですが、それはそれでいいと思うのです。しかし、それが結局潰れてきたわけですね。

だから、先ほどのご神言のように、

『自由と規制が柔軟に働きあう政治、経済の樹立を、世界の国ぐにが共同で樹立する働きが始まる』

という動きがもう始まっているわけだけど、どうしたらいいのか、具体的にどのように動いたらいいかは、まだ誰にもはっきり分かっていない。

家族共同体から世界共同体へ

何万年か前は、家族だけの共同体だった。農業その他ができるようになったら、今度は部落単位、あるいは小さな国の単位になっていった。日本だって、この小さな国が、六十余州(8)と言われるように、六十かなんぼかぐらいの国に分かれていたわけです。さらにそういう小さな国が纏まって、ここ四、五百年前ぐらいから、今の国の単位になっちゃった。

しかし、もう、国の単位では今のような生活はできないわけですね。それで、いろんな国に物を売る、よその国から食糧やいろんな原料を入れる、そういうふうに、自然に、世界中が大きな一つの共同体になってきたわけです。

ここで大事なのは、そういう共同体が物の原理、自由主義の経済、競争ばかりをする物の原理で動いて、自分だけがよかったらいいというのでは、潰れてしまうわけですね、去年の世界的な経済破綻⑨のように。

ここで、どうしたらいいかということですが、

『人間は愛をもって、他人、社会が成り立つように動く』

というご神言なのです。

他の人のために、あるいは社会が成り立つように働くということは、自分だけの欲で働くのではなくて、皆の役に立つように働く。そこには愛がないとできないですね。

それが魂が目覚める一番の根本の生活の仕方ですね。そのときにはじめて、

『道徳、真の宗教の確立が始まる』

わけです。これが一番大事なことなのです。

世界宗教への道を拓くのは愛

お陰信心の信仰は、「自分だけがうまくいくように」というふうな信仰だから、そんな信仰はない方がいいのです。しかし、そういうお陰信心があって、霊能者なり、あるいは祭員にお祈りしてもらい指導してもらい、望み通りのことが起きたら、あ、やはり霊の世界があるのだなと感じる、それだけでも意味はあるわけです。

けれども、それで終始するような宗教は、いつまで経っても、自分がよくなればいい、という、自分の利益を求めて神様と取り引きをしている、商売をしている信仰だから、これは本物の宗教ではないのです。

そういう本物の宗教でない宗教がいっぱいありますね。この間も或る大学内のグループから、ぜひ本物の宗教を求める研究会をつくりたいから、協力の署名をしてほしいという手紙が来ていました。そういうふうな運動が今起こりつつあるようです。そういうものをぜひ進めたいと思います。

人間は、愛をもって、他人、社会が成り立つように働く時に、自然に霊的に成長ができるのです。魂というのは、人間がそういう働きをした時に、だんだん本当にその人を動かして、その人が思ったことが自然にできるようにする力をもっているのです。お陰信心はだめですよ、それに終始したら。

さっきも言ったように、仏教系の宗教は、自然の強さ、自然そのものの独立性を認めなければいけない。それから、キリスト教は、自然と共存する、そういう哲学、教義ができない限りは、いつまで経ってもキリスト教はキリスト教で、キリスト教と仏教とは一つになれないのです。

仏教とキリスト教が一つの大きな世界宗教になるのには、仏教は、物、自然、そういうものの強さ、独立を認めるような宗教にならなければいけない。キリスト教は、自然と人間とが共存できる、つまり愛、相互作用ができるのは、人間や自然を包む大きな何か、創造神が後ろにいらっしゃることを、真の意味で理解しないといけない。

キリスト教の創造神というのは、どこか足りないのです。というのは、創造神は自然と人間を創られたと言いながら、自然と人間を相互作用させる一つの大きな場であるという、そういう自覚が足りないのです。これはキリスト教の欠点なのです。

ですから、キリスト教もだめ、仏教もだめなのです。両方が統合できるような宗教にならないと、世界宗教として、これからの大きなグローバルな社会を導くことはできないと思うのです。ますますテロが、キリスト教系、イスラムで盛んになるでしょう。

そして、仏教では、自然の独立性を認める、そして科学を発達させる、そういうのができないと、いつまで経っても、真の世界宗教になれない。日本も確かに他のアジアの国に比べれば自然科学は発達した、しかし日本の科学はどうも物真似が多いですね。ヨーロッパやアメリカで出来たものを持ってきて改良する。しかし独自に何かを創る、ということはあまり今までなかったのです。

真の宗教とは、霊的成長ができる宗教

その次は、毎日の生活ではどうしたらいいかということですが、

『人は超作をして、自己の殻を破り、霊的に目覚め、大きな力、神によって生かされているということを次第に自覚できるようになる』

これには、今年からずーっと、あと四十～五十年か百年か、かかるでしょうね。しかし、あと五、六年ないし十年の間にはそういう動きができてくると思うのです。

しかし、例えばちょうど、インターネットができた、クレジットカードの番号を入れて支払いができるように（便利に）なった、すると今度はうまいことその番号を盗む奴が出てきた、というのと同じように、人びとが、大きな神様の力によって生かされているのだと自覚できていく段階では、本当に神様のところへ達してしまう前に、魔が働いて邪魔をするようになってしまう。

今の世界は、ちょうど魔がよく動きやすいのです。というのは、物の力は究極的には自分だけを守る力だから、魔の力に変わるわけですね。そして人間が霊的に上に上がれば上がるほど、それを妨げようとする魔の力は強くなるのです。キリストが四十日の断食の行を終えられる前にサタンが現れて、

「おまえがわしの言うとおりに動くなら、この世は全部お前にやる」

と誘惑したそうですが、キリストは、

「サタンよ、去れ」

と退けられた。サタンの本質は物、つまり物の原理、物の力だから、キリストはそういうものをちゃんと見抜かれたわけですね。

そういう魔に遭うのです、行をしていくと。[10] それをはっきり教える修行法というのを教えないと、途中で魔の餌食になる場合も多い。

『人は超作をして、自己の殻を破り、……』

――超作とは何かという詳しい説明は、私の本を読んでください。今話しているときりがないから。

――超作というのは、一生懸命に、今自分がしていることを夢中になってする。すると、例えば或る人を助けてあげようと一生懸命に努めているのなら、その人が本当

に何を思ってこの世の中に生きているのか、今どうして、何をしてあげたらいいかというのが自然に分かるようになって、その人が本当に助かるように、その人が、まず、今もっている状態でしっかりと生きていけるようにして、さらにそれを超えられるように助けてあげることができるようになる。

物の場合は、何かを作る、何かを考える場合には、夢中になって作ったり考えたりしていると、自然に物そのものと一つになって、物を自分の中に包めるような人間になる。

それは、夢中にならないとできないのです。「する自分」があったのではだめなのです。瞑想だって、「自分」が瞑想していたのではだめですよ、「瞑想すること」だけになってしまわないと。

そういうふうになると、超作になるのです。自分も物も一つになっているから、そこに神様の力が働いて、「こうしたい」と思って一生懸命やっていると、自然に周りが整ってきて、できるようになるのです。いっぺんでもいいから、そういうのを体験してほしいですね。

事業をしている人でも、本当に夢中になって、世の中のためにも物を作ることにも夢中になって、「自分」を忘れてしまったような人は、物そのものになれるから、物そのものが何でも教えてくれるのです。なにも先生なんか要らないのです。

　そういう超作ができるようになると、人間というのは神様の大きな力で生かされているのだということを感じるようになるのです。そういうのが感じられないようでは、信仰しても、行をしても、お陰信心の領域を出られない、出ていないのです。いくらやってみたって、霊的成長はできない。霊的成長ができるような宗教、霊的成長できるような信仰でないとね。

世界が一つになる前に

　八番目のご神言は、

『国連の強化、政治、経済圏のブロック化が始まる』

世界がいっぺんに一つになるとは、神様はおっしゃらない。まず、アジアとか日本とか中国とか東アジアをくるめたブロック（bloc＝連合、圏）、あるいは南アメリカ・北アメリカ、あるいはロシア、あるいはヨーロッパ、アフリカ、オーストラリアというふうに、いくつかのブロックになって、その間でお互いに自由にやりとり、貿易、いろいろな相互作用というふうなものが起きるようになって、それから全体の纏まりが出来る。

――というのは、例えば日本に住んで日本で生活する仕方は、日本の気候や、雨の具合や、いろいろな土地の具合とか、そういうものに従って生きているのであって、砂漠での生活をいきなりそのまましようとしても、できない話ですよね。僕のような年寄りになった人は皆、ハワイへ行くと天国みたいだと言うのです。それは、気温の変化があまりなく、大体二五度から三〇度までの間で、空気も大体六〇%ぐらいの湿度で、毎日天気がいい。そういう生活に慣れた人が日本に戻ってくると、寒くて、暑くて、生きていられないと言うのです。

ハワイで家の世話をしてもらっている人に、マミという十歳の娘がいるのです。マミという名前は僕が付けたのです。真に「実（じつ）」のある娘（真実）という意味なのですが、そのマミが冬に日本に来て、「寒い、こんな寒いとこには住めない」と。夏に来たときには、「こんなに暑いところで生きてられない、死んでしまう」と言うわけですね。ハワイで生まれてハワイで育ったら、日本の気候の中になじむまでにそれこそ十年以上かかってしまう。また、ハワイの小学六年生ぐらいが纏まってワシントンに行って、ホームステイか何かしたら、風邪をひいて、「あんな寒いところに住みたくない」と言ったそうです。十一月のワシントンは結構寒いんですね。

そういうわけで、世界が一つの全体に纏まるといったって、住んでいるところの生活、気候、生活の仕方、物、そういうものでどうしたって考え方も規制をされる。それに従わないと生きていけないのですからね。いきなり夢みたいに、地球人の出現なんて、そんなものはないのです。そこが大事なのですよ。お互いに一人ひとりの人間を見たって別々なのだから、自分が考えているように相手が考えるかというと、そうはいかないですね。

アメリカに大学院大学を創って、この二十年ほどアメリカに毎年行って、教授とかいろんな学生に接してみて思うのは、考え方、それからものの感じ方が日本人とは全く違うのですね。初めはびっくりしちゃって、へえ、こんなふうに考えるのかなと思った。しかしそういうのが理解できないと、アメリカでは人を雇えないのです。アメリカ人の考え方が分からないで、日本流にやったって、この学長はろくでもないやつで、分からんことばかり言うということになってしまう。

そういうわけで、まず、

『国連の強化、政治、経済圏のブロック化が始まる』

というご神言でした。あと十年ぐらいのうちにできるといいのですけどね。

以上、八つのご神言でした。

宗教の世界、霊の世界は、地球が亡びても無くならない

去年から、宗教を統合するような、仏教の「即非の論理」[11]とか弁証法とかそういう類のものを、数式で解けるかどうかというのを一生懸命考えて、ずいぶん本も読んだけれども、「解けない」というのが答えですな。数式ではとても表現できない。

その論文を、三月頃アメリカへ行くまでに大体整理して纏めて、六月頃に戻ってきたら、皆さんと話し合う会、「囲む会」のようなものを、もうちょっと小さいグループでもいい、医者は医者のグループ、歯医者は歯医者のグループ、一般の人は一般の人、学者は学者のグループで、オープン・ディスカッションのような会をしたいと思っています。皆がいろいろ聞いたら、それに対して僕が答える。また、皆が言うことに対して僕の方からも質問をするというふうにして、自然も霊の世界も神様の世界も含めて、真理とは何か、人間はどういうふうに生きたらいいのかということについて話をしたいと思います。

人間が出来てからたったの七百万年、地球の寿命は二十億とか四十億とか、いろいろ言うけれども、地球だってどうせそのうち、太陽もそうだけれども、亡びるから、人間だって亡びるわけだからね。

けれども、宗教の世界、霊の世界というのは、地球が亡びようと太陽が無くなろう

と、決して無くならない。それが人間の魂で、死んでも生きても変わらないでずーっと生きている。そういうところに目が覚めることが大事なのです。それを、直接見たり聞いたりできなくてもいいから、サムシング・グレート[12]のような形で感じるだけでもいいのです。

それには、超作しないとだめですよ。自分の利益ばかり追っているような者は、決して超作ができないから、神様のことは分からない。

では、今日はこれでお終いにしましょう。

それから、もうだんだんに僕は隠居の方に回って、一博と泰子と祭員たちに後は頼みたいと思います。そして自由に、今話したように、皆と、分かりやすく、宗教の世界、あるいは宇宙のことについて話をするようにしたい。いつまで生きられるか分からないけど、死ぬまではそうしたいと思います。

（玉光神社機関紙「光の便り」第二四四号）

註

(1)『そのためには二ないし五年かかる』

二〇一二年までの国際的出来事の大略をみると、

・二〇〇九年

一月、バラク・オバマ氏が、アフリカ系アメリカ人として初めての大統領として、アメリカ合衆国第四十四代大統領に就任。十月にはノーベル平和賞を受賞した。九月には日本衆院選で民主党が三百八議席で圧勝、歴史的な政権交代で鳩山内閣が発足した。

・二〇一〇年

十月、ノーベル平和賞が中国民主活動家、劉暁波氏に贈られた。十一月、ミャンマーで二十年ぶりの総選挙が行なわれ、アウン・サン・スー・チーさんが解放された。

・二〇一一年

民主化を求めた民衆蜂起が相次ぎ、チュニジア・エジプト・リビアでは長期独裁政権が崩壊、中東・北アフリカ諸国では独裁、王政を否定する「アラブの春」運動が吹き荒れた。経済では、中国が日本を抜き世界第二位の経済大国となった。

・二〇一二年

「アラブの春」変革後の中東、アフリカ諸国では、新たな体制構築が模索される一方、テロの脅威にもさらされ、シリアではアサド政権と反政府勢力との衝突は激化、内戦は泥沼化した。

（2）オバマ氏

アメリカ合衆国第四十四代大統領バラク・オバマ氏（任期二〇一三・一・二〇〜二〇一七・一・二〇）。アメリカ合衆国初のアフリカ系の大統領で、ハワイ州出身。

（3）心臓の手術

二〇〇四年、東京の慶應大学病院（一月）と、ハワイ・ホノルルのクイーンズホスピタル（五月）で受けた。

（4）聞くことそのもので凄くくたびれちゃって

乳児時代よりの慢性中耳炎が原因で、一九四四年から四五年にかけて受けた三回（予備手術も含めると四回）の左耳大手術のため、著者の左耳には鼓膜がなかった。右耳の鼓膜には三つの穴があいていた。このため著者の聴力は若年のころより非常に低かったので、会話には非常な集中力を必要としていた。九四年の心臓手術、九五年の鼠径ヘルニア手術以降は、抑揚の大きい英語での会話は困難になり、二〇〇〇年以降には会話においても、講義、講演の時に質問を受けるに当たっても、常に特別なレシーバーを必要とし、質問を受ける際には質問者に前に進み出てすぐ傍らに立ってもらい、レシーバーをつけて質問を受けるのが常であった（写真）。

（5）「非想非非想」というところ

仏教でいう三界（欲界・色界・無色界）のうち、四層から成る無色界の最高位の世界。中村元氏は、釈尊の教えの内容を弟子たちが簡潔なかたちで纏めたとされる『スッタニパータ』から、「ありのままに想うものでもないし、誤って想うものでもなく、想い無きものでもなく、想いを消滅したものでもない。かくの如く行じた者の形態は消滅する。けだし、世界のひろがりの意識は、想を縁として起こるからである」と訳している。

著者は非想非非想とは「プルシャのところに達し、そのプルシャの働きを止めた時に神様と一つになったら、そこが非想非非想の世界そのものの世界で、「想いが無い世界」と、「想いが在る世界」と、両方が同時に在る世界。我執や想の塊である自分が、大きな場所としての自分、超意識内に、一つの働き、道具として含まれているのを知る。その大きな自分は、想う自分、小さな自分ではなく、しかし想う自分を無くしているのでもないことがわかる境地」と解説している。本山博『場所的個としての覚者』(宗教心理出版 一九九五)の「仏陀の悟り」㈣「四無色定」を参照してください。

(6) 唯識の人にも分かっていない

「唯識の人」とは、大乗仏教の瑜伽行派などが主張する唯識派の人。唯識説は前五識に意識、マナ識、アラヤ識を加えた八識が全ての現象の原因であるとする説で、インドでは弥勒、無着、世親などによって組織的に説かれ、龍樹、提婆等の中観派とともに有力な学派を形成した。玄奘がこの説を中国に伝え、日本では法相宗として伝わり、奈良薬師寺、興福寺、京都清水寺で研学されている。〃「唯識の人」たちが、「アラヤ識で思ったら、自然に物は出来る」という場合の物と「自然の物」との区別ができていないのは誤り〟ということについては、本山博『神秘体験の種々相Ⅱ』五章「プルシャになる」三・「質疑応答」(3)「唯識的世界から科学を根底より支える宗教の世界へ」一八〇～一八三頁、『場所的個としての覚者』の「仏陀の悟り」㈣「四無色定」、特に一八一～二八二頁を参照してください。

(7)アラヤ識

仏教の唯識説にいう八識の最奥、八番目の識（純粋の精神作用）。宇宙の森羅万象の生じる原因であり、あらゆる心的活動を生み出す根源的な母体とされている。

(8)六十余州

日本全国、すなわち畿内、七道の六十六カ国に壱岐、対馬を合わせた国々の称。

畿　内（歴代の皇居が置かれた大和、山城、河内、和泉、摂津の五カ国。五畿内）

東海道（伊賀、伊勢、志摩、尾張、三河、遠江、駿河、伊豆、甲斐、相模、武蔵、安房、上総、下総、常陸の十五カ国）

東山道（近江、美濃、飛騨、信濃、上野、下野、陸奥、出羽の八カ国）

北陸道（若狭、越前、加賀、能登、越中、越後、佐渡の七ヵ国）

山陰道（丹波、丹後、但馬、因幡、伯耆、出雲、石見、隠岐の八カ国）

山陽道（播磨、美作、備前、備中、備後、安芸、周防、長門の八カ国）

南海道（紀伊、淡路、阿波、讃岐、伊予、土佐の六カ国）

西海道（筑前、筑後、豊前、豊後、肥前、肥後、日向、大隅、薩摩の九カ国と壱岐、

対馬）

（9）去年の世界的な経済破綻

二〇〇八年九月十五日、米証券大手リーマンが経営破綻しニューヨーク株式相場が急落したことを受け、世界的に金融危機が生じたことを言う。

（10）魔に遭うのです、行をしていくと

本山博『神秘体験の種々相Ⅱ』一章三．「プルシャとの合一」⑵「魔の体験」、同書二章三．「プルシャとの合一の前に魔が現れる――魔の出現――」、同書五章一．「プルシャになる」⑶「魔の出現」を参照してください。

（11）即非の論理

鈴木大拙がその代表的著書『日本的霊性』の中で、「般若系思想の根幹をなす論理で、禅の論理である」と説いている論理。般若心経の中の「色不異空。空不異色。色即是空。空即是色」はよく知られているが、著者はこれについて「即ということは、即、同時に即ではないということである。色即是空と言いつつ同時に色不異空というところに鍵がある。色と空が異なることを知った上で、本質的には同じだということ。そこには、色と空との間に否定があって初めてつながることが示されている」と語っている。本山博『神秘体験の種々相Ⅱ』四章八．「即非の論理」（一四六頁）を参照してください。

(12) サムシング・グレート

分子生物学者の村上和雄筑波大学名誉教授は、生命の存在はダーウィンの進化論では説明しきれないと考え、「何か偉大な、人智を超えた存在（Something Great）」と呼ぶ存在を想定した。

ＩＡＲＰ第二十四回年次大会講演集『良心の復権——二十一世紀における良心の諸問題』（講演者：小田晋、遠藤順子、村上和雄、本山博、八城政基。宗教心理出版　二〇〇〇）に収録の、村上和雄「サムシング・グレート」、及び公開討論収録『二十一世紀における良心の諸問題（司会・本山一博）』を参照してください。

主なニュース

〈国際情勢〉

主要先進国に新興国を加えた主要経済国のＧ２０サミットが、世界的経済・金融危機でロンドンとピッツバーグで開催され危機対応に大きな役割を果たした。以後開催は定例化し、国際社会の合意形成メカニズム再構築への動きとなった。オバマ大統領就任も地球規模課題へ協調の時代を迎える一つのきっかけであった。一方で気象変動問題では第十五回気候変動枠組条約締約国会議（ＣＯＰ15）で新興国間の立場の違いもみられた。イスラエル軍のパレスチナ自治区ガザへの侵出は依然地域の危険があり、新型インフルエンザの世界的流行は安全の問題も地球規模の様相を示した。

〈国　外〉

・オバマ大統領が就任　（一月二十日）

バラク・オバマ前上院議員は第四十四代米国大統領に就任した。黒人の大統領誕生は、奴隷制などの人種差別を持つ米国史上初めて。就任演説で「我々に求められているのは『新しい責任の時代』だ」と述べ、緊急の課題を乗り切るため国民に協力を要請した。

・新型インフルエンザ大流行、世界で死者相次ぐ

二〇〇九年、世界を駆け巡った新型インフルエンザの流行はメキシコから始まった。メキシコでは流行が四月になっても減らず、二十四日までに患者は千人を超え約七十人が死亡。米疾病対策センターは、豚の間で感染する新型インフルエンザウイルスがメキシコとアメリカで同型と発表。旅行者を介してウイルスは瞬く間に世界に広まり、一週間後にはカナダ、欧州、ニュージーランドなど十二カ国で感染を確認。WHOの警戒レベルは六月十一日に世界的大流行（パンデミック）を意味する「フェーズ6」に引き上げられた。

・中国新疆ウイグル自治区で暴動、百九十七人死亡　（七月五日）

中国建国六十周年最大の見せ場、十月の祝賀大会を目前に新疆ウイグル自治区の区都ウルムチで少数民族ウイグル族による大規模な暴動が発生。死者百九十七人に上り、〇八年三月のチベット族の暴動を上回った。近年で最大規模の民族衝突となった。

・南太平洋、スマトラで大地震相次ぐ　（九月、十月）

・ノーベル平和賞にオバマ大統領　（十月九日）

〈国　内〉

・日本でも新型インフルエンザ流行　（五月十六日）
五月九日、カナダから帰国の高校男子生徒ら三人を成田空港で最初の感染者と確定。しかし既に感染は拡大しており、十六日、渡航歴のない神戸市と大阪府内の三高校の生徒が感染していたことが判明した。

・「裁判員制度」スタート　（八月三日）
殺人や強盗傷害などの重大な刑事事件の裁判に抽選で選ばれた二十歳以上の国民が参加する制度がスタート。五月二十一日に始まり、八月三日に東京地方裁判所で最初の公判が行われた。

・衆院選で民主三百八議席の圧勝、歴史的政権交代で鳩山内閣発足（九月十六日）

二〇一〇年（平成二十二年）変革と激動の始まり

一、神様にお会いできるには

神様に全てを、ただお任せする

新年おめでとうございます。

僕も今年は数えで言うと八十六ね、満で言うと八十四歳ですけど、十二月の生まれだから。

元旦のご神言をお話しするようになって、もうどのぐらいになるんですかね。――二十九歳になりたての時に宮司になって、まあ、いろんなことがあったけれども、それからお伺いをしながら毎年とすると、五十四年かな。だから五十四回、これを皆さんにお話ししているわけですね。

母（お代様・豊玉照妙光之神）が小豆島の双子の浦の崖から、――そこは今見ても下の海まで五十メートルもある崖ッ淵で、よくまあここから跳び込まれたなあと思うのですが。昔から、そういうふうに跳び込んで神様にお助け戴いたり、仏様にお助け戴いた方としては、空海は、香川県の善通寺の裏手の捨身岳という山の崖から、本当に仏様がいらっしゃるのなら、跳び込んでも助けて戴けるに違いないと、跳び下りられたみたいですね。

それから一休さんは、跳び下りはしないけど、本当に神様、仏様がいらっしゃるのなら助けてくださるに違いないというので、大嵐の時に小舟に乗って琵琶湖の中に漂って、そして助けられた。

というふうに、いろいろ、命をかけて仏様、神様を信じた人、そういう人たちは、人間という、魂とか身体とか心とか一切そういう自分の存在を投げ捨てて、ただ神様、仏様を信じた。その時に、神様の大きな御力が入ってくる。仏様の大きな御力が入ってくるのです。

私も死ぬ目にはずいぶん遭いました。今までで三回かな、死に直面して、[1]死を超えていったように思います。その時に一番大事なことは、神様を信じる、ただもう神様に全てをお任せするということですね。それがないと、神様にお会いすることはできない。

（井の頭の玉光神社の）ご本殿の下には二畳半ぐらいの地下室があるのです。お宮が昭和二十九年（一九五四年）暮れの出来たての頃は、まだコンクリートが乾いていないから、水がポタリポタリと落ちて、その雫の下で何時間も微動だにしないで坐る。

寒いよね。普通なら風邪をひくわけですね。狭いし空気も悪い。で、そういうふうに、跳び込む代わりに何年もかけて死ぬ練習をした。それでだんだん神様に徐々にお会いできるようになった。

自分を無くし、無くしていって

最初からすぐ神様にパッと、大きな御力でお会いできるかというと、そうではなくて、私がたとえば一升徳利だったら、その一升の殻が壊れて一斗入るようになった、すると、一斗の大きさのところに神様が降りてきていろいろなことをお示しくださる。さらにだんだんその十倍、さらにその十倍というふうに、小さな自分の殻を破るほど、神様はそれに応じて入ってくださる。

また、自分というものも、いっぺんに空っぽになってしまうわけではなくて、無念無想になって空になった、神様の御力が入ってきた、それでいろんなことが分かるようになった、人を助けることもできるようになったので悟ったのかと思ったら、そうではなくて、まだ「自分」があるのです。神様、――神々の次元というところへ行っても、まだ「自分」があるわけです。(2)

そういう自分を無くし、無くしていって、最終的に、「自分」は何も無いのだというところまで行っても、「何も無い」という自分がやはりあったのですね。釈尊がそれをも捨てた時に涅槃に入られたわけです。

自分が分からないと自分を捨てられない

それに入るまでに、そして入ったことに気がつくまでには間がある。皆さんだって人間として生まれてきても、人間であるというのに気がつくまでには何年かかかる。そこにいる聡《さと》ちゃん(3)もずいぶん元気ですよね。豪傑だな。でも、あの子は、わりあい頭がよくて、自分のまわりの世界の対象について、すぐ理解するみたいですね、二歳にしては。そして人の気持ちも割合よく分かるようです。「今これを言ったらだめだ」という時はちゃんとそれを心得て、言わないみたいですね。皆、大人になっても子どもの時も、同じですね。相手に今こう言ったらまずいと思うと、それは言わないようにする。つまりそうすることによってお互いが仲よくやっていけるように相手の立場も守るけれども、同時に自分も守っているわけです。

そういう自分を捨てるというのには、本当に大変な行が要る。そして自分が分からないと、捨てられない。また、捨てるについても、「もうこれでいい」と思ったらそれでお終いですね。それから先へは上がれない。

大きな宇宙を見る目が出来るまでには

空海にしても一休にしても、そういう行をして、だんだんに上に上がっていかれた。

そして上にだんだん上がる時にどういう現象が起きるかというのは、洋の東西を問わず、キリスト教であろうと仏教であろうとヒンズーであろうと、あるところまで、ある悟りの状態にまで達した人は、皆同じ体験をするのです。

弘法様は東寺の中に大事にお不動様を秘仏としてお祀りされています。空海はもう不動明王の領域を超えたところへ行かれているけれども、それでも、その、超えた時の体験を大事にして、不動明王のお像その他を、全国を回って描いてあげられた、——本物がどのぐらいあるのか知らないが、たくさんお不動様を描かれたそうです。

それで、そういうふうにだんだん上がって行くと、小さい日本についてだけでなくて、世界の動き、あるいは地球というよりも、もっと大きな宇宙を見る目ができるようになり、いろんなことが分かるようになるのです。そこまで行くのには何べんも何べんも生まれ変わり、そして死なないとだめですね。

神様のご経綸によって地球人類社会は動く

今までのご神言を伺って思うのですが、小さな地球の人類社会というのがご神言のとおりに動いてきたということは、神様のご経綸によって人間の社会あるいは地球が動いているのだと思うのです。去年の一月か二月でしたが、京セラを創設された稲盛さん(4)が、

「今の人類というのは際限なく物の豊かさを追いかけて、魂とか思いやりの心というものを忘れてしまっているから、結局は滅びるんじゃないんでしょうか。高度成長、高度成長というので、皆一生懸命に自分の会社だの国が栄えるようにといろいろ努力してきたけれども、これからは人間の欲望を刺戟することで発展するという資本主義のあり方を改めて、人間の生き方や考え方を改めないといけないと思います。生物も無生物も含めて自然界と共生しないと、人間は増えても、物はそんなに増えな

い。地球の中にある資源というのは無尽蔵にあるわけじゃないし、特に食べ物がだんだん足りなくなったら、戦争も起きるかも知れない。人間はこれからどうなるんでしょうか、やはり滅びるのでしょうか?」

と言われるから、

「いやあ、神様がせっかく二百億年もかけて人間を創られて、それがそんな簡単に滅びるわけはないと思います」

と答えると、

「そうでしょうかねえ、先生はずいぶん楽天的なんですねえ」

と言われるので、

「いや、楽天的もなにもないよ。神様がそういう無駄なことはなさらないと思いますよ」

というふうに話をしたのです。

二、今年のご神言――人間にとって大きな試練の世紀

さて、今年のご神言ですが、あまり有り難くないご神言もあるので困ったなあと思

うのですが。

日本人は元旦祭とかお正月というと、「一年の計」ということをよく言いますよね。しかし一年なんてすぐ経っちゃいますね。「百年の計」、そういうふうに言えばいいのだけれど、たったの一年と言うわけは、日本という国は恵まれていて、春が来て、夏が来て、秋が来て、冬が来て、また春が来るというふうに四季がめぐって、自然に恵まれた国だからでしょうかね。きれいだし、水はふんだんにある。

それで、一年の計ではなくて、ご神言は『向こう十年』というご神言でした。しかし本当は、十年ではなくて、三十年、四十年のことだと思います。

ご神言から、二十一世紀という百年は、少なくとも人間にとっては大きな試練の時だと思うのです。あまり人間が思い上がっていますからね。しかし、のり越えられると思うのです。

地球・人類の浄化、変革と激動の始まり⑤の年

ご神言の一番目は、

『向こう十年は、地球、人類の浄化、変革と激動の年である。今年はその始まり』

何年か前に、――もう、三十年ぐらい前かな、『二〇〇四年には、大きな、宗教をもとにした戦争が始まる。それからだんだん、人類社会というのは争いが増える社会になる』というふうなご神言がありました。

三十年前というと、そんなご神言があっても、その頃は、ちょうど高度成長で皆景気がよくて、見当がたたなかった。しかし、二〇〇二年かな、ニューヨークでのテロ[6]があり、二〇〇四年にはイラクにアメリカが攻め込んで、[7]結局今はもうアフガニスタンもイラクもイランも、いくら軍隊を送ってみてもどうしようもないような泥沼状態ですね。第二のベトナム戦争のようになるかもしれないし、ならなくてすむか、分からないですけどね。軍事力では決してその国の文化や宗教を変えることはできないということですね。そういうことがどうして分からないのかなあと思うのですけれどね。

割合最近アメリカで出た本に、大統領とかウォール街の社長とかアメリカ社会の政治家、大金持ちたちについて、「良心のない指導者たち」というふうに言っている本[8]がありました。アメリカ人の中にも、彼らを本当に良心がない、自分の金儲けだけ、自分の国の利益だけを追求しているのが目に余ると考える人たちが多いようですね。それを支えたのが資本主義ですが、もう潰れてきたわけですね。

魂に目覚め、神を信じ、現実を変えていく智慧と創造力が必要

これを乗りきるためには、どうすればよいかということですが、ご神言の二番目は、

『これを乗りきるためには、魂に目覚めることが人類に必要。神様を信じ、神様の愛に感謝をし、神様を信じることによって、自然に、現実を変えていくにはどうしたらいいかという智慧が出てくる創造力の実現がぜひ必要である』

稲盛さんと話をした時に、稲盛さんが

「民主党は勝つでしょうか？」

と言われるから、

「勝ちますよ。それに、あなたのような人がある程度政府の政治なり経済なりの企画に参与できるようになるといいですね。政治家も、経済の人たちも、利他の心をもてるようになるといいですね」

と答えました。それは去年の二月か三月でしたが、八月の選挙では民主党が勝ちました。他のことも、これから自然に、その時私（場所的個としての私）が言ったように動いていくと思います。

鳩山さんは「友愛」ということを掲げていられる(9)けれども、しかし、なかなか、愛

をこの世の中で実現するというのは難しいですね。

キリストはシナイ山の上で四十日間断食をされたということですね。四十日間も断食するというのは砂漠の中じゃ大変です。僕はせいぜい二週間断食しただけですが、毎年何回もしました。三、四日経つと、身体はもうほんとにへとへとになってしまう。しかし、五日目ぐらいから、もう何も食べなくても、何もそんなものは要らないような状態になるのです。神様の御力が入ってきて、それが人間の物理的なエネルギーや化学的なエネルギーに変わるのだと思うのです。そうすると、この世的な意識とは全然違った意識が出てくるのです。違った意識が出てきてだんだん上の方へ上がっていく。

霊の世界では、これはカルマの世界だから、身体をもっているのです、霊体をね。そういうところでは、悪魔は「この者はチンピラだ」と思って、全然相手にしないのです。ところがそれを超えた世界へ行こうとする時に、必ず悪魔が出てくる[10]。悟りの世界、解脱の世界へ入る手前のところで、物凄い、自分も宇宙も全てが滅んでしまうような、なくなってしまうような、非常な恐怖感に襲われる時がある。そういうことが何回かあって、最後に悪魔と遭う。「自分に従ったら、物の世界は全部お前にやる。お前がしたいと望むことが、したいようにできるようにしてやる」というふうな悪魔の誘いがキリストの場合も出て来たわけですね。釈尊の時も、成道の手前ではそういうことがあったようです。

ですから、悪魔に本当に遭ったことがないような者は本物の宗教家ではない、とも言えますね。そのような時に、神様を信じて、「サタンよ、去れ！」というふうに言えば、サタン（根元的物の力の化身）はすぐ消えてなくなっちゃうのです。元々、神様の御力はそういう物の無秩序の中に秩序を与えてだんだん人間を創り、宇宙を創ってこられたわけだから、神様の前ではサタンは跡形もなく消えてなくなっちゃう、というか、要するに力をなくすわけです。しかし、悪魔には凄い力があるのです。

ですから、本当に高い次元、霊体だの霊だのという次元ではない、もっと高いところへ行くと、そういう物凄い力が顕れてくるが、それは、ただ神様を信じ、「去れ！」と言うだけでパッと消えちゃうのです。そういうふうになると本物ですね。

民族の争いのカルマの噴出とテロ

ご神言の三番目は、

『民族の争いのカルマが噴き出る。原爆テロが生じるかもしれない』

中東の地域というのは、地球のウィークポイントと言えますね。何年も前から言ってきたように思うが、争いが起きるのはいつも中東なのです。アラビア半島、あるいはエジプトの辺り、イスラエルの辺りなのです。ここはもう四、五千年も前から、歴史的に分かっている範囲内でも、アラブとイスラエルとの間の民族の争いが絶えないわけですね。後ろから何か操っているのがあるのでしょうね。それは地球外かもしれないね。アメリカの資本というのはユダヤの人たちが大部分握っているから、アメリカ政府内でもイスラエルの言うことは力があるのでしょうね。

だから、ユダヤ人とその流れを汲むアメリカと、アラブ民族との間の民族の争いのカルマが噴き出るというご神言でした。

その次がまずいんですね。

『原爆テロが生じるかもしれない』

というご神言があるけれど、生じないように、皆でお願いのお祈りをしないと。今の物理学では、広島で使われた類いの力の原爆なら、工学部を出て専門的な知識を得れば、できないことはないのです。困りますね。

新たな世界機構への模索

四番目は、

『資本主義の崩壊、新たなる世界機構の模索が続く』

これが十年ぐらいで出来ればいいのですが、共産主義の中国とイスラムと、それから資本主義、それらがどういうふうに折り合いをつけるかということですね。

それには、人間の本質は魂だということに皆が気付かないといけない。魂の世界では、個人性と社会性というのが両立するのです。

今の世の中は、物だけを追いかける、物の原理に従っているから、皆、自分だけがかわいいわけですね。国家であろうと、個人であろうと、会社であろうと、社会であろうと、自分の利益になることは追いかけるけれど、自分の利益にならないことは、損してまではしないのが基本みたいになっている。

これは物の原理に支配されているということです。そこでは、個人というか、自己保存というのがいつも動くから、社会性とか愛とか、全体を仲よくしていくようにする智慧とか創造力とかいうのは出てこないのです。妥協はある、もちろん。しかし、愛がないのです。

ですから、

『これを解決し得るのは、魂に目覚めた人たちだけである』

というご神言です。

魂に目覚めるところまでいかなくても、愛と、神、人、自然への感謝、智慧、創造力、そして個人性、社会性というのが両立できる、そういう人でないとだめだと思います。

地球規模での気候変動、旱魃

次の五番目は、

『地球規模で気候変動、旱魃が生じる。主にアメリカ、中国で生じる。食糧の確保をするように』

日本は主にアメリカから食糧を輸入しているわけですね。アメリカで旱魃が起きて、人口も以前は二億ぐらいだったのが、今は三億余りになっているようにだんだん人口が増えてきて、食糧の輸出ができなくなると、日本は今のままでは困りますね。だから食糧の確保をするように、個人も日本の政府も、というご神言です。

人類社会のグローバル化、地域化の同時起生、進行

六番目は、

『人類社会は、グローバル化と地域化、南北アメリカ、東アジア、ヨーロッパ、ロシア、アフリカ、中東、オーストラリアの地域化とが、同時進行する。経済、政治に混乱が生じるが、個人性と社会性とを両立させる明かりも見えてくる』

今まで人類が経験したことのない「グローバル化、地域化の同時起生」ですが、社会性と個人性を両立させる、そういう能力を、人間は皆持っているわけです。親から生まれていない、木の股から生まれた子どもは誰もいない。両親から出て来た。その子どもがまた子どもを産む。そして一つの社会を営んではじめて人間は生きることができるのです。山の中で一人でおって、食べる物がなかったら、一週間もしないうちに死んでしまいます。

社会性とは皆に対する感謝の心

社会性というのは、皆がいるから自分も生きていけるのだという、皆に対する感謝の気持ちですね。人を撥ね除けてでも自分だけが偉くなろうというのでは、もう世の中は成り立たないわけです。

そういう、社会性と個人性を両立させられる能力を、人間は誰であっても持っているわけだから、今だんだんそういうことの大切さに皆の目が覚めてきつつあるように思うのです。これは神様の大きなご経綸によって動いている。今まで四百年ぐらいの間、科学に落ち込んでしまって物を追いかけることに夢中だったけれども、ここで社会性というものへの反省が出てきた。

社会性を支えるのは宗教

人間の社会性を支えているものは宗教なのです。神様なくして社会性というのは成り立たないのです。物だけなら、物の力というのは自己保存、自己凝縮の力だから、それは結局は全てが滅びるだけのことです。社会性というのは、後ろに神様の大きな智慧、愛、そういうものが動いていて社会性ができるわけで、神様に生かして戴いている人間は、個人性と社会性を両立させる能力を持っている。

ですから、個人性と社会性を両立させようと働いていたら、自然に宗教も表に出てくると思うのです。

中国との善隣関係

これからの日本はどうしたらいいかということなのですが、妙光之神様が双子の浦の崖から跳び下りられて大神様のご神言を戴かれたのは、昭和七年でした。私が満で言うと五つの時だけど、

『今から五年の後、天が逆さまになる戦争がおきる』
というご神言があって、その五年後の昭和十二年に日中戦争が起きた。その頃に『天が逆さまになる』ということは、日本が負けるということなのです。もうその時に既にそういうご神言があったのだけれども、当時だれもそんなことは信じられないですね。しかしその時以来ずーっと世界の動きを見ていると、この七十年余り、八十年近く、だいたいご神言のとおりに動いているように思うのです。

で、日本はこれからどうしたらいいかというと、
『日本はアメリカと組みつつ、東アジア地域の頭脳になり、中国と善隣関係を結ぶことが大切』
というご神言でした。

日本の技術とか、また、世の中をまとめていく、それは、日本的な思想、空の思想というか、なんでも受け入れて、それをそれなりにこなして全体を調和させ保っていくというのは、やはり日本人の特質だと思うのです。

中国の場合は、歴史的にみても、征服者が被征服者を力で押し付けて、やっつけたり殺したりして全体をまとめてきたが、このようなやり方は必ず壊れると思うのです。

アメリカのように、なんでも個人の自由意思で自由に競争すればよいと言って、資本主義はそれの最たるものだけれども、それも結局壊れたでしょう。個人性、個人も認めるけど、それと同時に社会性というものを両立させないような人類は成り立たないと思います。

だからこれからは、個人性と社会性との調和、両方の確立が必要だが、そのためには、その根底に宗教がないとできない。日本人はそういう、何でもとり入れて調和さすという一つの能力を持っている。アジアの国はみな植民地になったけれども、日本だけは植民地にならなかったのは、やはり日本人の持っている能力のおかげです。で、そういうものがこれからアジアにとっては非常に必要になるのです。

そして、

『中国とは善隣関係をもつことが大切』

というご神言でした。

食糧の自給を増やす

八番目は、

『日本は食糧の自給を増やすことが大切』

今のようにいっぱい食べられる、食べて、残りは捨てる、そういう文化は、せいぜいこの三十年か四十年の間に出来てしまったけれど、それ以前は、僕らが特攻隊に出た頃は、おむすび一つだって本当に貴重品だったのです。みんなは贅沢に育ったからそういうことが実感できないかもしれないが、大変なのですよ、食べる物がなくなったら。みんな喧嘩するようになっちゃう。

少ない食べ物の中で仲よく生きていくのには、皆が腹一杯でなくて、腹八分、腹七分ぐらいで分け合っていかないと、争いになって、人殺しだのなんだのが起こりかねない。今起きているような、変な人殺しにはならないと思いますけれどもね。

個人性と社会性の両立を支える真の世界宗教を

それから九番目が、

『真に魂に目覚めた人々による、現在の各世界宗教を超えた、真の世界宗教の提唱が始まる』

今の世界宗教ではだめなのです。仏教でもだめ、キリスト教でもだめ、イスラムでもだめですね。

霊的に成長するということと、信仰をもつということ、それから個人性と社会性、

――社会性というのを言い換えたら道徳性のようなものですね。しかし、道徳の根底にあるのは宗教で、宗教なしの道徳なんていうのはあり得ないのです。

その宗教が今相争っているわけです。イスラムとキリスト教、それから仏教でも、小乗仏教はスリランカでしょっちゅう喧嘩していますね。[11] 大乗の精神が必要だと思うのです。

個人性と社会性の両立と調和、それを支える世界宗教なしには、これからの人間は生き延びられないと思います。これをよく理解して、皆で愛と智慧と創造力をもって、お互いに自分の仕事が人の役に立つように働いて欲しいと思います。それができない人はやはり亡びるよりしようがないですね。

以上、少し長くなりましたが、年頭のご神言をお伝えしました。

（玉光神社機関紙「光の便り」第二五六号）

註

（1）今までで三回かな、死に直面して

一九三六年の腸チフス、九四〜九五年の耳の大手術とその後の生活、同年、耳の手術の癒えない状態での海軍予備学生としての過酷な訓練と米軍空襲下での戦闘を指し、九〇年以降の諸手術は含まれていないかと思われる。耳の手術、海軍予備学生時代については、『神秘体験の種々相Ⅱ』（一九九九）一四三〜一四四頁にも記されている。

（2）神々の次元というところへ行っても、まだ「自分」があるわけです

この言葉は、本山哲学の重要な言葉の一つである。「身体をもたなくなった状態、つまり物に支配されなくなった状態がプルシャですが、かといって、物の原理を全く含まないかというとそうではなくて、プルシャ（神々）が複数あるということは、AというプルシャとBというプルシャは違うということですから、やはり区別性をもっている」（『神秘体験の種々相Ⅱ』一五六頁）、「肉体を自由につくったり消滅したりできるようになったからといって、それも、Aというプルシャである限りは、それは創造者、創造神としての神によってつくられたもので、そしてまた、AとBという違いをその中にもっているわけだから、個体である」（同書一九二頁）他、本山博『宗教経験の世界』六「宗教経験と存在」（宗教心理出版　一九六三）等を参照してください。

（3）聡《さと》ちゃん

玉光神社会員の三ツ井理人氏の次女、三ツ井さとちゃん。二〇一〇年一月一日当時は二歳三カ月であった（二〇〇七年九月生まれ）。

（4）京セラを創設された稲盛さん

稲盛和夫氏。一九三二年生まれ。五九年京都セラミック株式会社（現京セラ）を設立、社長、会長を経て現名誉会長。八四年第二電電（現ＫＤＤＩ）を設立、現最高顧問。八四年稲盛財団を設立、「京都賞」を創設し、以来毎年人類社会の進歩発展に功績のあった方々を顕賞する一方、若手経営者のための「盛和塾」塾長として後進育成に努められている。『生き方』『成功への情熱』『働き方』等著書多数。著者との出会いについては、本山博・稲盛和夫『人間の本質――生きる意味を探る』（ＰＨＰ研究所 二〇〇九）を参照してください。

（5）変革と激動の始まり

二〇一〇年以後の「主なニュース〈国際情勢〉」を参照してください。

（6）ニューヨークでのテロ

二〇〇一年九月十一日の米国同時多発テロ。「二〇〇一年」の「主なニュース〈国際情勢〉」を参照してください。アメリカはこの事件の報復として、アフガニスタン紛争、イラク戦争を行なつた。

(7) イラクにアメリカが攻め込んで

アメリカがイラクの首都バグダットを空爆したのは二〇〇三年三月二十日、同年五月一日にアメリカ・ブッシュ大統領は戦争終結宣言を行なった。しかしアメリカの戦闘部隊がイラクから撤退したのは、一〇年十二月十八日であった。

(8)「良心のない指導者たち」というふうに言っている本

Martha Staut *"The Sociopath Next Door"*（邦訳『良心を持たない人たち』木村博江訳、草思社文庫）を指すか。良心の足枷をもたない人たちが、権力や富を、一時的にせよ、獲得することがあると書かれている。

(9) 鳩山さんは「友愛」ということを掲げていられる

「友愛」は鳩山由紀夫氏のキャッチフレーズで、「友愛／排除の論理」は一九九六年の流行語大賞になった。鳩山内閣発足は〇九年九月十六日、翌年六月退陣、民主、国民新党連立による菅内閣が発足した。

(10) 必ず悪魔が出てくる

著者は行を志す弟子たちに、「魔」について折々に語っている。『天台小止観　覚知魔事について」（一九七三）、『神秘体験の種々相Ⅰ』一章「アストラル次元の宗教経験」三「アストラル次元、カラーナ次元、プルシャ次元の三昧の比較」(1)「三昧に入る前には魔に出会う」、『神秘体験の種々相Ⅱ』一章「プルシャについて」三·「プルシャとの合一」⑵「魔の体験」、二章「プルシャとの合一について」三.「プルシャとの合一の前に魔が現れる―魔の出現―」、五章「プルシャになる」一.「プルシャになる」⑶「魔の出現」（いずれも宗教心理出版）等を参照してください。

(11) 小乗仏教はスリランカでしょっちゅう喧嘩していますね

小乗仏教（上座仏教）徒が国民の約七割を占めるスリランカでは、一八〇〇年代から仏教と他宗教との争いが、仏教圏としては長期にわたって多い。二〇〇九年五月、タミル・イーラム軍が仏教徒政府に敗北宣言を行なって内紛は終結したとされたが、実際には内紛は所々で引き続いた。

二〇一〇年（平成二十二年）一月十一日（根府川道場祭[1]直会後講話）

神様を信じ、自分の仕事に励んでください

司会　皆さんの中には、日本の将来について心配されている方も多いようですので、宮司様[2]にお願い申し上げましたら、お話をしていただけるということでした。宮司様、よろしくお願い申し上げます。

宮司　では、少し話しましょう。

資本主義の崩壊と立て直し

去年の一月か二月に稲盛さんと対談をして、それが十月初め頃本になりましたね（『人間の本質』ＰＨＰ研究所）。その対談のときにも話したのですが、稲盛さんが「今のままでは、人類は滅びるかもしれない」と心配されるから、「いや、そんなことはないと思いますよ。せっかく創った人類を滅ぼすような、そんな無駄なことを神様

がなさるわけがないから」と答えたのです。

今は、資本主義というのは、アメリカの経済が世界中を独占するような具合に、資本主義の一つの構造が出来上がったのですね、この二、三十年、四、五十年前から。そしてアメリカは栄えた。でも、実際に存在している或る一つの物の値段が十円だとすると、これを株で売買する時に、多くの人がその株を欲しがった場合、その株価が百円にも二百円にもなる。しかもその物の数が足りないと思うと、みんながもっと買おうとする。油もそうでしたね。そしてどんどん値を上げるわけです。

で、

『そういう資本主義は必ず潰れる』

というご神言が、もう二十年ぐらい前からありました。すると、去年のリーマンショック[3]を契機に、実際にこれが潰れてきたわけです。

潰れた後、どういうふうに資本主義を立て直していくか、どういうふうに規制をしていくか。今のままの、野放しで、人間が自由になんでもかんでもいいから儲けさえすればいいというやり方、そして現実の「物」の価値に裏打ちされないバーチャルな価の株を買って、それで皆が困っても自分が儲ければいいというふうな、そういう政治や経済では、潰れるより他にない。ですから、こういう資本主義は自然に壊れてきたわけです。

それで今世界中が非常に困っているわけで、なにも日本だけが困っているわけではない。世界中で困っているわけです。どういうふうに世界中が問題を解決していくか、経済問題や政治の問題を解決していくかが、これからの課題なわけです。

感謝と利他の心の人の活躍を

ところで、去年の初め、稲盛さんと対談した頃は、八月末の衆院選で、民主党が勝つかどうかは分からなかったわけですね。「民主党は勝つでしょうか？」と問われるから、「勝ちますよ。勝った後、政治の面でも経済の面でも、もっと、稲盛さんのように感謝と利他の心をもった人が活躍してくださるようになるといいですね」と答えたのです。

自民党が政権をとっていた時には、或る政策を決めたら、それを実際に実現していくいろいろな方法は、各省の官僚に任せていたわけですね。政治家はその立案を聞いてまた政策を立てる。だから、実際に政治を実現していくのは、官僚がしていたわけです。そして何百億、千億も二千億も無駄金が出ていたし、貯めてあった。それらを改めるようにというので、民主党になってから、今までの、官界、官僚との結びつきの強い経団連から距離を置いてきたような方たちが、日本の政治経済に関与できるようになったわけですね。今は、今までの政治経済界のあり方への大掃除をしている最中なのですね。

もう一つは、今までの政府のいろいろなやり方のツケで、国としての借金も沢山出来ていた(4)わけです。今回、その借金がさらに増えるようだけれども、困っている人たち、弱い立場の人たちがまず困らないように、雇用が促進できるようにというので、今、民主党は大いに頑張っている。しかしあと半年ないし一年はかかると思うのです。大掃除をして、なおかつ皆がよくなるようにするのには時間が要るわけです。

アメリカ、アジア諸国との新たな関係を

それから、アジアの問題ですね。日本は今までアメリカ一辺倒だったけれども、今はアジアの国ぐにがどんどん成長している。しかし例えば自動車を作るにしても、あるいは発電技術にしても、日本の技術は非常に進んでいるから、アジア諸国にはその技術がぜひ必要なのです。だから、そういうアジアの国ぐにへ行って教える、そしてアジアへ日本の製品を安く輸出できるような態勢が整えば、また日本もどんどん栄えるようになると思うのです。そして日本がアジアの、頭脳的な中心になるようにと

の、年頭のご神言でしたね。

ところで、皆さんは若いから実感がもてないかもしれないけれども、戦後まだ早い時期に外国へ行くと、(5)軍隊を持っていない日本というのはなんとなく肩身が狭かったのです。国に力があるかどうかというときには、軍隊があるかどうかということも一つの重要な要件なのです。

大昔に農耕の集団が出来た。そのとき百姓だけでその集団が守れたかというと、守れないから、自衛のための手立てを皆作ったわけです。その集団が国家になれば、国の軍隊ということになるわけです。

だから、軍事力を持たない国というのは本当に弱いのです。永世中立国のスイスも軍隊を持っている。南北朝鮮とか中国とかインドとかもみな軍事力を持っています。そういう意味でも、ある程度の軍事力を持つことは必要だと私は思うのです。それが外国に対する一つの目に見えない潜在的な力になるのですね。

日本は戦争を放棄したので、他国から核攻撃などを受けた場合にはアメリカに守ってもらうというところで、日米同盟ができている。その同盟はまた、アメリカにとっても、アジア全体との関係において重要なのです。アジアとアメリカは緊密な関係を保っていかないと、軍事的にも経済的にも成り立たない。

そういう意味でも、今まで日米は本当に緊密な関係を築いてきたけれども、これからは、米国との関係の他、アジア全体の中で、日本は頭脳的な、技術とか工業とか医学という面で指導をしていけるような立場から、アメリカ初め諸外国と新たな関係のあり方を築いていかないといけない。そしてそれらの技術等をアジアの発展途上国に輸出ができるようになるのには、あと半年か一年はかかると思うのです。

日本は、技術力で栄える

そういうふうになれば、また日本に活気が出てくる。民主党の政治(6)が下手くそだの、力が弱いだの、人がよすぎるというふうに国民は言うけれども、もうちょっと辛抱して見守ることが大切だと私は思うのです。

愛というのを政治で実現しようと思うと、前の中曽根さん(7)でしたか、「愛なんてそんな夢みたいなものは、ソフトクリームみたいにすぐに溶けてなくなってしまう」と言われたそうですが、なかなか大変なのです。しかし民主党政権も今まで半年近く続いてきているわけですね。だからもうちょっとみんなが辛抱して見てあげることが大事だと思うのです。

決して日本は変な具合に下り坂にはならない。というのは、国に力があるのです。

つまり技術ですね。日本は資源もないし、人口も多い。そして国土は小さいから、いい物を作って、人びとが喜ぶような物をアジアへ輸出すれば、十分にこれからまた大きくなれるというか、豊かな国になれる。

しかし、資源には限りがあるわけです。食糧にも限りがあって、おおかた頭打ちになってきている。それに、今年は、アメリカと中国で旱魃が起きるようなご神言がありました。もしそうなれば、日本の食べ物の大部分は今アメリカから来ているわけだから、アメリカから入るのが少なくなれば、食糧が値上がりしますね。困るわけです。そういうことが起きないようによくお祈りをしなければいけませんね。

で、これから日本はアジアの頭脳的な中心になり、アジアの人たちと仲よくしながら、アメリカと緊密な関係を保っていけば、必ず、半年かあるいは一年はかかるけれども、十分に栄えていくと思いますので、心配しなくてよいと思います。

地震が起きないように皆でお祈りを

ただ、地震の大きいのが来ると困るなあと思うのですね。それがちょっと心配なのですが、でも、今年は日本に大きな地震が起きるというご神言はありませんでした。もしあるとすれば、二、三年先だと思います。その時には、例えば名古屋ぐらいの大きさの都市、アメリカで言えばシアトルぐらいの大きさの都市がぺしゃんこになるほどの規模かもしれません。[8] そうなると困りますね。

数年前、[9]東京で直下型の地震が近いうちに起きるかもしれないと、朝坐っている時に思ったので、世話人十人か二十人を連れてお台場に行き、船に乗って、よくお祈りをしたのです。すると、その数日後、小さい地震が一日に十数回ぐらいかな、起きていたことが分かりました。大きなエネルギーが一度に集中して出てこないで、少しずつ発散して出てくると、大きな地震でも、エネルギーが少しずつ放出されれば大したことなく終わるわけだから、皆で、大地震が起きないように、よくお祈りしてください。神様なら大きな地震であろうと何であろうとコントロールしてくださる。だから、皆でよくお祈りすることが大事ですね。

よくお祈りしてほしいと思います。

感謝と愛の心で、自分の仕事に全力を尽し、安心して暮らすように

稲盛さんが政治へのかかわりをもつようになられることにしても、民主党が選挙に勝つことにしても、ご神言のように今社会が動いていますね。そして『決して先は心配ない』とのご神言だから、皆さんも安心するように。

ただし皆さんも、人への思いやりと感謝の心をもって、自分の仕事が人や社会の役に立つように、一生懸命働いてください。――こうやって今皆でミカンを食べているでしょう。これは、ここ根府川道場の畑のミカンが実って、それで皆が食べているので、皆が自分で育てたわけではないのです。木にしても、人にしても、そういう他の人たちや木があるから自分がその実を食べられるわけですから、自然や人に対して感謝して、そして自分は、そういう人たちや自然が助かるように願って、自分のできる仕事を一生懸命に愛をもって行なっていると、必ず国は栄えると思うのです。

自分だけのことばかり願っている人がいると、悪い塊が沢山あるようなものだから、国力がだんだん衰えるのです。そういうことにならないように、せめて玉光神社の信者だけでも、神様にお願いをして、日本の国がよくなるように、世界中に大きないろんな戦争が起きないようにとお祈りをすれば、そのお祈りの力は何百万人、何千万人の力になり、自然を変えることもできるのですよ。やってみないと分からないかもしれないけれども、やってみれば分かる。必ずそういうふうになるのです。

そこが信仰の大事なところですよ。神様を信じ、安心して、皆さん、自分の仕事に励んで下さい。

司会　どうもありがとうございました。皆さんもだいぶ安心されたと思います。

権宮司　僕からほんのひと言だけ……。

宮司様は皆さんが思っていられる以上にとてもくたびれていらっしゃって、ついこの前も数日間熱が出て身体が弱っていらっしゃるのです。今、皆さん方の求めに応じてお話しされたけれども、今朝早く井の頭から根府川までいらしてお祭りをされ、ご講話をされ、今またここでお話しされて、相当に今のお話は体力的にご負担ではなかったかと思うのです。

まだ宮司様がお若かった頃は「また明日」、「また明後日」とお話が伺えたが、宮司様からこうやって直接お話を伺う機会は、ほんとに貴重で、それは後になれば皆さんもよくわかられると思います。皆さんの求めに応じて今お話しくださったのはほんとにありがたかったので、宮司様、本当にありがとうございました。

一同　ありがとうございました。

宮司　でも、まあ、地球を支えるぐらいの力はあるので、安心してください。身体は小さいけどね。でも、権宮司や泰子や祭員たちみんな、だんだん立派になってきたね。安心して任せられる。

この頃、右の耳ではぜんぜん聞こえないの。手術して鼓膜も何もない左の耳の方が、手術で削って薄くなってしまった耳の後ろの骨が、ぴりぴり動くんだね、音に応じて。そうするとこの骨のすぐ内側に三半規管という、カタツムリみたいな内耳があって、そこに骨の振動が伝わるらしいのです。だから左の方が聞こえるのです。いま、目は悪くなるし、耳は聞こえないし、昔、小豆島で「めかんちのどつんぼ」というのが、年寄りの身体の一番困った状態を言う言葉でしたね。そんなような状態になったけれども、生きている間は皆さんの役に立つような話をして、朝のお祈りの時には、信者だけでなくて、日本中あるいは世界中の人たちが助かるようによくお願いをして、神様の御力をずーっと満遍なく皆さんに注いでいるから、日本の将来は悪くはならないと思います。必ずよくなると思うから、皆さんも安心してください。

司会　どうもありがとうございました。

（玉光神社機関紙「光の便り」第二五六号）

註

（1）根府川道場祭

玉光神社根府川修練道場で、行を正しく安全に行なえるよう守護り導いてくださる神様に感謝して、毎年一月十一日に斎行される式典。例年、式典後には正月七日間神前に供えた鏡餅、小豆、砂糖の汁粉で、宮司、祭員、参拝者一同揃っての直会が行なわれる。

(2)宮司様

玉光神社(初代)宮司である著者のこと。

(3)リーマンショック

二〇〇八年九月十五日、アメリカ合衆国の投資銀行、リーマン・ブラザーズ・ホールディングスが破綻したことに端を発して世界的に金融危機が発生した事象を指す言葉(和製英語)。

(4)国としての借金も沢山出来ていた

国債と借入金などの残高を合計した「国の借金」は、二〇一〇年三月時点で約八八二兆円、一六年六月末時点で一〇五三兆円に達している。

(5)戦後まだ早い時期に外国へ行くと

著者が初めて外国へ行ったのは、一九六二年八月(アメリカ・デューク大学)。翌六三年一月(インド・ベナレス大学、ラジャスタン大学)、六四年七~九月(アメリカ・デューク大学、イギリス・オックスフォード大学)である。

（6）民主党の政治

二〇〇九年より一一年まで、民主党が政権をとっていた。

（7）前の中曽根さん

「以前総理大臣を務められていた中曽根康弘氏」の意。第一次、第二次、第三次中曽根内閣を組閣、第三次内閣は一九八六年七月より八七年十一月まで続いた。

（8）二、三年先だと思います。その時には……規模かもしれません

二〇一一年三月十一日、十四時四十六分、仙台市東方沖七十キロメートル、深さ二十四キロ地点に、マグニチュード9・0の巨大地震と、それに伴う大津波が発生した。さらにこの後の余震により、大規模地震災害、福島第一原子力発電所事故など発生、地震規模は当時の首都圏における観測史上最大であり、被害は東日本全般に及んだ。災害発生から五年以上経った現在でも、復興は未だ完全には到っていない。「二〇一一年」の主なニュース〈国内〉を参照してください。

（9）数年前

二〇〇五年五月四日と八日の東京湾、十一日の相模湾でのお祈りを指す。以下は二〇〇七年十一月号「光の便り」二三〇号掲載の、神社会員小名博己氏の寄稿文よりの引用である。

「二〇〇五年一月、私たち信徒は宮司様より、『三月から五月にかけて地震、殊に東京湾、相模湾での地震があったときに備えて、家具などが倒れて怪我をすることのないよう、それぞれに対策をしておくように。神社、社務所、研究所でも実行するように』とのご注意を戴きました。

宮司様は四月末日にアメリカからお帰りになり、お祈りをしてくださいました（きっとアメリカでもお祈りをしてくださっていたのではないでしょうか）。また五月四日と、さらにもう一回、続けてお台場に「遊び」を名目に実はお浄めにもいらっしゃいました。二回目に同行された世話人の方々には、出発の前に「そうした意味合いがあるから心して行くように」とおっしゃったとのことです。

五月中旬に伊豆高原に行かれた時も、小田原か熱海の海がおかしいとおっしゃり、東京に帰られるときも宮司様は、いつもは決して通られないような熱海の山の方などをぐるっと回りながら帰られました。」

主なニュース

〈国際情勢〉

新世紀の十年が経過し、冷戦終焉と国際的経済活動の自由化で各国成長の経済的環境が整い、全体としては平和と繁栄実現の様相を呈する一方で、新興国台頭でのパワーバランス変動等、課題明確化が求められる事象も多様化した。ハイチやチリでは大地震が発生し、アイスランドでは火山噴火で航空網が寸断される等、大きな自然災害が常に起きている状況にある。、モスクワの地下鉄での爆破テロでテロの脅威も依然として続いており、尖閣諸島沖での中国漁船と日本の巡視船衝突事件は極東アジアの政情の厳しさを改めて現実のものとした。

〈国　外〉

・ハイチでマグニチュード（M）7・0地震、二十三万人死亡　（一月十二日）
カリブ海の島国ハイチで、M7・0の地震発生。震源は首都ポルトープランスの南西約一五キロメートル。国際赤十字赤新月社連盟は人口約九百六十万人のうち被災者三百万人以上に上ると推計。十九日、ハイチ政府は犠牲者が十万〜二十万人に上ると推定。二十四日、約十五万人の遺体収容を明らかにした。

・アイスランド火山噴火、欧州全域で航空機飛行禁止措置　（四月十五日）エイヤフィヤトラヨークトル氷河の火山が噴火し、火山灰が風に乗って広がり、欧州を中心に主要空港が閉鎖。このため、七日間で欧州発着の約十万便が運航を中止した。

・メキシコ湾で原油流出、米史上最悪の海洋汚染事故　（四月二十日）

・ノーベル平和賞に中国民主活動家の劉暁波氏　（十月八日）

・ミャンマーで二十年ぶり総選挙、アウン・サン・スー・チーさん解放　（十一月十三日）

・北朝鮮が韓国を砲撃、韓国側で民間人含む死者四人　（十一月二十三日）
北朝鮮は韓国北西部の延坪島に突然砲撃を加え、韓国側に民間人を死者を含む大きな被害をもたらした。三月にも韓国海軍の哨戒艦を魚雷で撃沈するなど、南北の緊張は異様な高まりを見せた。

〈国　内〉

・鳩山首相退陣、後継に菅副総理・財務相　（六月八日）
鳩山首相は退陣する意向を表明、小沢一郎幹事長を含む執行部も総退陣し、民主党両院議員総会で菅直人副総理・財務相を代表に選出、民主、国民新両党の連立による菅内閣が発足した。

・尖閣諸島沖で中国漁船が海保巡視船と衝突、海上保安官が撮影ビデオを流出させた（九月七日）

・ノーベル化学賞に根岸英一氏、鈴木章氏　（十月六日）

・百十三年間で最も暑い夏、気象庁発表

二〇一一年（平成二十三年）

信仰の真髄
――人間の本質（魂）に目覚め、人びとを導くこと――

豊かになりたい！と願う欲望から

神様のご神言を簡単にお伝えしたいと思います。

今の世の中は、経済的な意味でだんだんグローバルな世界になってきました。その根底にあるのは、物の豊かな生活を求め、豊かになりたい！と願う、人間の、七百万年前に生まれて以来の、一つの基本的な欲望ですね。そういう欲望が政治を動かし、経済を作り出し、いろんな組織を作って、今のような生活がだんだんにできてきた。

ある意味では、私達が子どもの七、八歳、十歳ぐらいまでの生活から比べると、今の生活は、昔の大名や天皇のような方がしていたような生活よりも、豊かですね。生活が豊かで、食べる物は十分にあるし、いろいろな食物がたくさん食べられる。我々の子どもの時代には、白米のむすびに一つ梅干が入っていると、それだけで十分だった。師範学校の寮の時代[1]でも、中ぐらいの大きさのむすびに梅干を入れて、それで済んだような時代だった。今は本当に恵まれています。

今は、世界中の人、——中国やインドや東南アジアの人達、あるいはアフリカの一部の人達が、ヨーロッパやアメリカや日本の生活のような、贅沢な生活を皆が求めるようになり、だんだんそういう生活に近づきつつあります。

インド社会の変化

四十年ぐらい前にインドの大学から招かれて行ったとき[2]には、インドで車に乗れる、あるいは車を持っているというのは、かなりの金持ちでないと持っていなかった。ところが今は、インドの人達も、日本で言えば軽自動車が多いのかもしれないが、とにかく多くの人が車を持てるような社会に変わりつつありますね。四十年前というと、憲法では既に否定されていても、実際の社会の生活にはカースト制が強く残っていて、カースト制度があって、バラモンとかクシャトリヤの生活と、ヴァイシャとかスードラという人達の生活とは、日本人には考えにくいほどの差があった。下層階級の貧しい人達は家がなくて、ボンベイでも、毛布一枚かぶって五、六十万の人びとが道路や公園で朝晩寝たり起きたりしていたように思います。

ボンベイではマハデビアさん[3]という金持ちの家に泊まっていたのですが、下男とか下女というか、そういう人達が夜になると、廊下とか台所の隅で粗末な毛布一枚で身体をくるんで寝ている。結構大きな家ですが、そういう人達には部屋を与えてないのです。そしてそれでも、屋根の下にいられて、食べるものも与えられているので、彼らは「恵まれていると感謝している」ということでした。そういうのが実際のインドの現実でした。

田舎へ行くと、粗末な家の土間に牛が飼ってあって、その上階に人間が住んでいる。人間も動物も一つ屋根の下に一緒に住んでいる。そういうことから、悪いことをするとネズミになる、ブタになる、牛になる、というふうな形の輪廻転生思想が自然にうまれたのだと思うのですが、実際には、人間が動物になったり動物が人間になるようなことは、この六十年ずっとこのお宮で神霊相談をしてきたけれども、そういうことはないですね。人間が人間以下に落ちるということは、人間に生まれた以上は、ないわけですね。そういう形の輪廻転生思想というのは間違いだと思うのです。

そういうインドが、今は、多くの人が自動車を持てるようになった。田舎へ行くと電気がなかったが、今は、電気が通るようになった。

世界中の国ぐにの生活が豊かになったときには

中国でも、二十年ぐらい前でしたか、北京で大きな国際学会があって行った時[4]には、田舎へ行くとそういう状態が多かったように思います。それが、今、多くの人達が日本人や欧米の人達と似たような生活をするようになったということは、それだけ、いろんな国から資本が入って、自動車にしても何にしても、生産をしている。

どうしてかというと、やはり一番初めはアメリカですよね。アメリカは、労働者がストライキをして賃金をだんだん上げていったから、アメリカで物を作るとすごく単価が高くつくようになった。それでは会社がやっていけないというので、その会社が安い賃金の国、つまり今までは中国、中国がだんだん豊かに贅沢になってきて賃金が上がってきたら、今度はベトナムとかインドというふうに、安い労働賃金のところへ投資をしてそこで生産をする。日本もアメリカと同じようにする、というのが今の現状ですけれども、次第にどの国も同じように豊かな生活をするようになってきたらどうなるかと思うのですね。あと十年もしないうちに、そうなるかもしれない。

グローバル社会実現への努力に必要なこと

そうなったときには、お互いに協力し合いながら、無い物をお互いに譲り合うというふうな、経済的にも関税をかけあわない、そういう協定でお互いにグローバルなつながりをもちながら生きていくよりしようがないと思うのです。あるいは、今の生活水準を四、五十年前の、昭和の三、四十年ぐらいのところにだんだんに全体として下げていくか、二つしか道がないように思うのです。

というのは、温暖化というか、人間が自分で贅沢にエネルギーを使う、それで炭酸ガスが出る、それが熱を逃がさないから、だんだんに温暖化になって、今、気候の変動というのが非常に激しいみたいですね。これが後十年したらどうなるかというのは、なかなか予測がつかない。でも、それをなんとか人間が考えて、コントロールできるかどうかですね、温暖化をひき起こす原因となるガスを出すのを。しかし、それで温暖化が収まるかどうかですが。

今のところでは、自分の国の利益をまず優先しながら、お互いに仲よく経済的に流通をして、グローバルな社会を作る努力をしつつあるわけですが、そこで一番足りないのは何かというと、この間、オバマ大統領が中国に対して、「信教の自由というのを認めない、そういう国は、仲間にはできない」というふうな忠告をしたように思いますが、これは非常に正しいと思うのです。

人間が個人の自由、権利、それから宗教をもつ、それは人間としてあたり前のことですね。

生体を守る分極現象は魂の働きによる

人間は本来「魂」というものが基本になって人間の身体が生きているわけですから、魂が退けば、身体というのはなくなるのです。

最近おもしろい実験をしましたが、皮膚に矩形波というのをかけると、——一番初めの非常に速い周波数の一メガとか四メガヘルツ（4MHz）というような、一秒間に百万回ぐらいプラスになったりマイナスになったりするようなそういう周波数をかけてみると、表皮の下にある基底膜のところで容量ができていて、そこで、入ってきたエネルギーと逆のエネルギー、つまり逆の電位を、僅か百マイクロセカンドぐらい——一マイクロというのは百万分の一秒だから、それの百倍といってもせいぜい一万分の一秒ぐらい——の間に、パッと逆の電圧を作って、外からきた電圧を中へ入らないようにするのです。そうすると表皮の中だけしか電気が流れない。生きている人間、あるいは生きている動物で皮膚がある、そういう動物ではこういうふうな分極、(capacitanceによる分極）が起きる。そういう capacitance が生じるところは、表皮の基底膜なのです。それは人間の身体の結合組織を作っているコラーゲン蛋白、要するに膠原線維というか、細胞と細胞の間をつないだり組織の間をつないだりする、そういうコラーゲン線維というのが、生きている間は容量（capacitance）を作るのです。

死んだらどうなるかというと、全然そういうものができないから、外から来たエネルギーを遮断する、そういう働きが全然なくなってしまう。それで真皮の中をすーっと電気が流れてしまう。生きていてcapacitanceがある間は、一万分の一秒ぐらいで逆の電圧を作って、肝心な真皮の中、体液の中、細胞液の中を電流が流れないようにする。そのために、そんなに瞬間に容量ができる。しかし、死体では、こういう矩形波を入れても、一番初めに一万分の一秒、百万分の一秒の始まりの時に真皮の中をさっと流れる電流が、真皮の中を流れっぱなしになる。つまり分極が生じないのです。

だから、分極が起きるということが、死んでいるか生きているかを区別する非常に重要な働きをする。だから脳死よりもはるかに、脳波でとるよりもはるかにその方が正確に分かる。しかし、ではどうして、生きている人間の身体の中ではそういう容量、つまり他のものを弾き飛ばす容量ができるか、というのは解らない。

それは「魂」だと思うのです。魂が身体の中にある限りは、生体を守るためにそういう働きをしている。しかし、魂が身体から退いてしまうと、全然そういう働きがなくなってしまうのです。

平和なグローバル社会をつくるのは、利他、愛の魂（宗教）

それで皆さんに、魂があるということがいかに大事か、魂に目覚める、人間の本質は魂だ、ということに目が覚めることがいかに大事かということを、よくわかってほしいと思うのです。

今は物の世界だけを追い求めているような時代ですね。これはいわゆる砂漠の宗教の根底にある対立思想、自然と物とが別々、神様と人間も別々だというふうな思想が、この四百年ほどの科学の発達を促して、人間の全体を思想的にもいろいろな意味でコントロールしてきた結果なのですが、しかし、これだけでは人間は決して平和には暮らせない。

つまり世界は今経済面でグローバル化してきているけれども、それは、お互いに自分の国益を十分に守った上で他と仲よくやっていこうということなのです。しかしそれだけで平和なグローバル社会が成り立つかどうか。そういう点では、京セラの稲盛さんの言われている利他主義、つまり自分の会社も儲かるけれども、他の会社も儲かって、皆が成り立っていくようにという考え方がやはり大事だと思うのです。そういう考え方は、魂に目覚めると、そういう利他あるいは愛というのが目覚めてくる。それには本当に宗教に目覚めないといけない。

人間はひと皮剝くと狂気

しかし、そういう時代がいつ来るか、ですね。今世紀の終わりまでに来るといいなと思うのです。そうでないと、温暖化で、気候が激変をしてくる、食糧が足りなくなる、人口は増える、先は人類が滅びるかもしれないという、どうしてもそういう予測が立つようになりますね。

そういう事態が起きる可能性があるのは、原爆の戦争ですね。人間というのはひと皮剝くと狂気だから、いざとなったら、そういう戦争を起こすかもしれない。

今もイランとか北朝鮮とかいろんなところで核を作って、いつでも喧嘩をするような構えですね。中国も、十年ぐらい前は、もしアメリカが攻めてきたらまず原爆をアメリカへ集中する、というふうなことを政府の高官が公言して憚らなかった。そういうふうに、人間というのはどこかで、いざとなると狂気になる性質を皆もっているから、そうなると、いっぺんに人間がなくなることもあり得ますね。

魂に目覚めるための信仰を

そういうことにならないようにするためにはやはり、人間の本質は魂である、ということに目覚めることですね。だから、皆さんに、玉光神社で、お陰信仰でなくて、本当に魂に目覚めるための信仰を得てほしいと思うのです。

そのためには、瞑想の会とかヨーガの会とかいろいろな会にできたらぜひ参加をして、心身の健康を得て、魂に目覚めるように努めてください。

というのは、身体の中を流れている体液の中にエネルギーが流れている、生命のエネルギーが流れているのをＡＭＩ[5]で測ることができる。それは私がこの五十年以上の実験・研究から発見し論文を書いて発表してきたわけですが、ドクタ・ティラー[6]とかドクタ・スワンソン[7]というふうな、ノーベル賞クラスの量子力学者が皆一生懸命にそれらを読んで、研究してきています。

また、哲学の部門では、この間の会（宗教心理学研究所創立五十周年記念講演会）のように、筑波大学の教授達を初めいろいろな大学の教授達が、私の著書を読んで研究してきている。また、「本山研究」というのが、アメリカの大学での学位論文のテーマになるようになってきた、うちの学校（ＣＩＨＳ）だけではなく、他の大学でもね。そういう意味では、神様の教えがだんだんに広く伝わっていって有り難いと思うのですが、「魂に目覚めるための宗教」という運動をしないと、このままでは人間は滅びるのではないかなと思うのです。

　ぜひ皆さんにも、ここで教えている、「魂に目覚める」という教えを拡げることに参加してほしい。

魂に目覚めるための丹田呼吸法

　魂に目覚めるための一番簡単な方法は、魂も身体をもっていて、チャクラという、生命エネルギーのセンターをもっている。経絡の中には、この魂の生命エネルギーセンターに対応するツボがあるのです。その経絡の中を流れている体液のエネルギー（気エネルギー）、それが上半身と下半身でバランスがとれている状態になると、自然に身体も心も落ち着いて健康になる。そのためには、十分なエネルギーを神様から戴いて、神様から戴いたエネルギーと、尾骶骨の中にある、物の根源的な原理（エネルギー）とを、丹田のところで一つに混ぜる。これが丹田呼吸(8)ですが、そういう丹田呼吸法ができてくると、いつの間にか自然に上半身と下半身の体液のエネルギーがバランスがとれてきて、その比率が一対一、つまり一になるのです。

　ところが今の人達は、上半身にエネルギーが集まっている場合が多い。鬱状態になる人は、反対に下半身にエネルギーが集まっていて全体に回らない。ですからＡＭＩで気エネルギーの上下比をみると、この人は躁だな、この人は鬱だな、この人は非常に安定しているなとすぐにわかるのです。

エネルギーが安定してくると、自然にチャクラのところで体液のエネルギーが霊的なエネルギーに変わる、あるいは霊的なエネルギーが人間の生命力に転換される。そのチャクラを目覚ますための一番簡単な方法が丹田呼吸で、神様から戴いた力とクンダリニーの力とを丹田で一つに混ぜて、心身のバランスがとれてくると、自然にチャクラが目覚めて魂の方に心が向くのです。そうすると、愛、あるいは人と仲よくするということが、自然にできるようになるのです、無理に努力しなくてもね。そこが非常に大事なところなのです。

そういう行法をＩＡＲＰの本部の講師の人達が教えていると思うのですが、もしできたら、今年の三月ごろか五月ごろから、私も皆さんに、ひと月に一回、二時間ぐらい、七星会で基本を教えたいなと思っています。

人間の本質は魂

私も今年十二月で満八十六になるから、今は、宮司でもあるし、所長でもあるし、学会の会長でもあるし、大学院の学長でもある。ある組織のトップになってマネージをするということは、たとえば大学の運営の場合は、お金のやり繰りもしないといけない、講座を新しく作らなければいけない、講座の要約、シラバスというのを作らないといけない。今も、「こういうのを作るように」と副学長や皆に指令を出したところですが、⑨今年の八十五歳いっぱい働いたら、その後はそういういろんなことを辞めたい、宮司も辞めたい、所長も辞めたい、全部権宮司に継いでもらいたいと思っています。

今年いっぱいは一生懸命に働くけれども、後は、オバマさんが言っているように、中国は信教の自由を認めなければいけない、では、どうして認めなければいけないか、というようなことを、わかりやすく英語で本を書いて、世界中に拡げたいと思います。

お陰で、今まで書いた本が百冊以上ある中で、三十冊ぐらいかな、いろいろな外国語に訳されて、中には僕の読めない言葉もたくさんある。そういうふうに、人間の本質は魂だということを、これからだんだんにわかりやすく本に書いていきたいなと思っています。その後神様のところへ帰れると思うのです。神様から戴いた仕事を終えないと、神様は引き取ってくださらないみたいですからね。神様のお言いつけは、なかなか厳しいのです。

超作で一生懸命に働いてください

ちょっと話が長くなりましたけれども、以上のように、今年いっぱいはがんばって皆さんのためにも一生懸命に働くけれども、後はもうちょっとゆっくりと、そういう本を書くことに集中したいと思います。

皆さんも、自分の仕事を、現実をよく見て、自分の能力をみて、それから周囲の、自分が住んでいるところの、あるいは働いているところの社会で、自分が何をするのが一番会社のためにも社会のためにも役に立つかというのをみつけたら、超作で一生懸命働いてください。一生懸命に働いて、しかもそれに落ちないよう、出世をしたいなんて思わないで、ただ自分がしていることが成就できるように一生懸命に働いていたら、出世する人は勝手に出世できるようになるのです。

一番大事なことは

今年のご神言の要点は、要するにこれから、今世紀の後十年か二十年ぐらいの間は、経済的な意味で、世界が自分の国益を守りながら、お互いに貿易、関税をかけないで自由に貿易をする方向へ向かう。相手に足りないものを与えて、足りないものはもらうという形の、そういうグローバルな経済的な社会がまずできる。

しかし、その後で一番大事なのは、人間の本質は魂だということに目覚めることである。そのための準備をしないといけない。

そのためには、皆さんが信者でない人びとにも、人間の本質は魂なのだ、ということを教えてほしい、導いてほしいと思う、ただの、自分が信仰するという信者であるというだけでなくね。それが玉光神社の信者である一つの役目である、というふうに神様のご神言です。よろしくどうぞ働いてください。

ともかく、だんだん耳が聞こえないと、不自由ですね。これは余談だけど、ついこの間、運転免許証書き換えの試験を受けに行ったのですが、八十一、八十二、三ぐらいの人も結構十人ぐらいいたかな、そのうちで、八十五歳の僕が一番年寄りなんですね。で、一番元気なんだ。どういうわけかと思ったけど、やはりずっと行をしてきたし、今も毎朝しているところが皆と違う原因でしょうね。

それでは、皆さん、どうぞいい年を迎えて、精一杯働いてください。

そして超作をするようにね。超作が大事ですね。超作ができないと、物事は本当には成就しないし、人の役に立たないのです。

——ご苦労さまでした。

（「玉光神社機関紙『光の便り』第二六八号）

註

（1）師範学校の寮の時代

著者は一九四一年、香川県高松師範学校に入学、寮生活に入った。四四年耳の手術のため休学、四五年四月海軍予備学生として入隊、同八月第二次世界大戦終結。九月に高松に帰ったときは寮はアメリカ空軍の爆撃により焼失していたので、寮の時代とは四一年から四五年九月まで。

（2）四十年ぐらい前にインドの大学から招かれて行った

一九六九年十二月より七〇年二月まで、インド・アンドラ大学大学院客員教授として学部長待遇で招かれて滞在した（胃潰瘍で予定より早く帰国した）。

（3）マハデビアさん

ボンベイ在住のインドの実業家。インド・ボンベイ超心理学会前会長。著者の一九六九〜七〇年のインド滞在以来より親交を重ね、八三年ＩＡＲＰ第十一回年次大会（大会テーマは「カルマと再生」）に講師の一人として来講。講演テーマは「ヒンズー教の再生観」。

（4）中国でも、二十年ぐらい前でしたか、北京で大きな国際学会があって行った

一九九一年八月、「第二回鍼灸医学国際大会」に特別ゲストとして招かれ講演。中国厚生省中医研究所でＡＭＩセミナーを行なった。

（5）ＡＭＩ

経絡—臓器機能測定器（the Apparatus for measurings the functioning of the Meridians and their corresponding Internal organs; AMI）

著者が一九七二年春ごろより開発に努め改良を重ねてきた「経絡—臓器機能測定器」の略称。両手足の指尖にある各14経絡の井穴に付けた関電極と両手前腕の中央よりやや下に付けた不関電極の間にＤＣ　３Ｖ、duration 2 msecの矩形波パルスを1回かけ、回路内に設けた１００Ωの負荷抵抗を流れる電流を捉え、測定器に接続したコンピュータで解析して、次の四つのパラメーターを計算する。

①ＢＰ

生体の恒常性保持機能の一つである分極が、表皮基底膜の上下で生じる前に流れる電流値。主に真皮結合織を流れる。著者はＡＭＩを使った研究を通して、経絡は真皮結合織を走行すると結論づけている。ＢＰは真皮結合織の体液の中を流れている

生命エネルギー（気のエネルギー）の大きさの目安となるパラメーターと考えられる。

② ＡＰ

分極が生じた後に流れる電流の値。主に表皮内を流れ、自律神経の働きの目安となるパラメーターと考えられる。

③ ＩＱ

分極形成のために移動したイオンの電荷の総量。免疫機能の目安となるパラメーターと考えられている。

④ ＴＣ

分極が完了するまでの時間の目安となるパラメーター。

さらにこれらのパラメーターをコンピューター解析することによって、

(i) 経絡機能（気のエネルギーの大きさとバランス）、自律神経機能、免疫機能。

(ii) 経絡機能に基づいて判定されるアストラル体のエネルギーセンター（チャクラ）の機能状況とそれから推測される性格、体質。

(iii) 経絡機能、自律神経機能に基づいて判定される健康、機能異常、疾病の状態および機能異常、疾病を改善するための鍼灸治療、ヨーガ行法。

等を診断し、プリントすることができる。

その原理、機能その他詳しくは、本山博『経絡―臓器機能測定器について』（一九七四）、『気の流れの測定・診断と治療』（一九八五）、『気の科学』（二〇〇九）、『微細エネルギー系（経絡）、分極の科学的証明』（脱稿二〇一一、未刊）の他多くの論文を参照してください。

(6) ドクタ・ティラー（William A. Tiller, Ph. D）

（米）スタンフォード大学名誉教授、ＣＩＨＳ理事・教授。一九七〇年代初頭より著者の霊能者に関する電気生理学的研究に深い関心と理解を示し、研究交換と親交を重ねた。ＣＩＨＳ創立に関しても多大な精神的、学問的支援を寄せ、教授として来講、研究会にも講師を務めた。現在 Institute for Psychoenergetic Science（精神エネルギー科学研究所）所長。著書論文多数。

(7) ドクタ・スワンソン（Claude V. Swanson Jr., Ph. D）

前プリンストン航空学研究所員。現シンクロナイズドエネルギー研究所所長。二〇〇六年、彼の著書（"Life Force, The Scientific Basis" 2010）のためにＣＩＨＳに著者を訪問して以来親交を重ね、ＣＩＨＳでも度々講演を行なっている。

(8) 丹田呼吸

著者が一九六〇年に玉光神社で「七星会」（ヨーガ実習とヨーガ理論の講義の会）を始めた当初より、非常に重要視して弟子たちに実習させた呼吸法。その実際についてはＩＡＲＰ本部及び支部で教えている。

（9）副学長や皆に指令を出したところですが

著者がＣＩＨＳの職員・学生にあてた「学長のことば」に次の一説がある。

「わたしの理想は、後世の人々を導く学問をつくることであるが、ＣＩＨＳの卒業生がそうなってくれるといいと思って学校をつくった。先の遠い話である。だがＣＩＨＳの中からそういう人が出てくると思う。」

参考

丹田呼吸は副交感系優位を作り、心身を安定させる

もうすぐ八十六になっちゃうんですねえ。結構じじいになったような気がするけれどもまだ元気なのは、――身体を作っている神経というか、身体を動かしているのは自律神経なのです。つまり自律神経とは、身体内部のたくさんの環境を整え、生命を維持するために働いている神経で、延髄と視床下部とに中枢があるから、ここがこわれると生命が維持できなくなり死んでしまう。自律神経には交感神経と副交感神経とがあって互いに拮抗しあって働いて生体を維持しているのですが、大雑把に言うと、交感神経系は身体を働かす神経系、副交感神経系は身体を養うために働く神経系と言える。だから副交感神経が緊張するとわりあいに長生きできるわけですね。私が年の割に元気なのは、毎朝丹田呼吸をするので、副交感神経系が優位に働く状態を作っているからだと思うから、今日はこれにつ

いて話をしましょう。

皆さん、ＩＡＲＰの本部講師の人たちから丹田呼吸というのを習ったと思いますが、丹田呼吸は身体全体の上下の気のエネルギーのバランスをとるのに大きな役割をする。気のエネルギーというのがなかったら身体は動かないわけですが、気のエネルギーというのは、精神集中や感情、そういうものによって非常にコントロールされ動かされやすいのです。だから、感情の激しい人、いつも悩んでいるような人、感情のバランスのとれない人というのは、気のエネルギーのバランスが悪くなるので、自然に身体が弱くなってしまう。それからノイローゼになりやすい。

丹田呼吸というのは副交感神経を非常に活発にして、副交感神経がよく動いていれば、たとえば人間は生殖しないと子どもはできないですね。胃にしても腸にしても生殖器官にしても、みな副交感神経で動いているのです。副交感神経が緊張すると、心臓がぐーっと拡がるというか、だから血管も拡がる。そして、十分に血が回るようになれば、身体というのは非常に元気なのです。

だいたい、長生きする人というのは副交感型が多いのです。というのは、それが身体を養う神経だからです。これに対して、交感神経は消費型の神経なのです。これから百メートルを何十秒かで走ろうという場合には、陸上選手は交感系が非常に緊張するわけです。しかしその状態がずーっと続いていると倒れることになってしまうから、本当の優れた選手とか思索する人とかというのはだいたい副交感神経の方が優位に働く、副交感型の人が多いのです。そういう人たちは、普通の人にとってはなにかショックなことがあったとすると、そういう時にも副交感型に緊張するから、落ち着いてくるのです。そして、心臓もそんなにドキドキしない。そして、血管が拡がっているから、十分に血が流れる。

ですから、副交感型になることが、精神的にも安定するし、身体が十分に長生きできる、元気でおれるということですね。交感神経型というのはエネルギーの消費型なのです。副交感神経がよく働けばエネルギーを作り出して、十分にエネルギーを動かしていても、決してエネルギーが枯渇するようなことはない。

その副交感型を作るのには、丹田呼吸が一番いいですね。僕がこうやって元気でおれるのは、僕は小さい時から身体が弱くて、春が来ると胃の調子が悪くて、よく下痢をしたり胃炎になったりしてご飯があまり食べられなかった。ある意味では二十歳ごろまでは虚弱体質だったのです。それで、なんとかして身体を元気にして、勉強するにしても、もう少し長い時間続けられるようになりたいと思って、いろんなヨーガの本を読みました。

その頃はヨーガの本というのはドイツ語訳が多かった。インドゲルマンというか、ゲルマン族とインド民族とは、民族的にはアーリアン系で、同じなのです。だから、『バガバッドギータ』とか、ヨーガのサンスクリットで書いた本は、ほとんどがドイツ語になっていた。英語にはなっていなかった。まして日本語訳の本はほとんど何もなかった。だから、しようがないからドイツ語で読んだのです。当時、ドイツ語は教育大の学生たちに教えていたから、日本語並みに読んだり書いたりしゃべったりできていたのです、今はだんだん忘れて、英語だけになってしまったけれど――英語だけということもないけれども、英語も日本語も大して変わらないですね。相手がアメリカ人とかイギリス人なら自然に英語になってしまって、日本語はさっぱり出てこない。ところが疲れていて緊張すると、あれもこれも出てこなくなってしまう。しかし副交感系が緊張していると、緊張しないのです、精神的にも身体もね。ゆっくりになる。だから、そういう人が、たとえばこの試験に受からないと大変だというふうな場合は、緊張すると、かえって落ち着いてしまうのです。

だから皆さんも副交感系がいつでも適宜に緊張するようになるといいのです。そうすると、身体というのは、血管も拡がる、心臓もあまりドクドクしない。血管が拡がるから、心臓がそんなにギュッとしまらなくても血が流れるわけです。

だから副交感型になるように。

それには、丹田呼吸が一番いいですね。丹田呼吸を朝三十分でもいいから、ゆっくり、――丹田呼吸というのは、ゆっくり息を腹の中へ吸い込む。私も以前は一分に一回ぐらいの呼吸だったのが、この頃は三十秒に一回ぐらいですね。で、人によってリズムが違うのです。息を吸うのをたとえば四とすると、――腹を膨らまして腹の中へ吸い込むわけだ。次に膨らましたまま八、その次に今度はぎゅっと、クンダリニーというか、尾骶骨の中に眠っている、身体を養う、物の原理の一番基本になるやつ、それは人間では尾骶骨の中で、身体を創り出した後は半分寝ているのです。そこをぎゅっと締めて、クンダリニーが、吸い込んだ神様のエネルギーと丹田で一つになるようにする。そうすると、だんだん元気になってくるのです。

　僕も二十歳ぐらいまではしょっちゅう風邪をひいたり、腹が痛かったり、春になると胃炎になったりなにかして困っていたのが、行をして丹田呼吸をしているうちにいつの間にやらだんだんに治って、六十何キロかぐらいだったのが、だんだん六十五キロになり、七十キロになり、多い時は八十五キロぐらいになった。──あれは肥えすぎだな。今はせいぜい六十七か六十八キロぐらいしかない、ちょうどいいんだと思いますけど。それで、副交感系がよく動くから、こうやって話をしても、エネルギーを保持して働きが持続できるのです。

　副交感神経が優位に働くようになると、皆、十分に持続的に同じように働けるようになる、体力ができる、ということですよね。そういう、副交感神経優位の状態を作り出すのには丹田呼吸が一番いいのです。丹田呼吸を十分に行なっていると、自律神経系の働きが、副交感優位型に変わるのです。するとある程度デブ公になりますよね。副交感型になると、ある程度ふっくらしてくるのですね。

　それから経絡体操で背骨を真っ直ぐにすること、これは非常に大事ですよ。背骨が真っ直ぐになっていないと、凹んでいるところや歪んでいるところから出ている神経がいつも緊張して、うまく動いていないから、たとえば胸椎の十二番目、腰椎の一番目、そういうところに異常があると、胃に異常が起きやすい。そういう人は、寝て捻る体操*があるでしょ、あれをぜひするようにね。

　椎骨というのは、関節もそうだが、本当はぐらぐらなんですね、自由に動くようになるために。これがぐらぐら動かないできちっとなっているのは、この周りに真っ直ぐな筋肉、それから斜めに左右からきている筋肉、また、ぐるぐると捲いている筋肉、そういういろんな筋肉や腱、靭帯が関節を守っているからです。骨そのものがかっちり固まっていたら、こうやってかがむことはできないですね。関節そのものは自由に動く。だけど、自由に動くその関節をちゃんと守って自由に動かせるようにしているのは筋肉なのです。

その筋肉が、副交感系が緊張してくると、十分に再生産される。副交感系というのはエネルギーを生産するのです。ところが交感神経の緊張しやすい人は、緊張するとすぐエネルギーを使うから、カッカッとなって、エネルギーを消費する方が作るより大きい。すると、長生きできない。副交感系の人たちは長生きができて、なおかつ、よく動ける。エネルギーが十分にあるからですね。

でも、皆さんは交感神経や副交感神経というのはどんなものか分からなくてもいいのです。ただ、首のすぐ上のところにいわゆる脳幹というのがある。そこは呼吸とか心臓の動きとか、それから排泄、そういうもののコントロールをしている。これはワニにもあるし、犬にもあるし、動物にはみなあるのです。それが人間にも同じところにあるわけです。それが十分に働かないと長生きできないし、非常に神経質になったり、パーコラになったりするのです。だからパーコラも神経症もあまり変わらない。パーコラや神経症にならないようにするのには、丹田呼吸が一番いいのです。

朝三十分でもいいから、丹田呼吸をゆっくり行なうといいのです。インドのヨーガの行者を調べてみると、呼吸が非常に遅いのです。普通の人は一分間に十六回ぐらいするが、そういう人たちは十回ぐらいしかしない。ゆっくりした呼吸で、呼吸のパターンが、吸うのもゆっくりだが、吐く時が非常にゆっくりしている。

僕が健康になるのに、丹田呼吸がほんとによかったなと思います。皆さんもぜひ、朝、瞑想ができなくても、丹田呼吸だけでもしたらいい。その後、五分でも十分でもいいから、へその下の丹田に意識を集めると、身体を動かしている、そして身体の元気の元になっている気のエネルギーというのが丹田のところで上の身体と下の身体のバランスがとれるから、ここに意識を集めると、非常に身体も精神も安定してくる。

ノイローゼで気が上に上がる人というのはいつでもカッカしている。気が上に上がっているのです。ＡＭＩで測ると、ＢＰというのは気のエネルギーの指標だが、上半身のＢＰ値の平均を下半身のそれで割ってみると、上のよく緊張している人は一より高い。そういう人はすぐにカッカッとなっちゃう。それから、ノイローゼでも憂鬱になる人、気が下に沈んでいる人は、上下の気のエネルギーの値を比較してみると、下の方が多い。そういう人はいつでも下を向いている。

バランスがとれないとだめですよ、いくらエネルギーが多くてもね。そして、バランスをとるには、丹田呼吸が一番いいのです。

今日はこんな話をするつもりはなかったんだけど、皆を見ていて、ああ、皆に話をしたらいいなと思って、自然に話すようになりました。

（二〇一一・十二・八「光の便り」第二七九号より）

＊　寝て捻る体操

(1) 仰向けに寝て、片方の膝を立て、足首を反対側の大腿外側につける

(2) 反対側の手で、立てた膝を床に向かって押し下げ、ゆっくり脊柱を捻る
(3) 足をかえて、同様の運動をおこなう

仙骨・股関節矯正体操（捻る）

本山博『人間はどこから来てどこへ行くのだろうか』（二〇〇二）一〇九頁、『現代社会と瞑想ヨーガ』（一九九五）一六五頁参照

主なニュース

〈国際情勢〉

民主化を求めた民衆蜂起が相次ぎ、チュニジア・エジプト・リビアで長期独裁政権が崩壊し、独裁や王制が大半の中東・北アフリカ諸国で起きた「アラブの春」で情勢は混迷を深めた。豊富な海底資源が眠る南シナ海の南沙・西沙諸島は、周辺各国が領有権で対立し、中国、台湾、ベトナム、フィリピン等が領有を主張する。「アジア太平洋重視」のオバマ米政権は東南アジア諸国連合（ＡＳＥＡＮ）の後ろ盾とし

て海軍力を増強する中国との対立が深まった。タイの大洪水は産業に打撃を与え、財政危機のギリシャ支援で欧州各国の交渉が難航し欧州危機が生じた。

〈国　外〉

・中国が日本を抜き世界第二位の経済大国に　（一月二十日）

中国国家統計局は二〇一〇年の国内総生産（ＧＤＰ）が実質で前年比一〇・三％増と発表。名目ＧＤＰが日本を抜くのは確実で、日本が四十二年間保った世界第二位の経済大国は中国に移る。

・ニュージーランド地震で日本人二十八人を含む百八十人以上死亡（二月二十二日）

・タイで洪水被害、日系企業も大打撃　（七月から）

タイでは七月から降り続いた雨で国土の三分の一が水没する甚大な洪水被害が発生。死者は八百人以上になり、首都バンコクなど多くの都市で機能が麻痺。あふれ出した水は日系企業が多く進出する工業団地ものみ込み、部品供給網が寸断されて、周辺国や日本、北米の工場まで生産活動が停止。経済に大きな影響を及ぼした。

・チュニジアで長期独裁政権が崩壊、エジプト、リビアにも「アラブの春」（十二月〜）

・世界人口七十億人突破

〈国　内〉

・東日本大震災、死者・不明者約二万人　（三月十一日）

午後二時十六分、宮城県牡鹿半島沖一三〇キロメートル深さ二十四キロメートルを震源とするマグニチュード9・0の地震が発生。国内観測史上最大の巨大地震が東日本一帯を襲った。沿岸部は大津波にさらわれ、人も車も流され、船舶は陸地に押し上げられた。岩手、宮城、福島など東北各県の太平洋岸の被害は甚大で、死者約一万六千人、行方不明者約三千五百人、避難者約三十三万五千人。天災に追撃された東京電力福島第一原子力発電所では、冷却機能が失われて高濃度放射性物質の放出を伴った深刻な原子力事故により、避難者は十一市町村、約十一万人で喪心と耐乏の日々が始まった。

・福島第一原発事故で深刻な被害　（三月から～）

・新首相に野田佳彦氏　（九月二日）

・節電の夏、三十七年ぶり電力使用制限令　（七月から～九月）

・大型台風上陸相次ぎ記録的被害　（九月）

大型の台風十二号は三日、高知県東部に上陸、岡山県に再度上陸し、その後も勢力を保ちながら大雨を各地に降らした。この台風に起因して四日、奈良県上北山村では降り始めからの雨量が千八百ミリを超えるなど、紀伊半島を中心に記録的な豪雨となり、その後の消防庁の発表では死者七十八人、行方不明者は十六人となった。

二〇一二年（平成二十四年）

仕事の遂行が霊的成長に繋がる

まあまあ、平穏な年

今年は、伺ってみたら、

『大きな災害、去年のような巨大な災害[1]は世界にも日本にもない』

とのご神言でした。

去年は、元旦の時に伺ったら、『世界中で大変な、いろいろなことが起きる。日本でも、家の中でも起きる』とのご神言でした。

戦争や政変がいろいろありましたよね、ヨーロッパ経済も大変でした。日本では東北のあの大きな地震、津波、原発事故、紀州その他での大洪水災害などが起きましたね。まあ、大変な年でした。

でも、今年は、

『世界中も日本も、災害や争いがあっても、去年のように大きいことはない。まあまあ、平穏な年だ。経済的にもそんなに大きな変動はない』というご神言ですから、有り難いと思います。

数えの八十八歳になっても

僕も、もう数えの八十八になったんだって、今朝聞いたら。今まで八十八といったら、じじいのじじいだなあと思っていたのですけどね。うちの父親の方の家系でも母親の方の家系でも、それから本山の方の家[2]でも、八十八まで生きている人はいないと思うのです。だから、じじいになったんだなあと思うのだけれども、じじいになったのではしようがないですね。

今、新しい本を英語で書きかけたけど、スイスイ書けるのです。頭がよく動くからね。論理的な構造やら、目的がどうで、プロセスをどうしたらいいか、というふうなのは、パッと分かるのです。

それはやはり坐っているせいだと思うのですよ。坐っていると、直観が湧くのです。直観というのは、人間のボロ頭で考えるのとは違う。パッと分かるのです。そしてそれが実行できる方策というか、プロセス、そういうものも分かる。その通りにやればものが現実にできる。それが直観なのです。ボロ頭を使って考えたって、なかなかできないでしょ。ですから、直観ができるようになることが大事ですね。

神様に戴いた本務
——東西の思想、生き方を融合する哲学を創ること

神様が、私が十二ぐらいの時かな、もう大方七十年以上も前に、

『吾子に、吾の道を世界に広めさせる』

というご神言があったのだそうです。[3] その頃は、ご神言がそうでも実際にはどういうことになるのだろうかなと思っても、よく解らなかった。

しかし、世界の東と西、西洋と東洋でのものの考え方、哲学が、非常に違うのですね。キリスト教あるいは砂漠で出来た宗教では、自然をやっつける、自然と人間が対立している、神様と人間も対立している、そういう対立の思想が基にあるわけです。ところが東洋では、インドにしても、あるいは中国の道教にしても、日本の神道にしても、——日本人というのは人がいいから、魂の段階で止まってしまって、それから先へはなかなか進まないのです。日本人は、魂というか、この世で魂が豊かに楽しく暮らせればそれでよかった。それが日本なのです。だから、難しい、やれ、霊の世界

だのなんだのと、あまり言わない。それで、「なんとかのやさか(4)（伊賦夜坂）」というのが出雲の方へ行くとあって、それから向こうの方へ行くと魂の世界、こっち側がこの世というふうに、要するにこの世の中に生きていて、魂の世界との境のようなものを考えていたのが日本人なのです。つまり、日本というのは非常にいい国だったから、霊界だの地獄だの、そんなことは考えなかったのですね。

ところが砂漠、ヨーロッパというのはしょっちゅう喧嘩ばかりしているでしょう、何万年もの間。というのは、狭いところで、食糧があまりないのですね、ヨーロッパには。理由は、年代はちょっと忘れちゃったけど、氷河期が終わりになる時に、氷が表土の農作物に適した一番いい土を削り取ってみな海の中に流し込んでしまったから、今でもイギリスでは牧畜が半分でしょ。土地が痩せているから、そうしないとやっていけないのです。そして食べる物が、人間が増えたので、だんだん足りなくなって、喧嘩をして取り合うわけですから。

東洋では人がいいのです、インドでも。ですから、絶対というか、そういうところで皆が一つになれる、というのが根本的な思想なのです。そういう思想が生きているから、権力争いの戦争はあっても、ヨーロッパのように民族争いの戦争というのは日本にはないのですね。

それで、神様が、

『東洋の思想と生き方、それから西洋の思想と生き方、これを融和するような哲学を創れ』

というご神言があったのです。

釈尊と龍樹菩薩

東西の思想というのは全く違うのです。片方は対立した、区別の思想、片一方は、無から全て物が生じた、というふうに考えるわけです。

釈尊は、はっきりした普遍的な絶対の世界というのはあまり言わないのです。それをはっきりと言ったのは龍樹だと思う。龍樹からいわゆる大乗仏教が始まったわけですね、それまでは大乗も小乗も入り混じったみたいだったのだけれども。ところが、龍樹は、それでは、心と物とは違う、それなのにどうして互いに違う心と物が絶対から出てくるのか、ということになると、龍樹はとうとうあまりはっきりしたことを言わなかった。で、『その全体を纏めるように』というご神言があったので、六十五年以上かかったけど、この頃は、アメリカやイギリス、またうちの学校（ＣＩＨＳ）でも、テンプル大学などでも、だんだん「本山研究」で博士号を取る人も出て来た。

「絶対の神様」は理屈では掴めない

神様にどれだけ近づけたかというのが、本当に霊的に成長できたかどうか、偉いかどうかの値打ちが決まるところなのです。「絶対の神様」とかなんとか言ったって、実際にそこまで行ってない人が屁理屈をいろいろたくさん言っても、実際にそういうところまで行けるかというと、そうでもないですね。四、五日前にもある大学の宗教学の教授たちがみえていろんな質問をするわけです。彼らは、たくさん本を読んで何でもよく知っているが、絶対とか創造神、神々、霊界についての実際の体験がないから、その辺について質問してみると、答えられないのです。

実際に掴まないとね、体験で。

身体で生きている人間を死なないと

掴むには、身体で生きている人間であることを死なないとだめなのです。そのために、神様が『今から断食をせよ』と言われると、十日ぐらい、朝昼晩とコップ一杯の水を飲むだけで、あとは何も飲まない。そして早朝から夕方ごろまで、十時間かそれ以上もずっとぶっ続けで行をして、人間存在としての枠をだんだん破っていくわけです。

三時間以上坐ると、腰は痛い、肩は痛い、背骨は痛い、もう痛い痛い痛い！という状態なのです。それをじーっと我慢して微動だにしないで坐っていて、三時間か五時間ぐらい過ぎると、スーッと自分が拡がっていくのです。そうすると坐っている自分が上からみえるのです。横からもみえる。そういうふうになったら、魂が本当に目覚めてきて、人間よりは上等のところへいったわけです。

魂という存在を捨てるとき

元々、皆さんも、魂が存在の基だから、魂が退いたら一瞬たりとも生きていけないのですよ。魂が基なのです。その「魂が成長する」ということは、究極的には、魂というのもやはり人間としての枠をもっているわけです。人間性という個人性をなかなか捨てきれない。それを捨てる時、魂も、ある意味では人間としての魂が消えてなくなるわけだから、その時はやはり怖いですね[5]。皆もそういうところへ行ったら、引き返そうか！とやはり思う。自分が全てなくなるような、真っ黒けのように消えてなくなる、という非常な恐怖感、それは、この世の中での命がなくなる恐怖、――僕も特攻隊だから戦争の真似をしたけど、あんなのとは全然違うのです。なんとも言えず、存在そのもの、魂そのものが消えてなくなるというのは、言いようがなく、怖いですね。

そういうのを超えたのが、実際に早朝からずーっと昼ご飯を食べないで坐って断食をして、そういう行を十年ぐらい繰り返して、十年ぐらい経った頃でしたかな。それまでは、やはり怖かったね。魂がなくなるという、自分の存在そのものが、魂がなくなるというのは、やはりどうしようもないほど怖いのですよ。それが過ぎてから、本当の絶対の世界に入れるようになった。これを超えるまでは、いろいろ言ってみたところで、それはただの屁理屈なのです。

今まで、「魂が目覚める」「魂が霊的に成長する」ということを、折々に皆さんにお話ししてきましたが、多分、皆、さっぱり分かっていないのです。それを権宮司がこれからだんだんに教えてくれたらいいなと思います。

存在を超えたところから、なぜ、物と心が出てくるか

去年の五月に[6]、やっと、神様がおっしゃる、『東西の哲学を纏める大きな理論を創る』という仕事を終えたように思いました。龍樹の時に纏めたものがある、釈尊も纏めたものはあったけれども、存在を超えたところから、どうして違うところ、物とか心とかそれぞれ違う、その違うものが出てくるかというのは、何も説明できていない

のです。それが、今度できたように思います。そういう意味では、画期的な論理学、哲学なのです。お陰で、「本山研究」で博士号を取った人が五、六人できてきた。世界中の皆がだんだん認めるようになった。それにはやはり六十五年かかったわけですね。

神様と、自分の前生とが決めた、自分がこの世でしないといけないこと

皆さんが生きている、それにはやはり、神様から戴いた、それから自分のカルマで決めた、自分がこの世でしないといけないことが必ずあるはずなのです。そして、それをする限りは生き甲斐を感じるのです。

生き甲斐を感じないようなものは続かない。「あ、これこそ自分ができる！」と思うもの、それは神様が決めたものであるし、自分の前生が決めたもので、その二つの力が相俟ってできているのだから、それを必ず成し遂げるようにね。悪いもの——自分にとって辛く、困難な境遇や仕事であっても、それを受け入れて成し遂げるように。よいものであっても、喜んでその中で浸っていないで、それを超えていくように。それが大事です。

皆さん、むずかしそうな顔をしているから、多分半分も分かっていないようです

ね。

自分の生き甲斐のあるものを必ずやり遂げることですね。これが、人間に生まれてきた自分の一生の仕事なのだから。そういうのがない人は、豚とあまり変わらないですね。しかしそんな人間はいないのです。人間で生まれてきた以上、この世で何をするかというのは、自分が、「ああ、これなら自分がやれそうだ、生き甲斐を感じる！」ということ、それを成し遂げることがこの世の中での仕事なのです。そういう仕事は、なかなか、一生かかってもそんな簡単にはできないのです。何生も何生もかかってやっとできる。

私も、昔のインドの時、ドイツの時、日本の時のいろいろな仕事を考えてみると、ずいぶん何回も生まれたけど、似たようなことをしょっちゅう考えて、今生でやっと、空海が達した、あるいは龍樹が達した、しかし途中のプロセスがないところを、補ったように思います。

生まれてきた理由
——神様のお力を得て、自分の意志で決めて、自分の働きで決めたものを、今生の自分の働きで超えること

神様と、自分のカルマ(7)とで、自分の働くところを決めているのです。これによって、働くこと、生き甲斐のあるものが決まっているわけです。

これは運命ではないのですよ。前生からの自分の働きで決めたのだから、今度は自分の働きでそれを超えるのです。そして超えたその時に、今までと全く違う局面が出てくるのです。

運命ではないのですよ。それを運命なんて考えるのは、要するにものを下の方からしかみえないやつが言うことです。すべては自分の意志で決めて、自分でつくったものです、神様の御力を得て。だから、それを超えることができるのです。超えたら、今度は全く違う世界が開けてくる。そういうふうになるのが、人間に生まれてきた理由なのです。

新年の、霊的成長をしてほしい、魂に目覚めてほしい、ということのお話をしました。

それでは、これでお終いにしましょう。

毎日、丹田呼吸と瞑想をするように

この頃は人の言うことを聞いても七〇%しか聞こえない。「あっちへ行ってAをしてくれ」と言われても、「こっちへ来てBをしてくれ」というふうに聞こえたりする。——海軍の特攻隊に入る前に耳の骨を、腐ったから削ってしまって、鼓膜も何もないのです。耳の穴の中へ指がスポッと通る。空気を吸い込んだら、ここから喉へまっすぐ入る。大変なんですよ、冬は。それで風邪をしょっちゅうひくわけです。でも、丹田呼吸[8]をしてからもう六十年以上になるのかな、全然風邪をひかなくなった。そしてようしゃべるようになったけど、それだけ、ものを言うのが楽になったわけです。

やはり坐るのはいいですよ。丹田呼吸をして、瞑想を二十分でもいいから毎日するようにね。丹田のところにいつでも力が、こうやってしゃべっていてもここ（丹田）に力が入っているのです。そうすると身体全体のバランスがとれるようになる。丹田のところで上半身のエネルギーと下半身のエネルギー、生命力というか、気のエネルギーがここで安定して一つになると、身体は凄く元気になるし、心も能力もよく動くようになる。

だから今でも、八十八になったってほんとかいなと思うほど、新しく原稿をあまり大変だなんて思わないで、自然に書けるのです。

それは、「本山研究」というときに、どういう目的で僕がこういう勉強を、たとえば宗教学や哲学や超心理学や生理心理学、物理学や電気生理学、生物物理学、東洋医学、西洋医学その他をいっぱいしてきたか、どうしてこんなことをするようになったかという方向付けと、どういう本を読んだらいいかというのを、若い人達に方向付けを示すために英語で書いておいたら皆が便利だなと思って、今書きかけたのです。

それでは、今日はこれでお終いにしましょう。

(玉光神社機関紙「光の便り」第二八〇号)

註

(1)去年のような巨大な災害

二〇一一年三月十一日の東日本大震災を指す。「二〇一一年」の主なニュース〈国内〉を参照してください。

(2)本山の方の家

一九五〇年五月、父の実家高崎家より、玉光神社教主本山キヌエ師の養子として本山家に入籍した。

（3）ご神言があったのだそうです

「二〇〇七年元旦の講話」の註（12）を参照して下さい。

（4）なんとかのやさか

日本神話において、生者の住む現世と、死者の住む世界（黄泉）との境にあるとされている坂、黄泉比良坂（よもつひらさか）。出雲国の伊賦夜坂がその地であるという伝承がある。一九四〇年、松江市東出雲町は、黄泉比良坂のあった地として、同町揖屋に「神蹟　黄泉比良坂　伊賦夜坂伝説地」という石碑を建立した。

（5）人間としての魂が消えてなくなるわけだから、その時はやはり怖いですね

著者は行をする場合の「三昧に入る前の恐怖心」について、以下のように語っている。「物理的次元とかアストラルの次元、カラーナの次元のどの次元においてであれ、個人というものを構成している多重次元のあり方、存在性というものが或る次元において壊れるわけですから、その壊れ方が大きければ大きいほど、その恐怖は大きい。ですからカラーナの次元で自分が壊れる時というのが一番怖いのです。死の淵に面したような、暗い大きな淵が自分の前にパックリ開いてその中に落ち込んでいくように思われます。」（本山博『神秘体験の種々相Ⅰ――自己実現の道』一章「アストラル次元の宗教経験」三「アストラル次元、カラーナ次元、プルシャ次元の三昧の比較」(2)

「三昧に入る前の恐怖心を克服する信仰心」(一三三頁)を参照してください

(6)去年の五月に

著者の晩年の原稿をしらべてみると、『微細エネルギー系(経絡)、分極の科学的証明』(未刊)原稿への最終手入れは二〇一一年三月十八日と記されている。

『随筆集　思いつくままに――ある科学者・宗教者・神秘家の記録』(宗教心理出版二〇一三)は、二〇一一年四月二十四日の起稿、最終原稿は一二年十月十八日に書かれている。

二〇〇五年十二月出版の『存在と相互作用の論理』の「形而上学的論理学」は〇三年十月九日脱稿、「種々の存在次元における存在と相互作用の論理」は〇四年八月一日の脱稿と記されている。

(7)自分のカルマ

著者は著書『カルマと再生――生と死の謎を解く』(宗教心理出版　一九八七)において、「カルマ」について次のように説明している。

「Karmaの語義は、行為、ある事を為すという意味であるが、カルマ論、カルマヨガでいうカルマとは、人間がある行為をすることが原因となってある結果を生み、この結果が原因となってある行為をなし、さらにある結果を生み出す、という因果関係をカルマという。」

一般に「カルマ」と言う場合、個人が前生でした行為の果が今生であらわれた「個人のカルマ」を意味するが、著者は己の宗教体験をとおして、カルマは「個人」という存在にだけでなく、すべての存在にカルマがあり、その「存在」の大きさにより、カルマは大きくは、
①個人のカルマ
②家のカルマ
③土地のカルマ
④国のカルマ
⑤民族のカルマ
⑥地球のカルマ
に分けられると説いている。詳しくは前述の『カルマと再生』を参照してください。

『玉光神社十五条の御神訓』には、

『第四条　人は自らのカルマ、家のカルマ、国のカルマ、地球のカルマによって生まれる』

『第五条　カルマを成就して、我なき神我に還るべし』

と示されている。

(8) 丹田呼吸
「二〇一一年」の「参考」を参照してください。

主なニュース

〈国際情勢〉

「アラブの春」で変革された中東・北アフリカ諸国では新たな体制構築の模索があり、一方ではテロの脅威も減らず、シリアにおけるアサド政権と反政府勢力の衝突激化のような混乱も続いた。イランのウラン濃縮関連活動には米国、欧州連合（EU）の経済制裁があった。アジア太平洋地域の安全保障環境は厳しさを増し、アジア諸国の軍事費増加傾向は顕著である。欧州経済危機を一因として新興国経済の減速感が強まった。米国のハリケーン、フィリピンの台風による自然災害による被害は気候変動問題が地球規模の課題であることを確認させた。

〈国　外〉

・ミャンマー議会補選でアウン・サン・スー・チー氏当選　（四月一日）
・金正恩氏が朝鮮労働党第一書記に　（四月十一日）
・大型ハリケーン「サンディ」、米で死者百人以上　（十月）
大型で強い勢力のハリケーン「サンディ」は十月二十九日、温帯低気圧となり、米北東部ニュージャージー州に上陸。東海岸各地では停電や冠水被害が出て、地下鉄が全面運休するなど、都市機能はマヒ状態。米国での死者は百人を超えた。
・中国共産党総書記に習近平氏　（十一月十五日）
・米大統領選でバラク・オバマ氏再選　（十一月七日十一月六日投票）
・シリア内戦が泥沼化　（六月～）

国連高官は六月十二日、シリアが内戦下にあるとの見解を初めて示し、アサド大統領も同二十六日に「真の戦争状態にある」とし、七月には北部の中心都市アレッポで反体制派へ総攻撃を開始。国連やアラブ連盟などの停戦仲介の試みは失敗し、内戦は泥沼化した。

〈国　内〉

・東京スカイツリー開業　（五月二十二日）
自立式電波塔としては世界一の高さ六百三十四メートルを誇り、着工から三年十カ月をかけて開業。新たな観光スポットとして期待され、開業二カ月の来場者数は計千二十九万人に達した。

・尖閣諸島の三島を国有化で日中関係悪化　（九月十一日）

・ノーベル生理学・医学賞に山中伸弥氏　（十月八日）

玉光神社根府川修練道場

メガネのトンネル（旧東海道本線根府川―真鶴間上り入口より見たトンネル内）

（正面）

（裏面）

著者手作りの小宮（海軍予備学生入隊前夜）

生き返ったキンカンの木

マウイ島玉光神社国際修練道場建設予定地に置かれた
「守りの石」

サイパン島慰霊のお祈り

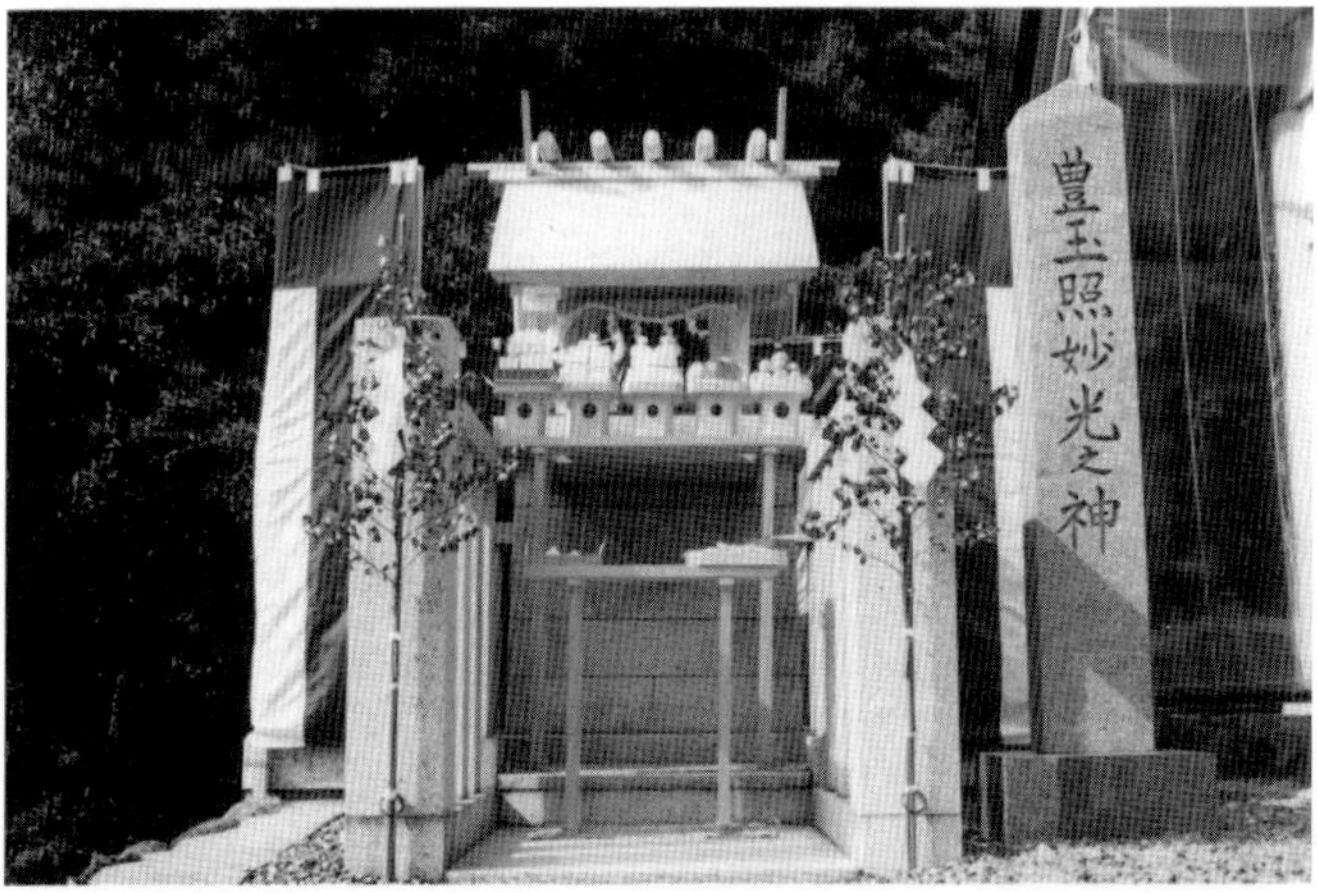

豊玉照妙光之神ご社殿（玉光神社小豆島本宮境内）

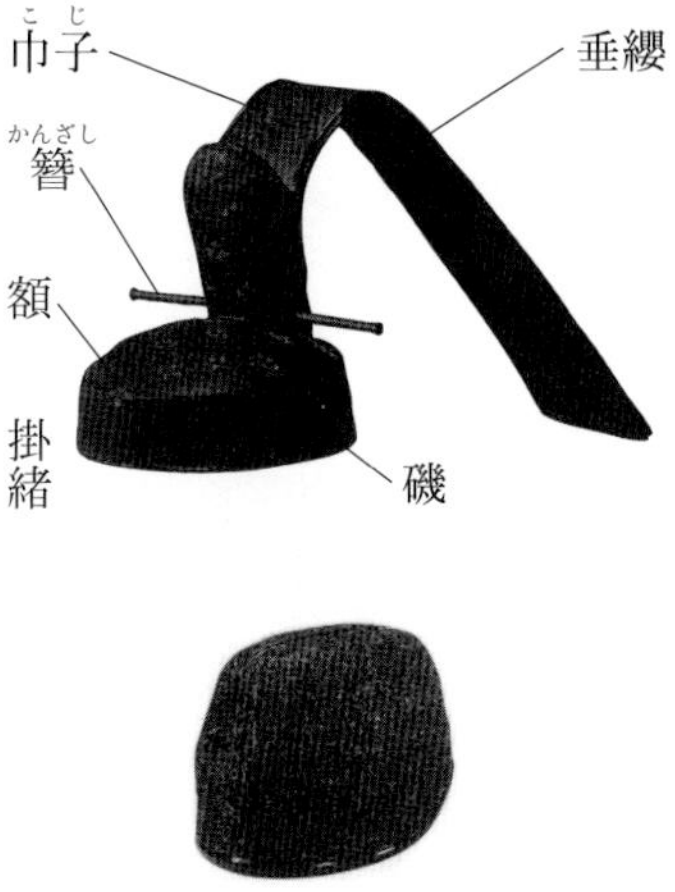

冠（上）と烏帽子（下）

袍

レシーバーをつけて質問を受ける著者

編集後記

『啓示された人類のゆくえ』〔Ｉ〕は、一九七四年から一九九三年までの、毎年玉光神社元旦祭後に行われた玉光神社初代宮司・本山博師の講話を纏めて、一九九四年に出版されました。本山博師は二〇一五年九月に逝去されましたが、この度、一九九四年から二〇一二年までの元旦祭後の講話を纏め、『啓示された人類のゆくえ』〔Ⅱ〕として出版する運びになりました。

先の『啓示された人類のゆくえ』〔Ｉ〕の序文に、著者本山博師は以下のように述べています。

「世に多くの予言があり、それらはいつ天変地変が起きるとか、戦争が起きるとかの類が多く、人びとは半ば興味をもち、半ば恐れをもってみるように思われます。しかし、この本に収録されている予言は、今から二千～三千年の内に人類や地球社会がどのように進化発展していくかをお示しになった宇宙創造神のご経綸と、この世に神の国が実現することとは、自らの感情を克服、制御できない現在の人類には不可能で、智慧と愛に満ち、自己執着から自由であり、霊的に高度に成長した霊のこの世への出現によってのみ可能であること等を示したものです。」

「この予言書は、従来の予言書のように、難渋な文章で、人間社会の未来の出来事、それも異常な出来事を説くのではなく、近くはこの六十〜三百年の人類の歩む道、遠くは二千〜三千年先の人類社会のあり方、人類の霊的成長の様を神様が明らかにお示しになったものであります。」

「註釈として、毎年の元旦に戴いたご啓示の内容が実際にこの世でどのように実現したかを付け加えてありますので、読者の皆さんには、創造神の予言、ご啓示の確かさ、神のご経綸のままにこの世、宇宙が動いていることが実感されるでありましょう。」

「世の人びとに、人間も社会も、国も自然も、宇宙も、すべて宇宙創造神の愛と智慧と大いなる力によって進化発展しつつあるのだということを知って戴き、大いなる安心と希望をもって毎日の生活で超作をして戴きたいという深い強い願いをもって、毎年の元旦にご啓示戴いたご神言（中略）を、この本に収録してみました。」


先の『啓示』〔I〕出版から二十四年を経た今、しかも二〇一二年で終わっている元旦講話を〔Ⅱ〕として編集し出版するのは、以上の〔Ⅰ〕の序文に示された通りの理由によるものです。

『啓示』〔Ⅱ〕では、その年どしについてよりも、十年先、二十年先、さらに百年先、二百年先についてのご神示や講話の方が、一九九三年以前の講話よりも多くなっているように思われます。

『世界的に民族、宗教間の混乱が増加する。今世紀の初めの五十年とか百年の間は、民族間、宗教間の混乱が増加するだろう』（二〇〇〇年）、『向こう千年は、初めの百年ないし二百年は、民主主義あるいは個人主義、資本主義が優勢となるが、それが行き詰まり、人間の個人性と社会性、個人の個人性と社会性を両立さす地球規模の政治経済組織が、二百年ぐらいすれば確立されるだろう』（同）、『自らの能力の限界を知らないで、自らの欲を、良心に従ってコントロールできない地球の人類は、試練に遭うようになるだろう。試練が生じるであろう』（二〇〇三年）、『世界のセム族系民族の争いとテロが多くの国ぐに、アメリカ、アラビア、ヨーロッパなどで生じる』（二〇〇四年）、『地球、人類の浄化、変革と激動の年である。今年はその始まり』（二〇一〇年)。

自然環境についても、『食糧難と気候変化が次第に人類の上に災害をもたらすだろう』(二〇〇四年)、『異常気象の増大、食糧難の始まり』(二〇〇八年)のように、ご注意のお神言《ことば》が記されています。

そのような時代の中で、人間はどう生きていったらいいのかについて、著者はお神言を伝え、語っています。

『清い、正しい信仰をもった人間は、試練を乗り越えて、平和な地球社会を築くことの礎になる』(二〇〇三年)、『この百年の間には、社会主義と資本主義が統合される方向に向かう』(二〇〇四年)。『人間も自然も創造神の力なしには一瞬も生きられないことを自覚し、人と自然の中に神が生き、支えていることを思い、人をも自然をも拝める心を互いに持ち、自然と共存するように』(二〇〇六年)、『霊性に目覚め、神と自分に正直であれ』(二〇〇五年)。

そして著者は、「霊性に目覚めるためには、一粒の麦も死なないと新しい麦が出てこない」とのキリストの言葉を引用し(二〇〇五年)、「愛の心は神様と同じ心。基本は愛。」(二〇〇七年)、「平和なグローバル社会をつくるのは、利他、愛の魂(宗教)」(二〇一一年)であるから、〝今日一日、一生懸命働くことができますように〟〝人のために働くことができますように〟〝自然を敬って自然を大事にし、自然と共存できる人間になれますように〟とお願いすることが大切」（二〇〇六年）、「社会性を支えるのは宗教」と宗教の大切さを説きつつ、「正しい宗教は他を斥けない」「自分だけが正しいという宗教はない」「霊的に成長ができたら、各宗教の違いの原因もわかる」「果を求めないで、自分のすることが人の役に立ちますようにと願って一生懸命すれば、自然に霊的成長ができる」（二〇〇三年）、「正しい宗教には智慧が伴う」（二〇〇三年）、「真の宗教とは、霊的成長ができる宗教」（二〇〇九年）、「お蔭信仰でなくて、本当に魂に目覚めるための信仰を得てほしいと思うのです」（二〇一一年）「神様に頭を垂れて感謝して生きるように」（二〇〇六年）、さらに「東西の思想、生き方を融合する哲学」「神様の世界、霊の世界の実在を科学的に明らかにする科学の創設」（二〇一二年）が必要であり、「正しい信仰をもって霊的に成長してください」「魂に目覚めてください」と、二〇一二年の、著者最後の元旦祭講話で語りかけています。

自身のこの世での命の最後が近いことを知っている著者の、世界への遺言なのでしょうか。

去年編集を始めた矢先、『啓示』〔Ⅰ〕の「註釈」、「主なニュース」の編集を担当された藤枝陽子氏が亡くなられ、編集部としては途方に暮れた感がありましたが、赤井俊夫氏が「主なニュース」を担当してくださり、神長裕朗、森秀樹、小名博己、馬場秀樹、佐藤正恒、繁本俊哉、竹倉史人、倉谷清美諸氏を初め、多くの方がたが註のための執筆、資料・写真・図の収集等に協力してくださいました。四十年近い友人で、長年一ツ橋印刷株式会社役員をされていた原田育洪氏は、この度もご病身を顧みず、原稿整理、出版までの諸段階の指導を行ってくださいました。宗教心理出版部員として著者のすべての原稿を五十年にわたり黙々と正確に清書してくださった佐久間正子、原稿校正、ゲラの校正に力を注いでくださった山田悠来、多勢の関係者間の仕事の連絡と計画立案実行に力を発揮された高山直幸各氏、さらにこの本の出版の意義を深く理解し出版を許可し援助してくださった、玉光神社二代目宮司本山一博師の皆様に、心からの感謝と御礼を申し上げます。

（二〇一七年七月二十七日　本山カヲル）

註

本編集後記の『』はご神言よりの直接の引用を、「」は、著者の言葉の直接の引用、または要約を表す。

著者略歴

1925　香川県小豆島に生まる
1951　東京文理科大学（現筑波大学）哲学科卒業
1956　同大学院博士課程修了
1957　科学基礎論学会（京都）講演（「超感覚的なものと科学」）
1958　東京文理科大学記念賞受賞（「東西神秘思想の研究」により）
1960　宗教心理学研究所設立・所長
1962　文学博士（哲学・生理心理学）
　　　アメリカ、デューク大学にて、超常的能力の電気生理学的研究に関し研究と講義
1963　インド、ラジャスタン大学にて、ヨーガの電気生理学的研究に関し研究と講義
　　　著書『宗教経験の世界』がユネスコ哲学部門優良図書に推薦される
1964　デューク大学にて、超常的能力の電気生理学的研究に関し再び研究と講義
1969～70　インド、アンドラ大学大学院客員教授（超心理学、生理心理学）
1972　国際宗教・超心理学会（IARP）設立・会長
1977　イタリア学士院アカデミア・チベリナ正会員
　　　スペイン、第2回世界超心理学会副会長
1980　アメリカ『ジャーナル・オブ・ホリスティックメディスン』誌編集委員
1983　インド、ヒンズー大学医学部ヨーガ研究センター海外委員
1988　ブラジル、国際オールタナティブセラピー学会にて特別講演
1989　アメリカ、フェッツアー財団にて特別講演
1990　フランス、第1回人体エネルギー国際大会にて特別講演
1991　南カリフォルニア大学院大学（SCI）日本校設立・学長
　　　中国での、鍼灸医学と自然医学大会にて基調講演
1992　フランス、第2回人体エネルギー国際大会にて特別講演
　　　カリフォルニア人間科学大学院大学（CIHS）設立・学長
1993　ブラジル、アドバンスド・メディカル・アソシエイション理事
1994　本山人間科学大学院・日本センター（MIHS）を設立・学長
1995　カナダ、第3回鍼灸医学と自然医学国際大会にて基調講演
1996　J.B. ライン博士生誕百年記念賞受賞
1997　コスタリカ国連平和大学にて講演
　　　カリフォルニア大学ロサンゼルス校（UCLA）メディカルセンターで行われた「仮想現実と超生物学」シンポジウムで特別講演
2000　コスタリカ政府関係者の招聘による講演会とコスタリカ国連平和大学での AMI ワークショップ（サン・ホセ）
2005　ハワイ大学にて講演

啓示された人類のゆくえ〔Ⅱ〕

2017年11月1日　印刷
2017年11月15日　発行

著　者　本山　博
編集者
発行者　本山カヲル

発行所　宗教心理出版
〒181　三鷹市井の頭 4-11-7
TEL　0422-48-3535
URL　http://www.shukyoshinri.com

印刷所　株式会社シナノ

ISBN978-4-87960-070-7